마음과 세계

유배지에서 성스러움이 가능할까?

마음과 세계

유배지에서 성스러움이 가능할까?

이종영 지음

울력

마음과 세계 ― 유배지에서 성스러움이 가능할까?

지은이 | 이종영
펴낸이 | 강동호
펴낸곳 | 도서출판 울력
1판 1쇄 | 2016년 4월 30일
등록번호 | 제10-1949호(2000. 4. 10)
주소 | 서울시 구로구 고척로4길 15-67 (오류동)
전화 | 02-2614-4054
팩스 | 02-2614-4055
E-mail | ulyuck@hanmail.net
가격 | 16,000원

ISBN 979-11-85136-26-4 93100

이 도서의 국립중앙도서관 출판예정도서목록(CIP)은
서지정보유통지원시스템 홈페이지(http://seoji.nl.go.kr)와
국가자료공동목록시스템(http://www.nl.go.kr/kolisnet)에서 이용하실 수 있습니다.
(CIP제어번호: CIP2016009664)

누나 형 종오에게

차례

머리말 — 자기기만에 대하여

이 책은 다음의 질문들에 답하려는 것이다.

1) 우리가 이 세계에 있는 이유는 무엇일까?
2) 이 세계는 무엇일까?
3) 마음과 세계는 어떤 관계일까?

1)의 질문에 대해 많은 사람들이 대답하려 노력했다. 나는 그 대답들을 다음처럼 셋으로 나눴다.

a) 순례
b) 유배
c) 자기유배

나는 이 세 가지 대답을 제시한 대표적인 입장들을 제1부 제1장에서 소개하려 한다. 물론 a) 순례와 b) 유배 사이의 구분은 명확하지 않을 수 있다. 플라톤처럼 순례의 관점과 유배의 관점 사이에서 동요한 사람이 있어서이기도 하다. 하지만 더 중요한 이유는 유배도 순례의 측면을 내포할 수 있다는 데 있다. 즉 유배지에서도 우리는 무엇인가를 배울 수 있기 때문이다. 그렇지만 유배지에서의 배움의 성격은 순례의 장소에서의 배움의 성격과 다를 수밖에 없다. 나는 순례와 유배를 가르는 보다 근본적인 지표를 제시해서 이러한 혼동을 제거하려 한다.

b) 유배와 c) 자기유배의 차이는 유배의 원인이 된 죄 또는 잘못을 실질적인 것으로 여기는가, 허구로 여기는가에 있다. 유배의 관점은 그것을 실질적인 것으로 여기고, 자기유배의 관점은 허구적 환상으로 여긴다.

2)에 대한 대답은 1)에 대한 대답으로부터 추론될 수 있다. 예컨대 1)에 대한 대답이 a) 순례라면, 2)에 대한 대답은 일종의 '학교,' 즉 배움의 장소일 것이다. 1)에 대한 대답이 b) 유배 또는 c) 자기유배라면, 2)의 대답은 유배지 또는 지옥일 것이다.

나는, 나중에 그 이유를 설명하겠지만, 1)의 질문에 대한 대답으로 c) 자기유배가 가장 합당하다고 생각한다. 그래서 제1부 제2장에선 나의 이런 입장에 따라, 2)에 대한 대답을 시도한다. 나에게 그런 시도의 근거를 제시해주는 것은 밀턴 에릭슨의 최면과학적 기여이다.

3)의 질문은 1)과 2)의 질문과 동떨어진 것처럼 여겨질 수도 있다. 하지만 그렇지 않다. 나는 구성주의적 전통에 입각해서, 우리가 오직 마음을 통해 세계와 관계하고 마음을 통해 세계를 만들어낸다고 생각한다. 그렇다면 3)의 질문에 대답함으로써, 다시 1)과 2)의 질문에 대한 대답들을 검증할 수 있다.

나는 제2부 제3장에서 마음이 어떠한 방식으로 세계에 빠져드는지를 드러내보려 한다. 물론 그 전체적 과정을 체계적으로 드러내기보다는, 내가 중요시하는 통로들 몇 가지를 제시하는 것으로 만족할 것이지만 말이다.

또 제2부 제4장에선 마음이 어떻게 세계에서 온전히 빠져나올 수 있는지를 생각해보려 한다. 그러한 빠져나옴이 유배지인 이 세계에서 성스러움이 가능할 수 있는 한 조건이기 때문이다.

***

이 책은 무엇보다 이 세계 자체에 대해 말하려는 책이다. 하지만 있는 그 대로의 세계에 대해 말하는 것이 가능할까? 우리의 존재조건 자체가 그것을 가로막는다. 우리의 존재조건이 '객관성에의 무능력'으로 특징지어지기 때문이다. 즉 우리의 존재조건으로 인해 세계에 대한 객관적 인식이 원천적으로 불가능하다는 것이다.

그 이유는 우리가 자기기만을 통해 세계와 관계 맺기 때문이다. 물론 세계와 우리 사이에는 수많은 장벽들이 있다. 하지만 그 장벽들의 원천이 자기기만이다. 자기기만이 그런 장벽들을 만들어낸다는 것이다.

마음 ---------------- 자기기만 ---------------- 세계

어쩌면 자기기만은 이 세계의 모든 현상들의 뿌리이다. 세계에서 벌어지는 착취, 지배, 전쟁, 폭력과 같은 모든 현상들의 원천에 자기기만이 있다는 것이다. 악행을 하면서도 선행을 하고 있다는 자기기만적 믿음으로 인해 그런 현상들이 생겨나기 때문이다.

자기기만이란 자신을 속이는 것이다. 무엇보다 자기 자신에 대해서. 다시 말해, 자기기만은 자기가 자신에 대해 자신에게 거짓말을 하는 것이다. 그리고 자신이 그 거짓말을 믿어버림으로써, 자기기만이 완성된다. 그 결과 우리는 자신이 어떤 존재인지를 모르게 된다.

자기기만의 이유는 자기중심성에 있다. 세계에 맞서 자신을 보호해야 하기 때문이다. 하지만 그런 보호는 자신의 몸을 지키는 데 그치는 것이 아니다. 그런 보호의 핵심은 오히려 자신의 존재이유를 지키는 것이다. 우리

는 자신의 존재이유를 지키기 위해 자신의 자아를 장식하고 경영하고 보호하는데, 그 원리가 바로 자기기만이다.

자기기만은 자신에 대한 비틀린 지각(= 자신에 대한 객관성 상실)을 가져온다. 그런 자기 지각을 뒤따르는 것이 세계에 대한 비틀린 인식(= 세계에 대한 객관성 상실)이다. 자기기만의 핵심이 자신의 악을 감추고 선을 드러내는 것이라고 해보자. 그러면 그럴수록 다른 사람들의 선은 감춰지고 악은 드러난다. 좀 더 쉬운 예를 들자면, 스스로 똑똑하다고 생각하는 사람에게 다른 사람들이 멍청해 보이는 것이 그런 것이다.

자, 자신에 대한 비틀린 지각은 세계에 대한 비틀린 인식을 동반한다. 따라서 자기기만이 우리의 존재조건이라면, 객관성에의 무능력도 우리의 존재조건인 것이다. 자기기만으로 인해 우리는 언제나 올바르다. 하지만 우리가 '올바른' 만큼, 다른 사람들은 '틀린' 것처럼 보인다. 하지만 나의 행복은 다른 사람과의 관계에 의해 규정되므로, 다른 사람을 '틀리게' 만드는 나의 '올바름'은 나에게 불행을 가져온다. 그래서 '나의 올바름 = 나의 불행'이라는 등식이 성립한다.[1] 나는 이 책에서 계속 이 등식을 변주해나갈 것이다.

결국 자기기만에 대한 인식은 이 책에서 펼쳐질 모든 논의의 전제다. 자기기만은 우리가 세계와 관계 맺는 방식이자 세계를 만들어나가는 방식이기 때문이다. 그러므로 자기기만에 대한 통찰 없이는 세계에 대한 엄밀한 인식도 없다. 이 머리말에서 우선 자기기만에 대한 약간의 설명을 시도해보자.

---

1. 이 등식은 *A Course in Miracles*(기적수업), combined volume, Foundation for Inner Peace, 2007, 「텍스트」, 625~629쪽(30장 1절)에서 제시된 생각에 따른 것이다.

객관성에의 무능력

자, 삶 속에서 얘기하지 말고, 삶 전체에 대해서 얘기해보자. 사람들은 죽는 날까지 자신을 속인다. 만일 그 전에 자기기만이 무너지면 그 자신이 파괴될 것이다. 왜냐하면 사람들은 자기기만을 통해 자신을 지탱하기 때문이다. 그러니 자기기만은 인간 동물의 존재조건이다. 물론 자기기만의 붕괴가 오히려 해방의 계기를 이룰 수도 있지만, 그것은 전적으로 예외적인 일이다.

자기기만의 가장 대표적인 형태는 다음과 같은 것이다. 자신의 악은 보지 않고 다른 사람의 악만 보는 것. 예수가 "어떻게 당신은 형제의 눈 속에 있는 티는 보면서 당신 눈 속의 들보는 깨닫지 못하는지요?"라고 했듯이 말이다. 이 형태에는 1) 자기 자신에 관한 기만과 2) 다른 사람들에 관한 기만이 결합되어 있다. 이 둘은 항상 같이 가는 것이기 때문이다.

이 책의 마지막 부분에서 등장할 도식을 여기서 미리 제시해보자.

$$자신의 악 \xleftarrow{\text{억압}} 기준 \xrightarrow{\text{공격}} 다른 사람의 악$$

이 도식이 뜻하는 것은 이렇다. 나는 나에게서 숨기는 것을 다른 사람들에게서 보고서 공격하고, 도덕적 우월감을 느낀다는 것. 자, 나에겐 어떤 도덕적 기준이 있다. 이 기준에 저촉되는 것이 나에게 있으면 나는 그것을 감추고 나 자신을 속인다. 반면, 그 기준에 저촉되는 똑같은 것을 다른 사람에게서 보면 나는 분노하고 그를 공격한다. 그러고선 나는 그보다 도덕적으로 우월하다는 자부심을 느낀다는 것이다.

결국 자기기만은 자신을 보는 관점과 다른 사람을 보는 관점 사이의 근본적 대립성으로 특징지어진다. 내가 나 자신의 악을 인정할 때도 마찬가지다. 그럴 때면 나는 나의 악은 불가피하게 행해진 예외적인 것이고, 다른 사람의 악은 태생적이며 악질적이라는 식으로 생각한다.

사람들은 자기기만의 이런 구조로 인해 다른 사람들에게서 1) 개인적 필연성과 2) 보편성을 보지 못한다.

1) 개인적 필연성은 한 개인이 그 조건에서 그렇게 행동할 수밖에 없는 필연성이다. 누구든 그 조건에 처하면 필연적으로 그렇게 행동할 수밖에 없다는 것이다. 개인적 필연성을 스피노자 식으로 말해보면 이렇다. 세계에 악이란 없고 모두 자연(自然)일 뿐이라는 것. 모든 것이 조건에 의해 그렇게 되도록(= 자연 ≠ 악) 규정되어 있기 때문이다. 또 맑스 식으로 말하면, 존재가 의식을 온전히 규정한다는 것이다. 물론 이때 의식은 영성에 대립하는 자아의 의식으로만 한정된다.

2) 보편성은 개인적 필연성이 모두에게서 동일함을 뜻한다. 조건에 따른 개별성은 모두 그 조건에선 그렇게 행동할 수밖에 없는 보편성에서 비롯된다는 것이다. 따라서 개별성에 대한 공격과 정죄는 불가능하다. 헤겔이 『정신현상학』「정신」장 끝 부분에서 "다른 사람이란 다른 조건에 처한 자기 자신"이라는 식으로 말했듯이 말이다.[2] 결국 보편성이 뜻하는 것은 이것이다. 사람들의 행위를 통해 이루어지는 이 세계 전체가 오로지 나 자신의 현상일 뿐이라는 것. 다른 사람들은 다른 조건에서 구현된 나 자신의 자아이기 때문이다.

어쨌거나 사람들은 자기기만의 구조로 인해 다른 사람들에게서 이것들 대신 3) 자유의지와 4) 특수성을 본다. 1) 개인적 필연성과 2) 보편성이 자연에 속하는 것이라면, 3) 자유의지와 4) 특수성은 자연으로부터 이탈한 '도덕'에 속하는 것이다. 이때 도덕은 정죄의 기준 역할을 하는 부정적 의

---

2. G.W.F. 헤겔, 『정신현상학』 제2권, 한길사, 2005, 231~236쪽.

미의 것이다. 3) 자유의지는 1) 개인적 필연성의 '자연성'에 대한 도덕적(= 환상적) 대립물이고, 4) 특수성은 2) 보편성의 '자연성'에 대한 도덕적(= 환상적) 대립물이다.

3) 자유의지는 다음을 뜻한다. 악행은 전적으로 그 행위자의 자유에 따른 것이므로 그 책임은 행위자에게 온전히 귀속되어야 한다는 것. 따라서 행위자는 자신의 악에 상응하는 징벌을 마땅히 받아야 한다는 것.

4) 특수성이 뜻하는 것은 이렇다. 그가 그런 악행을 저지른 것은 전적으로 특별한 사람이어서라는 것. 특수한 타인이 특수한 방식으로 자유의지를 이용해서 악에 이른다는 것이다. 즉 악은 행위자에게 내재하는 특수성으로부터 설명된다.

이 관계들을 도식으로 제시해보자.

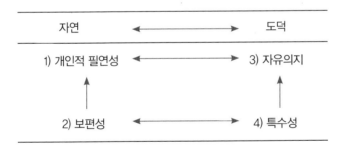

자, 특히 악이 문제가 될 때 사람들은 자신에게서 1) 개인적 필연성을 보려하고, 다른 사람들에게선 3) 자유의지와 4) 특수성을 보려한다. 1) 개인적 필연성은 자연이므로, 자신에게서 개인적 필연성을 보는 건 올바른 일이다. 다만 자신에게서만 개인적 필연성을 보는 불공정성은 그릇된 것이다.

그래서 그 불공정성으로 인해, '자연'일 뿐인 개인적 필연성은 도덕적인 '선(善)'으로의 자기중심적인 다리를 놓는다. 개인적 필연성으로 인해 어쩔 수 없이 그랬으므로 '선'이라는 무지막지한 방식으로는 아니다. 나는 원래 선한데, 어쩌다 악을 행한 건 어쩔 수 없는 개인적 필연성 때문이었다는 다소 치졸한 변명조의 방식을 통해서이다.

이러한 자기중심적 선은 폭력적 성격을 갖는다. 모든 자기중심적 선은 '악'하다고 규정된 다른 사람들에게 스스로를 강제적으로 부과하기 때문이다. 이것이 '자아의 선'이다. 선행의 연구들인 『내면으로』와 『영혼의 슬픔』에서 이미 제시되었던 다음의 구분을 다시 한 번 숙고해보자.

1) 자아의 선
2) 자아의 악
3) 영혼의 선

2) 자아의 악은 개인적 필연성에 따른 자연이다. 반면 1) 자아의 선은 자연이 아니라 도덕이다. 자기기만에 따라 '선'을 참칭(= 위선)하기 때문이다. 그런 점에서 1) 자아의 선은 오히려 악의 성격을 갖는다.[3]

첫째로는, 타인들을 자신과 대조시키면서 '악'으로 규정하기 때문이다. 즉 그 '선'은 '악'을 만들어내는 악이다. 둘째로는, 자기기만에 따른 위선일 뿐인 자신의 '선'을 '타인들 = 자연'에 폭력적으로 부과하기 때문이다. 이것은 지배행위다. 즉 '악'인 너희들은 '선'인 나를 따라야 한다는 것이다.

이 두 성격으로 인해 1) 자아의 선은 '선'이기는커녕 원천적 악의 성격을 갖는다. 자연적인 것을 '악'으로 규정해서 악을 만들어낸다는 점에서. 또 직접적으로 주어진 자연을 벗어나는 악을 위선을 통해서 만들어낸다는 점에서.[4]

1) 자아의 선과 3) 영혼의 선 사이의 갈림길은 도덕적인 것과 영성적인 것 사이의 갈림길이다.[5] 그러므로 '2) 자아의 악 → 1) 자아의 선 → 3) 영혼

---

3. 이는 물론 도덕이 악의 성격을 가짐을 함축한다.
4. 이 악 또한 자연일 수 있다. 그러니 이것은 다만 분류의 문제일 수 있다.
5. 키르케고르가 말하는 '종교성 A'와 '종교성 B' 사이의 갈등은 바로 이 갈림길에서의 갈등

의 선'으로의 진행은 '자연 → 도덕 → 영성'으로의 진행의 성격을 갖는다.

1) 자아의 선의 토대를 이루는 기준, 규범, 역할규정 들은 그것들을 벗어나는 것들을 비판하고 정죄하기 위한 것들이다. 하지만 그것들을 내세우는 자아도 그것들을 지키지 못한다. 물론 사람들은 자신들이 그런 기준, 규범, 역할규정 들의 안쪽에 있다고 여기고, "나는 올바르다"고 생각한다. 하지만 그런 생각은 자기기만이라는 점에서, 다른 사람들에게뿐만 아니라 스스로에게도 폭력을 이룬다.

강조를 해두자. "나는 올바르다"는 생각 자체가 폭력이다. 첫째로는 자아의 선의 부과를 통해 다른 사람들에게. 둘째로는 자기기만을 통해 자기 자신에게. 이 폭력의 효과는 불행이다. 첫째로는 다른 사람들이 똑같은 방식으로 반작용을 해서 갈등이 생기기 때문에. 둘째로는 자신의 무의식도 폭력적으로 반작용해서 내적 갈등이 생기기 때문에. 그래서 이미 말했듯이 다음의 등식이 성립한다.

$$\text{나의 올바름} = \text{나의 자기기만} = \text{나의 불행}$$

이 등식에 대한 깨달음은 우리로 하여금 3) 영혼의 선을 향한 길로 접어들게 한다. 반면, '나의 올바름'을 내세운 폭력들은 다음과 같은 쳇바퀴에 빠져든다.

1) 자기기만 → 2) 자아의 선을 내세운 폭력 → 3) 그 폭력에 대한 반작용으로서 타인의 폭력 → 4) 타인에 대한 정죄와 공격

자아를 가진 사람들의 모든 관계로부터 이 쳇바퀴가 생겨난다. 이 쳇바

이 아닐까? 하워드 A. 존슨, 『키르케고르 사상의 열쇠』, 다산글방, 2005, 세 번째와 네 번째 강연을 참조하길 바란다.

퀴는 상호적으로 교직(交織)되어 '집합적 악'의 새로운 그물망을 만들어낸다. 이 맞물림과 상호상승작용 속에서 집합적 악은 모든 사람의 내면에서 또 다른 개인적 필연성으로 자리 잡는다.

***

이를 라깡의 용어를 통해 설명해보자. 라깡에 따르면 자아는 항상 이상적(理想的) 자아다. 우리는 스스로를 있는 그대로 보지 못하고 이상화(理想化)한다. 이 사실은 우리가 자신에 대해 자기를 속인다는 것을 말해준다. 즉 자아의 속성 자체가 자기기만이라는 것이다.

우리는 이처럼 스스로를 높여 이상화하는 바로 그만큼 다른 사람들을 낮춘다. 이상적 자아의 모델이 되는 '자아의 이상형'을 예외로 한다면 말이다. 즉 자아는 자신이 모방하고 싶은 예외적 타인인 자아의 이상형을 모델로 삼아 스스로를 이상적 자아로 구성한다.

우리의 첫 번째 우상은 바로 자기 자신이다. 다시 말해, '자아 = 이상적 자아'가 우리의 첫 번째 우상이다. 그리고 '자아 = 이상적 자아'가 준거하는 자아의 이상형이 우리의 두 번째 우상이다. 하지만 우상은 비(非)우상을 전제한다. 즉 비우상들과의 관계 속에서 우상이 성립하는 것이다. 그래서 우리가 스스로를 우상으로 삼아 높이는 만큼 다른 사람들은 낮아진다. 다음의 도식을 보자.

①은 과대평가의 크기이고 ②는 과소평가의 크기다. ①이 올라가는 만큼 ②는 내려간다. 물론 정확한 비례 관계는 아니겠지만 말이다. ①과 ②의 이러한 존재는 객관성에의 무능력을 대변한다. 이 도식이 말해주는 것은 이상적 자아를 완전히 없애지 않는 한, 객관성은 불가능하다는 것이다.

하지만 ②의 과소평가는 내가 다른 사람을 바라볼 때뿐만 아니라, 다른 사람이 나를 바라볼 때도 적용된다. 내가 다른 사람에 대해 그런 것처럼, 다른 사람도 나를 과소평가한다는 것이다. 아래 도식처럼 말이다.

이런 상호적 과소평가가 더욱 심화될 수 있는 것은 서로가 서로에게서 위선적인 이중성, 즉 자기기만을 보기 때문이다. 나에겐 안 보이는 자기기만이 다른 사람들 눈에는 보인다는 것이다. 어쨌거나 이런 상호적 과소평가 속에서 우리의 첫 번째 우상인 '자아 = 이상적 자아'는 항상 위협받는다. 이 위협에 따른 상호 공격이 집합적 악의 그물망을 지탱한다는 것은 물론이다.

자기기만이 제거되어 서로를 있는 그대로 바라볼 수 있다면 그것이 천국이 아닐까? 진정으로 '관계'를 맺을 수 있을 것이므로 말이다. 하지만 자기기만 아래서는 ①의 과대평가와 ②의 과소평가의 크기를 합한 것만큼 지옥이 생겨날 것이다. 또 ①로의 상승과 ②로의 추락을 부단히 반복하는 만큼 지옥이 깊어지지 않을까? 제1장에서 살펴보겠듯이, 사람들은 그럼에도 그 지옥을 천국처럼 여기며 살겠지만 말이다.

자기기만은 객관성에의 무능력을 필연적으로 동반한다. 자기중심성은 불공정성을 뜻하기 때문이다. 자신의 욕망에 따라서만 세계를 보기 때문이다.

스피노자는 『윤리학』 3부 정리 39의 주석에서 선(善)이란 객관적인 어떤 것이 아니라 나에게 좋은 것일 뿐이고 악도 마찬가지로 나에게 나쁜 것일 뿐이라고 한다. 다시 말해, 자신에게 좋으냐 나쁘냐에 따라 선악이 나뉜다는 것이다. 선악에 대한 규정이 이처럼 자기중심적인 한에서, 객관성은 존재할 수 없다.

사람들에게서 선이란 자신의 욕망을 돕는 것이고, 악은 자신의 욕망을 방해하는 것이다. 그렇다면 욕망이 있는 한, 선악규정은 편파적이고, 그래서 객관성은 없다. 욕망은 자아의 존재에 필연적인 상관물이다. 그렇다면 자아를 갖고 있는 한, 객관성에는 가닿을 수 없다. 이 사실을 마주해야만 한다.

자아는 욕망을 통해 세계와 관계한다. 욕망이 세계와 만난 효과로 감정이 생겨난다. 즉 욕망이 세계 속에서 충족되거나 좌절할 때, 그 효과로 좋고 싫은 감정이 생겨난다. 스피노자가 말한 것처럼, 욕망의 충족을 도운 사람들에 대해선 좋은 감정, 욕망을 좌절시킨 사람들에 대해선 싫은 감정이 생겨난다는 것이다.

자기기만은 이런 감정들이 판단의 토대를 이룬다는 사실 속에 놓여있다. 이를 다음처럼 제시하면 좀 더 명확해진다.

1) 사람들의 판단은 대부분 감정적 판단이다.
2) 감정적 판단은 중립적 판단일 수 없다.
3) 하지만 사람들은 자신들의 감정적 판단이 항상 정확하고 올바르다고 믿는다.

자기기만은 3)의 사실에 놓여있다. 결코 객관적일 수 없는 자신들의 감정적 판단이 항상 올바르다고 믿는 것이 자기기만이다. 그래서 우리는 다음의 등식을 다시 한 번 확인한다.

나의 올바름 = 나의 자기기만

이 등식은 훨씬 넓은 일반성을 갖는다. 우리가 이 세계 속에서 무엇을 정확하게 알 수 있을지를 곰곰이 떠올려보면, 이를 깨달을 수 있다.

정의의 불가능성

객관성에의 무능력이 정치적으로 함의하는 것은 무엇일까? 그것은 '정의의 불가능성'이다. 이를 강조하기 위해 아래처럼 등식을 제시해두자.

객관성에의 무능력 = 정의의 불가능성

우리는 언제나 악을 나보다는 다른 사람에게서, 우리 집단보다는 다른 집단에게서 보려한다. 공정성의 이런 부재가 정의를 불가능하게 한다. 그 대표적인 예가 혁명일 수 있다. 혁명이 영혼의 선이 아니라 자아의 선을 구현한다면, 그렇다. 자아의 선에 따른 혁명의 과정을 거칠게 도식화하면 다음과 같다.

1) 우리들은 선하다.
2) 그들은 악하다.
3) 우리들은 항상 올바르므로 예외적인 악행이 정당화된다. 특히 그 악

행이 악한 그들에게 행해지는 것이라면 말이다.

4) 우리는 이 3)의 생각을 집합적으로 실행에 옮긴다.

5) 그 결과 선한 우리들이 악해진다. 즉 1)이 2)로 뒤바뀐다.

영혼의 선이 아닌 자아의 선을 실천하는 혁명은 집합적 자기기만의 귀결이다. 물론 자아의 선이 도덕적 규제에 기여하느냐 아니면 자아의 집합적 팽창에 따라 더 잔혹해지느냐에 따라 양상이 달라지겠지만 말이다. 그렇다면 유일하게 진정한 혁명은 자아의 선에 맞서는 영혼의 선에 의한 혁명일 수밖에 없다.

결국 정의는 모든 인간의 근본적 동일성을 전제하고서 나의 악과 다른 사람의 악을 동등하게 바라볼 때만 가능하다. 모든 인간의 근본적 동일성을 전제하고 싶지 않다면, 정의에 대해 말할 필요가 없다. 정의의 조건을 부정하고서 정의에 대해 말할 수는 없으므로 말이다.

그래서 우리는 정의를 다음처럼 정의하는 수밖에 없다. 즉 다른 사람들의 악 속에서 자기 자신의 모습을 보는 것. 이 정의(定意)는 사회학적이지 않다. 하지만 이 정의는 정의(正義)의 원천적인 가능조건 속에 자리 잡는다. 다른 사람들의 악 속에서 자기 자신의 모습을 보아야만, 불의의 원천을 이루는 차별과 정죄와 공격이 사라지고, 원천적인 정의가 가능해지기 때문이다.

우리는 왜 자기중심성을 내려놓을 수 없을까? 우리는 왜 공감 능력을 통해서도 자기중심성을 포기할 수 없을까? 어쩌면 이 사실로부터 자기기만의 보다 근원적인 원인을 추정해볼 수 있지 않을까?

흔히들 자기중심성은 자신의 육체를 보호하기 위해서라고 생각할 수 있다. 다른 육체들의 위협에서 자신의 육체를 지키기 위해선 자기중심적이 될 수밖에 없다고 말이다. 하지만 그처럼 물리적인 과정에서 성립하는 것은 물리적인 방식으로 제거할 수 있지 않을까? 더욱이 자기중심성을 없애는 것이 모두의 육체를 보호하기 위한 가장 효율적 방식이라면 말이다.

나는 선행의 연구인『영혼의 슬픔』제5장에서 자신의 악을 자신이 아닌 다른 사람에게서 보는 투사(投射) 현상을 원천적인 죄책감에서부터 설명했다. 자기에게 가해질 징벌이 두려워서 자신의 악을 다른 사람들에게 전가한다는 것이다. 징후적인 것은 그 집요함이다. 즉 그 투사는 평생에 걸쳐 집요하게 이루어진다. 성당에서 미사드릴 때마다 아무리 "내 탓"이라고 되뇌어도 평생 '남 탓'을 하고 살아가듯이 말이다.

집요함을 투사의 첫 번째 징후라고 해보자. 이 징후가 말해주는 것은 어떤 '구조적인 회로(回路)'가 있다는 것이다. 우리가 결코 빠져나갈 수 없는 회로, 원천에서 투사로까지 이르는 심층적이고 필연적인 회로 말이다. 투사의 표면적 구조는 이렇다.

1) 내 안의 악을 부인한다.
2) 그 악을 오히려 상대에게서 본다.
3) 그 악을 지니고 있다고 여겨지는 상대를 정죄하고 공격한다.

여기서 두 번째 징후를 이루는 것은 3)의 격렬함이다. 즉 자신의 악을 상대에게 투사하고선, 오히려 그 상대를 아주 격렬하게 정죄하고 공격한다는 것이다. 이 격렬함이 말해주는 것은 징벌이 자신에게 돌아오는 것에 대한 두려움이 아닐까? 자신의 결백을 주장하려고, 그 악은 나의 악이 아니라고 주장하려고, 그처럼 격렬히 상대를 정죄하고 공격한다는 것이다.

나는 다음처럼 생각한다. 이 두 번째 징후가 말해주는 것은 투사로까지 이르는 '구조적 회로'의 원천이 원천적 죄책감이라는 것이라고. 그렇다면 원천적 죄책감을 소멸시키지 않는 한에선, 자기기만은 제거될 수 없고, 정의는 불가능하다. 이에 대해선 1장의 마지막 절에서 다시 다룰 것이다.

정의의 불가능성을 실증해보려면, 다음의 질문을 스스로에게 던져보면 된다. 당신은 두 사람 사이의 정의를 실천할 수 있는가? 이때의 정의는 두 사람 사이의 공정성을 뜻하는 것이라고 단순하게 생각하면 된다.

그렇다면 우리는 다음의 것을 유의해야 한다. 즉 자기기만적 정의를 떠올려선 안 된다는 것. 자기기만적 정의란 이런 것이다. 즉 나 자신의 선(善)과 올바름 그리고 그것에 걸맞은 지위를 '부당'하게 탈취한 '악'한 타자를 응징하는 것. 다시 말해 복수하는 것.[6] 물론 이런 자기기만적 정의는 실질적인 불의(不義)다.

자, 당신은 두 사람 사이의 정의를 실천할 수 있는가? 자기기만적 정의가 아닌 두 사람 사이의 공정성으로서 말이다. 만일 당신이 이 질문에 성급하게 "그렇다"라고 대답한다면, 당신은 여전히 자신을 기만하고 있을 가능성이 많다.

물론 어떤 관계에서든 공정함이 실현되는 듯이 보이는 시점들이 있다. 하지만 당장엔 그렇게 보이더라도, 결국엔 그렇지 않게 드러나는 관계들이 대부분이다.

관건이 되는 두 사람은 경제학적인 도구적 관계와 같은 피상적 관계에 있는 사람들이 아니라, 전면적인 인간적 관계를 맺고 있는 사람들, 즉 친밀한 정서적 관계에 있는 사람들이어야 한다. 가장 정의로운 관계를 가져야 마땅한 두 사람이 관건이 되어야 한다는 것이다. 그렇다면 우리는 형제, 친구, 연인, 부부, 어머니와 자식 등의 관계를 떠올릴 수 있겠다. 우리는 이런 관계들 속에서 두 사람 사이의 정의를 실천하고 있을까? 그 관계들의 형태를 다음처럼 셋으로 나눠보자.

1) 자신의 욕망을 앞세우는 관계
2) 한 사람이 다른 사람을 위해 희생하는 관계

---

6. *A Course in Miracles*, 「텍스트」 535쪽(25장 8절-3).

3) 서로를 존중하는 공정한 관계

우리는, 자아를 지니고 있는 한에서, 두 사람 사이에서 1)의 관계를 맺는다. 자아를 지니고 있고, 그래서 제3장에서 볼 것이듯이, '나의 욕망 = 나의 올바름'이기 때문이다. 즉 나에게 나의 욕망은 올바른 것이기에, 그것을 추구할 수밖에 없다는 것이다.

이것은 경제적 공동체를 이루고 있는 부부관계에서도 그렇고, 또 제4장에서 볼 것처럼, 열렬한 사랑의 관계에서도 겉보기와는 달리 그렇다. 이를테면 우리는 나에게 가져다줄 '특별한 무엇'이 있는 사람을 열렬히 사랑하는데, 그 이유는 특별한 존재를 내가 소유함으로써 나의 가치를 높이기 위해서인 것이다.[7] 그러므로 사랑을 선택하는 데서도 욕망이 우선인 것이다.

2)의 관계는 종종 진정한 사랑의 관계처럼 여겨진다. 하지만 대부분의 경우 2)의 관계는 1)의 관계의 도구다. 즉 자신의 욕망을 실현하기 위해서 희생을 한다는 것이다. 이때 욕망의 실현은 희생의 대가로서 주어진다. 희생은 자기가 원하지 않는 것을 하는 것이다. 그리고 그처럼 원하지 않는 것을 하는 데는 별도의 이유가 있다는 것이다.

제4장에서 다룰 것이지만, 우리는 사랑하는 사람 자체를 사랑하는 게 아니라, 나를 위한 그 사람의 희생을 사랑한다. 우리는 그 사람에게 죄책감을 부과하고, 그가 죄책감으로 인해 희생을 해주기 바란다.[8] 내가 사랑받는다는 느낌을 갖기 위해서 말이다. 이 느낌이 나의 자아의 가치를 높여주기 때문이다. 그래서 우리는 서로 간에 희생의 놀이를 벌이고, 또 서로에게 그 대가를 요구한다.

자식에 대한 어머니의 희생도 대부분 1)의 관계에 종속되지 않을까? 희생이 욕망을 깔고 있고, 그래서 대가를 요구한다면 말이다.

----

7. *A Course in Miracles*, 「텍스트」 341~343쪽(16장 5절 3~9).
8. 같은 책, 「텍스트」 318쪽(15장 7절-7).

하지만 3)의 관계가 존재한다. 그 관계가 우리를 부단히 시험하겠지만 말이다. 그럼에도 그 관계는 자아들의 자기기만적 관계를 넘어선 영혼의 교류를 입증해주는 것일 수 있다. 물론 자기기만이 존재하는 한에서, 완전한 3)의 관계는 불가능하다. 따라서 3)의 관계는 예외적이다. '객관성에의 무능력 = 정의의 불가능성'이기 때문이다.

자기인식을 거쳐 세계로

나는 나 자신의 경험을 온전한 인식으로 발전시키지 못한다. 나 자신의 경험은 다만 직접적으로 '경험'되고 지나쳐질 뿐이기 때문이다. 관심이 세계에 대한 지각으로만 쏠려서일까? 그렇지 않다. 그 이유는 무엇보다 경험에서 인식으로 상승하는 통로를 자기기만이 가로막고 있다는 데 있다. 즉 우리는 자기기만이 드러나는 것이 두려워 자신을 돌아보려 하지 않는다.

나 자신에 대한 것뿐만 아니라 이 세계에 대한 우리의 모든 경험은 실제로는 주관적인 것이다. 외적 사건을 '나 자신'이 그렇게 '경험'하는 것이기 때문이다. 가까운 누군가가 죽었다고 해보자. 나는 그의 죽음을 직접 경험하지 못한다. 그가 돼서 그의 죽음을 몸소 체험할 수 없기 때문이다. 내가 실제로 경험하는 유일한 것은 그의 죽음에 대한 '내 마음의 반응'이다.

그렇다면 세계에 대한 경험에서마저도 내가 직접적으로 경험하는 것은 나 자신일 뿐이다. 그래서 자기인식은 세계인식의 전제를 이룬다. 앞서 본 것처럼, 자기에 대한 비틀린 지각에 따라 세계에 대한 비틀린 인식이 상관적으로 도출되듯이 말이다. 하지만 나는 나의 내면을 경험만 할 뿐 온전히 인식할 수 없다. 자기기만이 스스로를 보호하려고 자기인식을 가로막기 때문이다.

그렇다면 나는 나 자신을 어떻게 알 수 있을까? 유일한 통로는 나의 거울 구실을 해주는 다른 사람들이다. 다음의 세 가지 사실 때문이다.

1) 나는 자기기만으로 인해 나 자신에게서 나를 못 본다.
2) 보편성이 개인적 조건에 처해서 성립하는 개인적 필연성은 모든 자아들의 동일성을 드러낸다(= 자연).
3) 나는 항상 나 자신의 악을 다른 사람에게 투사해서 본다(= 도덕적 판단).

2)에서 3)으로의 진행에 대해서는 제3장의 앞부분에서 세밀하게 다룰 것이다. 지금 여기서의 관건은 3)이다. 어차피 2) 또한 나와 다른 사람들의 근본적 동일성을 말해준다. 하지만 그 동일성은 겉으로 드러나지 않는다. 조건에 따른 차이들이 전면에 등장하기 때문이다.

하지만 그럼에도 나는 언제나 다른 사람들에게서 나의 모습을 보는데, 나의 악을 언제나 그들에게 투사하기 때문이다. 그러니 다른 사람들에게서 잘못을 볼 때, 나는 실제로는 언제나 나의 잘못을 보고 있는 것이다. 이 3)의 사실을 도식화하면 다음과 같다.

투사   해석

나 자신의 악 - - - - - - - - - ► 타인의 자연 - - - - - - - - - - ► 타인의 악

이 도식이 뜻하는 것은 이렇다. 나는 나의 악을 다른 사람에게 투사해서 그의 자연(= 개인적 필연성)을 악으로 해석한다는 것. 그러니 나는 다른 사람들의 악에서 언제나 나 자신의 악을 보아야 한다. 첫째로는 2)의 사실, 즉 모든 자아의 동일성으로 인해서고, 둘째로는 3)의 사실, 내가 나 자신의 스크린을 통해 다른 사람을 보기 때문이다. 바로 이 길만이 자기기만을 해체하는 길이다. 다른 사람의 악이 실제론 나의 악임이 드러나고, 그와

나의 동일성이 드러나기 때문이다.

이처럼 자기기만을 제거해야만 자신과 세계에 대한 인식의 통로가 열린다. 이를 다음처럼 정리해두자.

1) 자기기만 → 객관성에의 무능력
2) 자기기만의 해체 → 객관성에의 통로 → 온전한 인식에의 유일한 길

진정한 객관성만이 진보를 보장한다는 것을 여기서 언급할 필요가 있을까? '비(非)객관성 = 편파성'은 항상 나의 욕망에 따른 것이다. 그것은 나의 이익을 구현하려는 것이고, 그래서 누군가에게 필연적으로 악으로 작용한다. 객관성의 토대를 결여한 '진보'는 '비객관성 = 편파성'에서 도출되는 악을 감추려는 구호일 뿐이다.

제4장의 뒷부분에서 세밀하게 다루겠지만, 집합적 자기기만에 따른 환상 속에서 사람들은 다음의 생각을 자명하게 여긴다. 바깥에서 악을 보아야 그 악을 개선해서 사회의 진보에 이바지할 수 있다는 생각. 하지만 그렇지 않다. 바깥의 악은 내면의 악의 반영이고 투사이기 때문이다. 내면의 악은 결코 사라지지 않아 어떤 방식으로든 다시 겉으로 드러난다. 자본주의 이후에도 또 다른 형태의 지배와 착취가 생겨날 수밖에 없도록 말이다.[9]

---

9. 발터 벤야민은 『아케이드 프로젝트』(새물결, 2005~6)에서 자신의 작업을 "깨어남의 기법에 관한 에세이"로 정의한다(K1,1, 1권 906쪽, Cerf의 불어판으론 405쪽). 이때 깨어남은 한 시대가 공유하는 집합적 꿈에서 깨어나는 것이다. 집합적 꿈은 모든 세대가 특정한 시대적 조건에서 유년시절을 경험하면서 형성되는 것이다. 벤야민은 "깨어남의 기법"을 과거의 꿈에서 깨어난 현재의 관점에서 그 꿈을 재기억하는 것으로 규정한다. 그는 이렇게 말한다. "재기억과 깨어남은 밀접히 연관되어 있다. 깨어남은 실제로는 코페르니쿠스적 혁명, 재기억의 변증법이다"(K1,3, 1권 907쪽, 불어판 406쪽). 하지만 이 '해몽'의 노동이 오늘날 나 자신이 참여하고 있는 집합적 꿈에 빛을 비추기 위한 것임은 두말할 것도 없다. 누구든 이 '해몽'의 노동을 다른 세대 또는 다른 사람들의 집합적 꿈에 대한 것으로만 한정시킨다면, 자신의 바깥에서만 악을 찾는 것과 동일한 귀결을 가질 수밖에 없지 않을까?

사람들이 바깥에서 악을 보는 것은 자신의 악을 감추기 위해서다. 하지만 모든 사람이 스스로를 지키고 경영하는 자아를 갖는다는 사실은 다음의 것을 함의한다. 즉 모두가 동일한 내용들의 악을 갖는다는 것. 물론 조건의 차이에 따라 악의 발현이 다른 형태로 나타나겠지만, 그것은 다만 자연일 뿐이다.

나는 선행의 연구들인 『내면으로』와 『영혼의 슬픔』에서 설정한 자아와 영혼(= 영성)의 대립구도를 이 책에서도 견지한다. 진정한 인식에 가닿는 길은 자기기만을 해체하는 것이라고 할 때, 자기기만의 해체는 자아의 해체로 이어지는 것이다. 자아가 해체되면 인식은 누가할까? 그것은 영혼(= 영성)이라 불릴 수 있을 우리 내면의 영적 실재가 아닐까?

자아는 자신의 내면과 직접적인 관계 속에 있다. 즉 거리를 두지 못하고 그 속에 갇혀 있다. 따라서 자아는 엄밀한 인식을 행할 수 없다. 인식의 조건을 다음처럼 제시해보자.

1) 안에만 있으면 직접성으로 인해 거리를 둘 수 없다.
2) 바깥에만 있으면 안의 내용과 차단된다.
3) 따라서 안에 있으면서 동시에 바깥에 있어야 진정한 인식이 가능하다.

1)은 나 자신을 바라보는 자아의 위치다. 2)는 나 자신을 바라보는 다른 사람의 위치 또는 다른 사람을 바라보는 자아의 위치다. 그렇다면 3)은 영혼(= 영성)의 위치가 아닐까? 영혼이 모두의 내면에 있으면서 또한 서로 간에 연결되어 있다면 말이다.

자기기만의 해체에 따라 드러나는 타인들의 모습은 어떠할까? 그 모습은 도덕적 판단이 제거된 '자연 + 영혼(= 영성)'일 것이다. 하지만 그들을 바라보는 내가 자아를 제거한 영성이라는 점에서, 나는 그들에게서 무엇보다 '자연' 그 너머에 있는 빛나는 영성을 보지 않을까? 내가 나 자신의 모습을 그들에게서 본다면 말이다.

   컬럼비아 대학 의료심리학 교수였고 『기적수업』을 기록한 헬렌 슈크만 (Helen Schucman)은 어느 여름날 저녁 사람들로 혼잡한 길을 남편과 함께 걸을 때 엄습한 느낌을 이렇게 적는다. "거기에 있던 모든 사람들에 대한 심정적인 밀접함의 깊은 감정이 나를 휩쓸고 지나갔다. 우리는 모두 동일한 목표를 위해 똑같은 여행을 하고 있다는 일정한 자각과 함께."[10] 자기기만을 제거한 뒤에 얻어지는 세계 인식은 우리에게 전혀 예기치 못한 실재를 드러내지 않을까?

---

10. Robert Skutch, *Journey without distance*, Celestialarts, 1984, 52쪽.

제1부

세계에 대하여

제1장
세계가 있는 이유 — 순례인가 유배인가

이 세계는 왜 존재하는 것일까? 우리가 이 세계에 있는 이유는 무엇일까? 이 질문들은 이 세계의 존재가 당연한 것이 아님을 암시한다. 그리고 그런 암시는 이 세계가 우리의 진정한 집이 아닐 수 있음을 함축한다.

오래 전부터 많은 사람들이 이 질문들을 제기했고 또 대답하려 노력해 왔다. 그 가운데 대부분의 사람들이 전제했던 것은 다음과 같은 설정이다. 즉 이 세계에 속하지 않는 영혼이 이 세계에 속하는 몸에 깃듦으로써 이 세계에 있게 되었다는 것.

그렇다면 왜 이 세계의 것이 아닌 영혼은 이 세계의 몸에 깃들었을까? 그것은 물론 그 영혼에 어떤 '문제'가 있어서일 것이다. 그 문제를 무엇이라고 생각하느냐에 따라 위의 질문들에 대한 대답이 갈라진다.

나는, 앞선 연구인 『영혼의 슬픔』의 머리말에서 제시했듯이, 그 문제를 자아에 의한 영혼의 오염이라고 생각한다. 이는 붓다와 『기적수업』의 생각을 뒤쫓는 것이다. 많은 사람들은 붓다가 그렇게 생각하지 않았다고 여기겠지만 말이다. 만일 이 세계의 것이 아닌 영혼이 자아에 의해 오염되어 이 세계의 것인 몸에 깃들었다면, 자아도 또한 이 세계의 것일 수 없다. 하지만 이에 대해선 좀 더 뒤에서 다루도록 하자.

어떤 사람들은 그 문제가 영혼의 미성숙이라고 생각한다. 그렇다면 영혼이 이 세계에 오는 이유는 이 세계에서의 경험들을 통해 자신을 성숙시키기 위한 것일 것이다.

자, 우리의 영혼이 몸에 깃들어서 이 세계를 여행하는 이유를 일단 다음처럼 두 가지로 제시해보자.

1) 순례
2) 유배

순례의 관점은 다음과 같은 것이다. 즉 우리의 영혼이 이 세계에서 배울 것이 있다는 것. 그래서 영혼이 몸에 깃들어서 세계에서 배움의 여행을 한다는 것이다. 이때 배워야 할 것은 무엇보다 사랑이다. 그래서 순례의 관점에 따르면 영혼들은 서로 간에 차이가 난다. 즉 사랑을 많이 배운 성숙한 영혼들이 있는 반면, 그렇지 못한 미숙한 영혼들도 있다는 것이다.

유배의 관점은 다음과 같은 것이다. 영혼들은 자신들의 잘못으로 인해 이 세계에 유배당했다는 것. 그래서 영혼들이 이 세계에서 배울 것은 아무것도 없다. 오히려 이 세계에서 배우면 배울수록 영혼들은 자신들의 고향인 영적 실재(= 신)로부터 멀어진다. 따라서 영혼들이 다시 집(= 영적 실재)으로 돌아갈 수 있는 방법은 이 세계에서 배운 것을 완전히 지우는 길밖에 없다. 유배의 관점에 따르면 모든 영혼은 완전히 동등하다. 다만 오염의 정도에 의해서만 겉보기의 차이가 날 뿐이다.

물론 순례의 관점과 유배의 관점 중간에 위치한 입장도 있을 것이다. 이를테면 유배를 왔지만 그럼에도 그것이 유배지에서 행하는 일종의 순례라는 입장 말이다. 플라톤의 입장도 그럴까? 내가 보기엔 플라톤은 오히려 순례의 관점과 유배의 관점 사이에서 동요를 하는 것 같다.

또 자기유배의 관점이 있다. 진짜로 잘못이 있어서 유배당한 것이 아니라, 잘못을 저질렀다는 죄책감으로 인해 신의 품 안에 있는 것을 견디지 못하고 스스로를 유배시켰다는 관점이 그것이다. 『기적수업』의 입장이 그렇다.

그래서 나는 이 장에서 다음과 같은 네 가지 관점을 소개할 것이다.

1) 순례 — 융과 헤겔
2) 순례와 유배 사이 — 플라톤
3) 유배 — 붓다와 십자가의 요한
4) 자기유배 — 『기적수업』

융은 문자 그대로 순례에 대한 이론을 발전시켰다. 반면 헤겔은 자신의 이론을 순례라는 액자 또는 문제틀 속에 위치시켰을 뿐이라고 할 수 있겠다. 융은 자아와 영성(= 영혼)의 대립을 설정하는 반면, 헤겔은 자아와 영혼을 동일시한다. 즉 헤겔에게선 아직 많은 것이 모호하게 남아있을 뿐이다.

내가 보기에 플라톤은 어떤 저술들에선 순례의 관점을 취하고 어떤 저술들에선 유배의 관점을 취한다. 어쩌면 이는 내가 플라톤에 대한 완전한 비전문가이기 때문에, 그의 저술들 밑에 깔려 있는 어떤 연속성을 파악하지 못해서 그렇게 보았던 것일 수 있다. 플라톤은 자아와 영혼을 대립시키는 것이 아니라 육체와 영혼을 대립시킨다. 따라서 그의 영혼 개념에는 자아가 일정하게 포괄되어 있다.

붓다와 십자가의 요한 그리고 『기적수업』은 모두 자아와 영혼(= 영성)의 대립구도를 설정한다.

우리는 위의 네 관점을 거쳐 가면서, 나름대로 세계의 존재이유를 탐색할 수 있을 것이다.

물론 나의 앞선 연구들인 『내면으로』와 『영혼의 슬픔』을 참조하지 못한 독자들에겐 다음과 같은 질문이 당연히 생겨날 수 있다. 그 연구들을 참조했더라도 여전히 생겨날 수 있겠지만 말이다. 자기기만적 존재인 우리가 영혼을 지닌 존재일 수 있을까, 우리는 그저 자기중심적이고 자기기만적인 동물에 불과한 게 아닐까, 라는 질문 말이다. 여기서 그 질문에 다시 답할 순 없다. 다만 다음처럼 짧게 얘기를 해두자.

우리의 내면에 특정한 방식으로 직조된, 그래서 특정한 기울어짐을 가진 어떤 힘이 존재한다고 해보자. 이 힘은 다른 존재들을 짓밟고선 사랑을 독차지하려는 속성을 갖는다. 또 이 힘은 자신이 남들보다 더욱 사랑받아야 마땅한 특별한 존재라고 우리를 기만하고 설득한다. 우리는 그런 설득에 속아 넘어가 스스로를 그 힘과 동일시하고 그 힘에 잠식당한다.

그 힘의 명칭은 '자아'다. 이미 보았듯 자기기만이란 '자아의 악'을 '자아의 선'으로 가리는 것이다. 이런 뒤집힘을 통해 자아는 우리의 마음을 잠식한다. 자아가 마음을 잠식함에 따라 우리의 영혼은 한쪽 구석으로 밀려나 침묵한다. 그래서 영혼은 마치 존재하지 않는 것처럼 여겨진다. 하지만 우리가 스스로의 내면과 다른 사람들의 내면을 곰곰이 살펴보면, 영혼이 그런 침묵 속에서도 자신의 존재에 대한 여러 신호들을 보내와 스스로를 입증하고 있음을 발견할 수 있지 않을까?

***

여기서 영혼이란 용어의 애매성에 대해 한 마디 해둘 필요가 있다. 플로티노스가 생각한 것처럼, 하나를 이루고 있던 '스피릿(spirit),' 즉 영(靈)이 분열되어 영혼들이 되었다고 해보자. 영혼들은 그처럼 분열되어 개별적인 몸들 속에 깃든다. 영혼들이 그처럼 분열된 까닭은 자아에 의해 오염되었기 때문이다. 즉 영(= 정신)의 일부가 자아에 의해 오염되어 영혼들로 분열되었다는 것이다.

그렇다면 분열된 영들인 영혼의 존재 자체가 자아에 의한 오염을 내포할 수밖에 없다. 비록 그 오염이 영혼의 내부로까지 침투하진 못한 외적인 것이라도 말이다. 그렇다면 우리는 영혼을 "자아에 의해 오염되어 분열된 영"으로 정의해야 한다. 그리고 '자아와 영혼 사이의 마음의 분열'이라는 설정은 정확하지 못한 것이 된다.

하지만 나는 이 책에서 영혼이란 용어로 여전히 자아에 대립하는 우리 내면의 영적 실재를 지칭하려 한다. 이때 나는 자아에 의한 외적 오염과는 무관한, 영혼의 내적 성격만을 염두에 두고 있는 것이다. 영혼의 개념을 그처럼 사용하려는 이유는 무엇보다 나의 앞선 연구들과의 연속성을 지키고 싶어서다. 하지만 다른 이유도 두 가지 있다.

첫째로는, '영(靈)'이란 용어가 갖고 있는 불편한 뉘앙스 때문이다. 그 불편한 뉘앙스는 물론 '귀신'을 연상시키는 것이다. 또 '스피릿'의 다른 번역어인 '정신'도 물질과 대립하는 지나치게 넓은 의미로 사용되기 때문에, 불편한 건 마찬가지다.

둘째로는, 영혼들은 여전히 완전한 영적 소통―이것이 이 세계에서 유일하게 가능한 진정한 소통이다―을 통해 하나를 이룰 수 있기 때문이다. 이는 다음의 것을 입증해준다. 영이 영혼들로 갈라지는 계기를 이룬 것이 자아에 의한 오염이더라도, 그 오염은 외적 오염일 뿐이기 때문에, 영혼 자체는 여전히 순수한 영의 성격을 갖는다는 것.

하지만 뜻을 명확하게 해둘 필요가 있을 때는, 맥락에 따라 '영혼(= 영성)' 또는 '영성(= 영혼)이라고 표기함으로써, 오해의 여지를 없애고자 한다.

융의 순례 이론

융은 프로이트와 결별하고 몇 년 후에 쓴 1916년의 「죽은 자를 위한 일곱 설교」에서부터 후기의 대표작인 1951년의 『아이온(Aïon)』과 1955년의 『융합의 신비』에 이르기까지 줄곧 순례에 대해 말한다. 나는 융의 평생의 이론적 노동이 순례의 이론을 완성시키기 위한 것이었다고 믿는다. 즉 나는 다음의 것들을 믿는다. 융의 문제의식의 핵심이 순례였다는 것. 융이 오랫동안 절실하게, 이 세계에서의 우리의 삶이 순례임을 체계적 이론으로 제시할 수 있길 열망했다는 것. 그 결실이 『아이온』과 『융합의 신비』다.

융은 「죽은 자를 위한 일곱 설교」에서 이렇게 말한다. "수많은 신들이 인간적 상태에 이르길 기다린다. 수많은 신들이 인간이었다. 인간은 신들의 본질에 참여한다. 인간은 신들(dieux)로부터 와서 신(Dieu)에게로 간다."[1]

'신들'로부터 어디로 오는 걸까? 물론 세계로 오는 것이다. 어디로부터 '신'에게로 가는 걸까? 물론 세계에서부터 가는 것이다. 그렇다면 세계는 '신들'이 '신'에게로 돌아가기 위해 머무는 순례의 장소다.

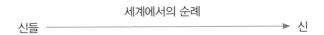

세계에서의 순례

신들 ──────────────────→ 신

인간이 되기를 기다리거나 인간이었던 '신들'이란 바로 신의 일부로서 영혼들일 것이다. 이 영혼들(= 신들)은 '신'에게로 귀환하려 한다. 그 방법은 이 세계에서의 순례다. 세계에서의 순례가 그들의 신성(神性)을 보다 온전하게 해줄 것이기 때문이다. 즉 신의 일부인 영혼들이 스스로의 신성을 보다 온전하게 해서 신과 다시 하나가 되기 위한 수단이 세계에서의 순례라는 것이다.

융은 35년이 지난 뒤 『아이온』에서 이런 도식을 제시한다.[2]

---

1. C. G. Jung, "Les sept sermons aux morts," *La réalité de l'âme 2*(영혼의 실재성 2권), Le livre de poche(La pochothèque), 2007, 32쪽.
2. C. G. Jung, *Aïon, Etudes sur la phénoménologie du soi*(아이온, 자기의 현상학에 대한 연

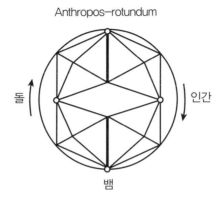

Anthropos-rotundum

돌

인간

뱀

이 도식에서 융이 말하려는 것은 신들이 다시 신으로 귀환하는 순례의 성격이다. 여기서 인류를 뜻하는 '안트로포스'와 둥근 형태를 뜻하는 '로툰둠'의 결합은 모든 인류를 포괄하는 전체성으로서 신성(神性)을 상징한다. 그래서 '안트로포스-로툰둠'은 우리 영혼이 그 일부를 이루는 출발점이기도 하고, 또 우리 영혼이 순례를 통해 가닿아야 하는 전체성으로서의 목적지이기도 하다. 결국 융이 말하려는 것은 다음처럼 정리된다.

1) 신의 부분인 영혼들이 세계로 하강해서
2) 인간 동물의 몸에 깃든 다음,
3) 뱀이 구현한 '악'을 받아들여서
4) 단단한 정금(正金) 같은 돌을 만들어내고
5) 보다 온전한 전체성을 실현해서
6) 신에게로 회귀한다는 것.

4)의 정금 같은 돌은 연금술의 목표인 '현자의 돌'이다. 1)에서 6)으로

구), Albin Michel, 1983, 268쪽.

이르는 이 과정에서 핵심적인 관건을 이루는 것은 4)에 이르는 수단으로서 2)와 3)이다. 융은 왜 우리가 뱀이 구현한 '악'을 받아들여야 한다고 생각하는 걸까?

이유는 간단하다. '뱀이 구현한 악'은 전체성의 필수적 부분임에도 불구하고 전체성에서 부당하게 축출된 것이기 때문이다. 무엇이 그 '악'을 전체성에서 축출했을까? 그것은 물론 '선'이다.

선은 자신이 악으로 규정한 것을 축출해서 스스로를 선으로 정립한다. 이 선은 악을 제거했으므로 완전해 보인다. 하지만 선의 그런 '완전성'은 다만 외적일 뿐이다. 왜냐하면 그 선은 내적으로는 자신이 축출한 악과 대립하고 있는 불완전한 것이기 때문이다.

이것이 융이 "완전함(perfection)과 전체성(totalité) 사이엔 본질적인 차이가 있다, 그리스도의 이미지는 거의 완전하기만 할 뿐이다"라고 한 이유다.[3] 즉 기독교가 제시하는 그리스도의 이미지는 스스로 '악'이라 규정한 것을 축출해서 완전해 보이지만, 실제로는 온전한 전체성에 미치지 못한다는 것이다.

융에 따르면 "전체성은 완전성이 아니고 존재의 온전한 통합성(l'intégralité de l'être)"이다.[4] 그리고 순례의 목적지는 완전성이 아니라 전체성이다. 즉 융에게서 순례는 완전해 보이는 '선'을 떠나, 그 선 바깥의 악들을 받아들임으로써, 전체성에 가닿는 과정이다. 다시 말해, 선하다는 자아의 틀을 벗어나 그 틀과 대립하는 것들을 받아들이는 과정이다.

융이 갖고 있는 순례의 이런 문제틀 배후에는 자기(自己)의 개념이 있다. '자기'는 '자아'를 넘어서 있는 진정한 자기 자신, 다시 말해 육체에 깃든 신성(= 영혼)이다. 융은 1916년에 초판이 나오고 1928년에 개정한 『자아

---

3. 같은 책, 82쪽.
4. C. G. 융, 「전이의 심리학」, 『인격과 전이』, 솔, 2007, 257쪽. 불어판(Le livre de poche의 *La réalité de l'âme* 1권에 수록)을 참조해서 번역을 수정했다.

와 무의식의 관계』에서 자기 개념에 대해 이렇게 말한다. "자기는 '우리 안의 신'이라고도 말할 수 있을 것이다. 우리의 모든 심리적 삶은, 그 최초의 출발들에서부터, 자기로부터 분출된 것이다. 또한 삶의 모든 최고이자 최후의 목표들은 자기를 향해 있는 듯이 보인다."[5]

자, 자기는 출발점이자 목표다. 이 말은 다음의 것을 뜻한다. 순례의 출발점과 종착점에 각각 자기가 있다는 것. 출발점에 있는 자기가 이 세계를 거치기 이전의 자기라면, 종착점에 있는 자기는 이 세계를 거친 자기다. 자기는 우리 내면의 신이므로, 순례는 우리 내면의 신(= 영혼)이 세계를 거치는 여행을 하는 것이다.

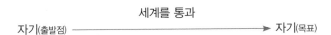

세계를 통과
자기(출발점) —————————————→ 자기(목표)

신이 세계를 여행한다는 것은 다음의 것을 뜻한다. 신이 자신의 완성을 위해 세계를 필요로 한다는 것. 그렇다면 목표로서의 자기는 "신과 세계의 통일"[6]이라는 내용을 갖는다. 다시 말해, 신이 세계를 순례하는 이유는 '세계와의 통일'을 이루어 자기의 온전한 전체성을 회복하기 위해서라는 것이다. 융은 이 과정을 최후의 대작인 『융합의 신비』에서 다음 세 단계로 제시한다.[7]

1) unio mentalis(정신적 통일), 즉 영혼과 정신의 통일.
2) 영혼과 정신의 통일이 다시 육체와 결합한다.

---

5. C. G. 융, 「자아와 무의식의 관계」, 『인격과 전이』, 159쪽. 불어판(폴리오 문고판)을 참조해서 번역을 수정했다.
6. C. G. Jung, *Aïon, Etudes sur la phénoménologie du soi*, 180쪽.
7. C. G. Jung, *Mysterium conjunctionis*, Albin Michel, 1982, 2권 256~257쪽.

3) 영혼-정신-육체의 통일이 마침내 세계와 결합한다.

1)의 단계는 순례를 시작하기 이전의 단계다. 융은 이 단계의 '정신적 통일성(unio mentalis)'에 대해 "창백한 유령일 뿐"이라고 한다.[8] 아직 실질적 내용이 채워지지 않은 공허한 것이라는 것이다.

2)의 단계는 순례를 시작하는 단계다.

3)의 단계는 순례의 목표가 달성된 단계다. 즉 '신과 세계의 통일'이 이루어진 단계다. 융은 이 단계를 "통합된 인간과 '하나로서의 세계(unus mundus)'의 통일"로 표현한다.[9] '정신-영혼-육체의 통일'로서의 인간이 전체 세계를 껴안는다는 것이다.

세계를 경험하고 껴안는 것이 어떻게 신성을 완성시키는 것일까? 융은 그 비밀을 '자기'의 4원성으로 설명한다.

융은 1946년의 『전이의 심리학』에서 4원성의 형상들은 "언제나 자연적으로 자기를 가리킨다. 자기는 이 모든 대립들을 내포하고 질서 짓는 것"이라고 한다.[10] 이 말이 뜻하는 것은 자기의 온전한 전체성이 4원성이라는 것이다. 자기의 이 4원성은 기본적으로 '3 + 1'의 형식을 갖는다. 융이 "4원성에서 한 요소의 예외적 위치"를 말하고, 또 그 예외적인 "네 번째 요소는 상이한 척도를 표상"한다고 했듯이 말이다.[11]

문제는 순례의 출발점에서 자기가 무엇인가를 결여하고 있다는 것이다. 이때 자기가 결여한 것은 '3 + 1'의 형식에서 네 번째 요소인 1이다. 따라서 '4 − 1'의 짜임새를 갖는 자기는 결여된 1을 찾아 세계를 순례한다. 융이 3원성을 "결여된 사원성이거나 4원성으로의 이행상태"라고 했듯이 말이다.[12]

----

8. 같은 책, 2권 348쪽.
9. 같은 책, 2권 338쪽.
10. C. G. 융, 「전이의 심리학」, 351쪽. 불어판을 참조해서 번역을 약간 수정했다.
11. C. G. Jung, *Aïon, Etudes sur la phénoménologie du soi*, 272~273쪽.
12. 같은 책, 244쪽.

그렇다면 순례의 목표는 다시 '3 + 1'의 형식을 갖는 4원성을 회복하는 것일 수밖에 없다.

그처럼 결여된 1은 어떤 것일까? 융은 1940년에 출판한 「심리학과 종교」에서 기독교의 삼위일체에다 마귀를 더한 것이 사위일체라고 한다.[13] 또 그는 『아이온』에서 "그리스도의 도그마적 형상은 지나치게 숭고하고 순결해서 모든 나머지를 어둡게 한다"고 하고, 바로 그 때문에 "안티-그리스도의 도래는 불가피한 심리적 법칙"이라고 한다.[14]

이처럼 융이 설정한 자기의 4원성은 기독교적 3원성의 불충분함을 염두에 둔 것이다. 기독교의 신성(3)이 온전하지 못하고, 그래서 세계(1)에서의 순례를 통해 온전한 신성(4)을 회복해야 한다는 것이다.

결국 융은 기독교적 신성(4 - 1 = 3)이 자기중심적인 선(善), 다시 말해 '자아의 선'의 연장선상에 있음을 암시한다. 그 신성은 다른 모든 것들을 '악'으로 규정해서 배척한 뒤에 성립한 독선(獨善)적 선이라는 것이다. 또 그처럼 배척된 마귀, 악마, 안티-그리스도 들은 배타적인 기독교의 신만큼이나 똑같은 신성을 갖고 있다는 것이다.

융은 「죽은 자를 위한 일곱 설교」에서 인간의 공동체는 "어머니의 기치 아래 있지 않다면, Phallos(남근)의 기치 아래 있을 수밖에 없다"고 말한다.[15] 만일 공동체가 남근적 질서로 짜여 있다면, 라깡이 누차 강조했듯이, 그 공동체의 선은 남성 지배집단의 거짓된 선일 수밖에 없다. 그렇다면 융의 문제틀은 '악'들을 껴안는 사랑의 문제틀일 것이다. 그 문제틀은 이렇게 요약된다.

1) 이 세계의 선은 거짓 선이다.

---

13. C. G. 융, 「심리학과 종교」, 『인간의 상과 신의 상』, 솔, 2008, 91~94쪽.
14. C. G. Jung, *Aïon, Etudes sur la phénoménologie du soi*, 57쪽.
15. C. G. Jung, "Les sept sermons pour les morts," 33쪽.

2) 따라서 이 세계의 악도 거짓 악이다.

3) 거짓 악을 복권시켜서 거짓 선을 제거하고,

4) 선악이 없는 평화로운 총체성을 복원해야 한다.

다음 도식은 융이 『아이온』에서 제시한 자아의 4원성 도식 가운데 하나다.[16] 이 도식에도 융의 그런 문제들이 담겨 있다.

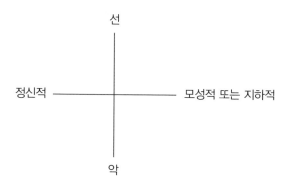

자기의 기본 형식은 '3 + 1'이다. 하지만 이 도식은 '2 + 2'의 형식을 갖는다. 즉 2의 지배질서 하에서 또 다른 2가 축출됐다는 것이다. 그러나 자기의 4원성은 그처럼 축출된 2를 다시 껴안는다. 즉 남성적 지배질서가 축출한 '모성적이고 지하(地下)적'인 것을 포섭해 견고해지고, 악의 선함에 대한 이해를 통해 더욱 선해졌다는 것(= 선악을 넘어섰다는 것)이다.

결국 융에게서 1(4 − 3)은 세계 전체다. 이 세계 전체는 자기중심적 신의 관념적 선에서부터 축출된 것이다. 순례는 이 1, 즉 세계 전체를 새롭게 경험하고 껴안으려는 것이다. 그래서 융은 순례를 거쳐 다시 자기에 가닿는 길을 "땅, 바다, 공기, 불의 위험에 노출되는 4대륙을 통한 여행"이라고 하

16. C. G. Jung, *Aïon, Etudes sur la phénoménologie du soi*, 77쪽.

고, "존재의 네 측면 또는 360 측면을 껴안는 것"이라고 한다.[17]

여기서 우리가 염두에 두어야 할 것은 융의 순례 이론이 그 자신의 정신 분석이론에 입각하고 있다는 것이다. 융에게서 정신분석의 목표는 마음의 중심을 a) 무의식을 축출한 자아로부터 b) 무의식을 통합한 자기로 이동 시키는 것이다. 이런 중심 이동은 그 자체가 순례의 과정이다. 정신분석의 과정과 순례의 과정이 이처럼 맞물릴 수 있는 것은 '자기'라는 고리를 통 해서다. 왜냐하면 자기는 정신분석의 목표이면서 되찾아야 하는 신성이기 때문이다. 융이 『자아와 무의식의 관계』에서 "무의식이 행사하는 압박은 […] 신을 붙잡으려 하는 것"이라고 하고, "신에의 희구란 […] 가장 은밀 한 충동성"이라고 하는 것은 바로 이 맥락에서다.[18]

자, 이를 염두에 두고서 '세계 = 악'을 껴안아야 하는 이유를 다시 한 번 생각해보자. 사실상 그 이유는 "뱀이 구현한 악을 받아들여서 단단한 정 금 같은 돌을 만들어낸다"는 표현 속에 집약되어 있다. 하지만 우리는 그 표현을 좀 더 추상적인 여러 언어들로 옮겨줄 수 있다. 다음처럼 말이다.

— 관념적 사고가 물질적 현실을 겪음으로써 보다 확고한 흔들리지 않
  는 토대를 갖기 위해서.
— '악'이라고 규정된 모든 것을 껴안음으로써 모든 것에 대한 진정한
  사랑을 배우기 위해서.
— 선악 대립을 포함한 모든 형태의 대립들을 통일함으로써 평화로운
  전체성을 확립하기 위해서.
— 외적인 완전함이 아니라 내적인 온전함을 확립하기 위해서.
— 고립된 주관적 척도(4 − 1)를 넘어서서 보편적인 척도(3 + 1)를 획득
  하기 위해서. 다시 말해, 인류를 온전히 껴안기 위해서.

---

17. C. G. Jung, *Mysterium conjunctionis*, 1권 266쪽(1권의 출간년도는 1980년이다).
18. C. G. 융, 「자아와 무의식의 관계」, 25쪽. 불어판을 참조해서 한 군데의 표현을 다듬었다.

이처럼 여러 설명을 제시하는 것은 불가피하다. 융 자신이 여러 시기에 걸쳐 다양한 설명들을 내놓았기 때문이다. 또한 우리가 융 자신이 아닌 한에서, "이것은 한 마디로 이렇다"는 식으로 답변을 내놓는 것은 두렵고 불편한 일이다. 더욱이 나는 융의 이론을 완전히 공감하지도 이해하지도 못하니 말이다.

그렇다면 융의 순례 이론은 어떤 특징을 갖는 걸까? 나는 그 특징이 세계-육체-자아를 일정하게 긍정하는 데 있다고 본다.

첫째로, 융의 순례 이론에 따르면, 신은 자신의 완성을 위해 이 세계를 필요로 한다. 즉 이 세계는 순례할 가치가 있는 곳, 더욱이 신에게마저 순례할 가치가 있는 곳이다. 그렇다면 세계는 단순한 환상일 수 없다. 세계는 신들을 위한 학교 역할을 하는 실질적 장소다.

둘째로, 순례를 위해 이 세계가 필요한 만큼, 이 세계를 순례하기 위한 도구인 육체도 정당하게 필요한 것이 된다. 즉 육체도 단순한 환상이 아닌 실질적인 도구다.

셋째로, 육체를 보존하는 역할을 하는 자아도 완전히 부정되지 않는다. 자기는 자아를 벗어나면서도 자아와 연속선상에 있다. 자아로부터 자기로의 중심 이동은 단절적이기보다 점진적이다. 즉 융은 "자아에 동화된 무의식의 내용들이 많고 또 의미가 있는 것들일수록, 자아는 자기에 접근한다"고 하고,[19] 또 자기와 자아는 "태양과 지구 사이만큼이나 깊이 관계하고 있다"고 한다.[20]

결국 융의 순례 이론은 이 세계 속의 우리 자신을 완전히 부정하지 않는다. 그래서 세계와 천국(= 신적 질서) 사이에 일정한 연속성이 설정된다. 이 세계 속의 우리 자신을 완전히 부정하지 않고서도, 다시 말해 이 세계 속의 우리 자신을 발전시켜서, 신에 가닿을 수 있다는 것이다.

---

19. C. G. Jung, *Aïon, Etudes sur la phénoménologie du soi*, 37쪽.
20. C. G. 융, 「자아와 무의식의 관계」, 159쪽.

대부분의 순례 이론들은 융의 순례 이론의 이런 특징들을 공유한다. 반면, 붓다나 십자가의 요한 등의 유배 이론이 그런 특징들을 받아들이지 않음은 물론이다.

헤겔의 순례 이론

이미 말했듯 융의 이론들에서 순례가 대상이자 목표라면, 헤겔의 이론들에서 순례는 액자와 같은 역할을 한다. 그렇지만 헤겔의 순례 이론은 융의 순례 이론과 기본적으로 동일한 구조를 갖는다. 물론 사용하는 용어들이 완전히 다르고 그로 인해 융의 이론보다 훨씬 어렵지만 말이다. 한 예로서 다음 글을 읽어보자.

> "보편적이고 자기동일적인 불변의 실체로서의 정신은 만인의 행위를 받쳐주는 확고부동한 토대이자 출발점이며 동시에 모든 자기의식의 사유 속에 본원적으로 깃들어 있는 목적이자 목표다."[21]

이 텍스트는 동원된 용어들이 다소 번다함에도 불구하고, 융에게서 자기의 운동과 똑같은 내용을 담고 있다. 융에게서 자기는 출발점이자 목표다. 헤겔에게서도 정신(Geist = 영)은 출발점이자 목표다. 융에게서 자기는 육체에 깃든 신이다. 헤겔에게서도 정신은 육체에 깃들어야만 하는 신이다. 융에게서 출발점인 자기는 세계를 거쳐서 목표인 자기에 이른다. 헤겔에게서도 출발점인 정신은 세계 속에서의 만인의 행위를 거쳐서 목표인

---

21. G. W. F. 헤겔, 『정신현상학』, 한길사, 2005, 2권 19쪽.

자기에 이른다. 그래서 헤겔에게서도 다음과 같은 도식이 성립한다. 앞서 본 융의 한 도식에서 '자기'를 '정신'으로 바꿨을 뿐인.

세계를 통과

정신(출발점) ——————————————————→ 정신(목표)

『정신현상학』의 「서설」에선 출발점으로서의 정신이 '실체'라는 용어로 표현된다. 이 '실체'라는 용어는 스피노자가 『윤리학』에서 신의 의미로 사용한 '실체'와 똑같은 내용을 갖는다. 즉 헤겔에게서도 '실체 = 신'이라는 것이다.

헤겔은 이 실체가 곧 주체라고도 하고, 실체가 '주체가 된다'는 식으로도 말을 한다. 그 뜻은 신이 이 세계 속에서 행위한다는 것이다. 헤겔은 그 과정을 "실체가 자기 자신과 다른 것이 된다"고도 말한다. 이것은 무슨 뜻일까? 그것은 곧 신이 인간(= 다른 것)이 된다는 것, 다시 말해 인간 동물의 몸에 깃든다는 것이다. 이것을 헤겔은 또 "자신(= 신)을 매개해준다"는 식으로 표현한다. 그 뜻은 인간 동물의 몸이 신에 대한 매개체 역할을 한다는 것이다.

그렇다면 신은 왜 인간 동물의 몸에 깃드는 걸까? 그건 물론 세계를 순례하기 위해서다. 즉 몸은 세계를 순례하기 위한 도구다. 그렇다면 신이 그처럼 세계를 순례하는 이유는 무엇일까? 그것은 융에게서와 마찬가지로 자신의 신성을 완성하기 위해서다. 그리고 헤겔에게서 이를 위한 방법은 순례의 모든 국면에서 드러나는 자신의 속성들을 파악—넘어서고 간직한다는 뜻에서 지양—함으로써 자신에 대한 흔들리지 않는 인식을 갖추는 것이다.

헤겔은 출발점에서의 신에 대해 이렇게 말한다. "원래 상태 그대로의 신의 삶이란 자신과의 평온한 동일성 또는 통일성이다. […] 하지만 그런 원래 상태는 추상적 보편성일 뿐이다."[22]

"자신과의 평온한 동일성 또는 통일성"이란 자기 자신으로 존재하면서도(즉자적) 자기 자신에 대한 인식은 전혀 없는(대자적이지 못한) 무의식적 상태다. "추상적 보편성"이란 현실의 토대를 갖지 못한 공허한 관념적 상태다. 따라서 출발점의 신은 순례를 통해 자신이 어떤 존재인지를 실제로 체험하면서 견실한 자기인식을 내용으로 갖출 필요가 있다.

물론 이러한 관점은 헤겔의 순례 이론에 고유한 것이다. 유배 이론들에서는 오히려 정반대의 관점을 취한다.

어쨌거나 헤겔에 따르면 순례의 여정은 세계의 우발적인 펼쳐짐에 맡겨진 게 아니다. 순례의 프로그램은 이미 출발점에서부터 정해져 있다. 출발점의 신에게 순례의 프로그램이 내재한다는 것이다. 헤겔은 이 프로그램을 '본질'이라고 칭한다.

즉 헤겔은 『대논리학』의 「서문」에서 "진리 자체"인 논리학의 내용은 "자연과 유한한 정신이 창조되기 이전에 그 영원한 본질 속에 있는 신을 제시하는 것"이라고 한다.[23] 신은 세계 또는 우주를 창조하기 이전에 자신의 영원한 본질 속에 머무르는데, 이 영원한 본질이 바로 신에 내재하는 순례의 프로그램이라는 것이다.

순례의 이 프로그램은 "자기의 종착점을 사전에 목적으로 설정"하는 것이고, "중간의 전개과정을 거쳐 종착점에 다다를 때" 현실화되는 것이다.[24] 이때 '중간의 전개과정'이란 세계의 필연적 전개에 대응하는 자신의 필연적 태도들을 반성하는 과정들이고, '종착점'이란 그런 반성 과정들을 거쳐 자신에 대한 절대적인 앎에 이르는 지점이다.

---

22. G. W. F. 헤겔, 같은 책, 1권 53쪽. 이 인용문을 포함해서 앞으로 『정신현상학』에서의 인용이 한글판과 다른 경우는 자르직과 라바리에르의 불어판에 따라 번역을 수정한 것이다.
23. G. W. F. Hegel, *Science de la logique*(논리과학), Aubier, 1972, 제1권 19쪽.
24. G. W. F. 헤겔, 『정신현상학』, 1권 52~53쪽.

그리하여 신은 순례를 마치고 자신의 신성을 완성한다. 자신의 신성을 완성한 신은 자신에 대한 온전한 자각을 갖춘 신이다. 헤겔은 그런 자각을 '진리 = 전체 = 절대적인 것'이라고 표현한다. 다음처럼.

> "진리는 곧 전체다. 그러나 전체는 본질이 자신의 전개를 완수한 것일 뿐이다. 여기서 말해야 한다. 절대적인 것은 본질적으로 결과라고. 오직 종착점에 이르러서야 절대적인 것이 자신의 참모습을 드러낸다고."[25]

이때 '전체'라는 것은 본질(순례의 프로그램)이 펼쳐지는 각 국면들에서 드러난 자신의 속성들을 완전히 포괄한 것이다. 또 '절대적인 것'이란 순례의 종착점에서 자신의 속성들을 전체적으로 파악함으로써 얻어진 온전한 자기인식이다. 결국 순례를 마친 신은 온전한 자기인식을 갖춘 신이라는 것이다. 헤겔의 이런 순례 이론을 가장 단순한 도식으로 제시하면 이렇다.

순례를 통한 온전한 자기인식
신 1 ——————————————→ 신 2

어쩌면 헤겔은 신이 온전한 자기인식을 결여하고 있을까 봐 두려웠던 걸까? 또는 이 세계가 신에게 온전한 자기인식을 선물해주는 가치 있는 장소라고 여기고 싶었던 걸까? 찰스 테일러는 헤겔의 순례 이론에 대해 다음처럼 덧붙인다.

> "정신은 스스로를 유한한 존재들 속에, 우주의 특정한 덩어리들 속에 체화해야 한다. 그리고 그 유한한 존재들은 정신을 체현할 수 있는 그런 것이어야 한다. 그것

---

25. 같은 책, 1권 55쪽.

들은 살아있는 존재들이어야 하는데, 왜냐하면 살아있는 존재들만이 표현적 활동을 할 수 있으며, 외적인 매체를 활용할 수 있고, 의미를 담지한 소리 · 몸짓 · 신호 등을 만들어낼 수 있기 때문이다."[26]

즉 신이 인간 동물의 몸속에 반드시 깃들어야만 한다는 것이다. 그 이유는 서로의 '표현적 활동'에, 서로의 '소리 · 몸짓 · 신호'에 반응하는 과정 속에서, 자신이 어떤 존재인지가 드러나기 때문이다. 그리고 그에 대한 길고도 힘든 성찰 끝에 자신에 대한 온전한 인식에 이르게 된다는 것이다.

이제 여태껏 우리가 말해온 것을 헤겔 자신의 말로 들어보자.

"살아있는 실체는 실제로 주체인 존재다. 똑같은 것을 다시 말하자면, 자신을 제시하는 운동인 한에서, 자신에게 다른 것이 되어 자신을 매개하는 것인 한에서, 실제로 현실적 존재라는 것이다. 주체로서의 실체는 순수한 단순 부정성이고, 따라서 단순한 것의 분열 또는 대립하는 이중성이다. 그것은 다시 이 무차별한 다양성과 대립을 부정한다. 그래서 복구된 동일성, 또는 다른 존재를 거친 자신으로의 반성 · 복귀가 진리다. 이것은 최초의 통일체나 직접성 자체와는 다른 것이다."[27]

"살아있는 실체"란 몸에 깃들어 활동하는 신이다. 따라서 그것은 주체다. "자신을 제시한다"는 것은 신이 세계 속에서 자신의 속성들을 드러낸다는 것이다. "다른 것이 된다"는 것은 신이 인간이 된다는 것이고, "자신을 매개한다"는 것은 인간이 신의 매체가 된다는 것이다.

그 다음에 잇따르는 "단순 부정성, 분열, 대립하는 이중성"은 세계에 맞서서(= 부정성) 자신을 표현함(= 세계와 자신의 이중성)을 뜻한다. "다양성과 대립을 다시 부정한다"는 것은 대립의 국면들에서 드러난 자신의 속성

---

26. 찰스 테일러, 『헤겔』, 그린비, 2014, 172~173쪽.
27. G. W. F. 헤겔, 『정신현상학』, 1권 52쪽.

들을 모두 기억하면서—자신을 알기 위해—넘어선다는 것, 그래서 진리인 전체를 포착한다는 것이다. 그 결과 이제 신성이 완성되고("최초의 통일체와는 다른 복구된 동일성") 순례가 끝난다는 것이다.

헤겔의 이 순례 이론에서 헷갈릴 수 있는 한 가지는 신이 육화(肉化)되는 단위가 민족(Volk)인지 아니면 개인인지 하는 것이다. 이런 혼란은 나 자신의 경험이기도 하다. 나는 얼마 전까지도 헤겔에게서 신의 육화 단위가 민족이라고 생각했다.

나에게 혼란이 초래되었던 것은 사회를 만들어가는 이성적 활동들을 다루기 시작하는 「이성」 장 제2절 서두의 몇몇 문장들, 그리고 역사의 전개를 다루는 「정신」 장 서두의 몇몇 문장들 때문이다. 예컨대 "자신을 의식하는 이성이 실현되리라는 개념이 현실 속에서 성취되는 것은 민족의 삶 속에서다"[28]와 같은 문장이나 "정신은 인륜적 현실 자체"[29]라는 문장이 그런 것들이다.

하지만 이 문장들은 보편성은 오직 개인성의 확고한 토대 위에서만 가능하다는 헤겔의 원칙을 이겨나가지 못한다. 즉 나는 지금은 헤겔에게서 신이 육화되는 단위가 개인이라고 확고하게 생각한다. 헤겔은 "현실을 주도하는 것은 개인 이외에 다른 그 어떤 것도 아니다"라고 하면서 "개인이야말로 현실의 원리"라는 입장을 천명한다.[30] 따라서 보편적인 것은 현실을 만들어내는 확고한 원천인 개인성에 입각할 수밖에 없다. "개인의 움직임이야말로 보편적인 것을 실재화하는 것"이라고 헤겔 자신이 말하듯이 말이다.[31]

따라서 신의 육화 단위가 민족인 듯이 암시하는 위의 문장들은 발언되

---

28. 같은 책, 1권 371쪽.
29. 같은 책, 2권 19쪽.
30. 같은 책, 1권 402~403쪽.
31. 같은 책, 1권 405쪽.

자마자 곧바로 부정될 수밖에 없다. 즉 헤겔은 「이성」 장 서두에서 뒤이어 "전체는 어디까지나 전체로 이루어진 개인의 작품"이라고 하며,[32] 「정신」 장 서두에선 "개인의 행위야말로 실체의 운동이자 영혼이며, 현실화된 보편적 본질"이라고 하고 있는 것이다.[33] 풀어서 말해보면, 순례의 프로그램(= 보편적 본질)이 실현되는 것은 개인의 행위를 통해서이니, 개인의 행위야말로 이 세계에서 신(= 실체)의 활동의 정수(精髓)라는 것이다.

자, 헤겔에게서 신의 순례는 개인의 활동들을 매개로 이루어진다. 개인들은 상호 대립의 온갖 국면들을 거친 다음 자신에 대한 온전한 자각, 즉 전체로서의 진리에 다다른다. 어떤 관점에선 이 과정을 개인사(史)적 과정들이 결합해서 인류의 역사를 완성해가는 과정으로 볼 수도 있겠다. 헤겔의 영향 아래서 나름의 순례 이론을 발전시켰다고 할 수 있을 에른스트 블로흐의 관점이 바로 그렇다.

***

에른스트 블로흐는 「이 선언의 판타즘적 동인을 이루는 인식론」이란 글에서 개인사적 과정들이 결합해 인류의 역사를 완성해가는 과정을 "사물들과 인간들의 유토피아적 숙명"이라고 표현한다.[34] 즉 인류는 필연적으로 유토피아에 이르도록 순례의 프로그램에 의해 이미 짜여있다는 것이다. 그래서 그는 다음처럼 말한다.

"하지만 모든 것이 우릴 기다린다. 사물들은 그들의 시인을 찾고 있다. 사물들은

---

32. 같은 책, 1권 372쪽.
33. 같은 책, 2권 20쪽.
34. E. Bloch, "Théorie de la connaissance motrice-fantasmatique de cette proclamation," *Symbole: les Juif*(유대인이라는 상징), Editions de l'éclat, 2009, 167쪽. 이 글은 『유토피아의 정신』 1918년판에 실렸다가 1923년판에서 빠진 글이다.

우리와 연결되길 바란다. 이미 벌어진 것은 그저 절반만 벌어진 것일 따름이다. 운동을 촉발했던 힘은 불충분한 방식으로 불충분하게 분출되었을 뿐이다. 그 힘은 우리 안에서 계속 밀어붙이고 있다. 우리의 등 뒤에서 그 힘은 그저 절반만 이루어졌던 것을 향해 빛을 비추고 있다."[35]

우리 안에서 우리를 밀어붙이는 그 힘은 역사 이전부터 존재했던 순례의 프로그램이다. 블로흐에 따르면, 이 프로그램의 목적지는 유토피아다. 즉 이 세계에 유토피아를 이룸으로써 순례 여행이 종료된다는 것이다. 블로흐가 『유토피아의 정신』 1923년판에서 "진정한 유토피아의 정신은 우리의 영혼 속에 담겨 있다"고 말하면서 진정으로 뜻한 것은 순례의 프로그램의 내재성이다.[36]

그래서 블로흐는 1975년의 『세계의 실험』에서 "자기 자신을 찾아 나선 세계"라는 무척 헤겔적인 표현을 사용한다.[37] 결국 순례의 종착점에서 세계는 유토피아란 형태로 자신의 본래 모습을 되찾는다는 것이다.

하지만 이 세계가 어떤 것인지에 대해서는 문제가 간단치 않다. 블로흐는 『유토피아의 정신』 1923년판의 1963년 후기에서 무척 애매하게 이렇게 말한다. "이 세계는 진짜가 아니다. 하지만 이 세계는 인간과 진리를 통해 자신의 집에 합류하길 추구한다."[38] 이 세계가 물질세계라면, '자신의 집'은 아마도 신적 세계(= 영적 실재)일 것이다. 어쨌거나 이 발언을 두 명제로 나눠보자.

명제 1 ─ 이 세계는 진짜가 아니다.

35. 같은 글, 161쪽.
36. E. Bloch, *L'esprit de l'utopie*, Gallimard, 1977, 305쪽.
37. E. Bloch, *Experimentum mundi*, Payot, 1981, 237쪽.
38. E. Bloch, *L'esprit de l'utopie*, 335쪽.

명제 2 — 이 세계는 자신의 집에 합류하길 추구한다.

내가 보기에, 명제 1은 이 세계와 '자신의 집' 사이의 단절성을 설정하고, 명제 2는 그 둘 사이의 연속성을 설정한다. 그렇다면 이 두 명제는 양립하기 어렵지 않을까?

유배 이론들은 오직 명제 1만을 인정한다. 하지만 순례 이론들의 입장은 애매하다. 대부분의 순례 이론들—헤겔의 경우는 무척이나 불분명하지만—도 한편으론 이 세계가 우리들의 진짜 집이 아니고 단지 순례를 위해 거쳐 가는 여행지임(명제 1)을 받아들인다. 파울로 코엘료가 "삶은 역이 아니라 기차"라고 했듯이.[39]

하지만 순례 이론들은 유배 이론들처럼 이 세계를 전적인 비(非)실재로 여기진 않는다. 세계가 진짜가 아니라고 하면서도 말이다. 즉 순례 이론들은 세계에 대해 일종의 학교로서의 위치를 부여해서, 온전한 '실재'도 아니지만 '환상'도 아니라는 입장을 취한다. 이를테면 학교로서의 실질성을 갖는 또 다른 층위로 간주하는 식이다.

더욱이 헤겔과 에른스트 블로흐는 순례의 장소인 이 세계의 현실만을 강조함으로써 명제 2를 실질적으로 부각시킨다. 찰스 테일러가 헤겔을 주해하면서 말하듯이 "세계 없이, 외부의 체현 없이 신이 실존하는 것은 불가능하다"거나 "세계가 신에 의해 창조된 것이라 말하는 것은 정신이 존재할 수 있기 위해 세계가 필연적으로 실존한다고 말하는 것"이라는 생각을 받아들인다고 해보자.[40] 그럴 경우 세계는 당연히 천국(= 신적 세계)에 맞먹는 실재성을 지니게 된다.

물론 "자기 자신을 찾아 나선 세계"라는 표현에도 불구하고 블로흐가 이 세계를 순례의 주체로 여기지는 않았을 것이다. 이 세계에서 유토피아

---

39. Brian Weiss, *Miracles Happen*, HarperOne, 2012, 5쪽에서 재인용.
40. 찰스 테일러, 앞의 책, 190쪽.

의 실현은 개인에 깃든 영혼들의 순례의 부수적 귀결일 뿐이라면 말이다. 블로흐는 『유토피아의 정신』에서 "우리는 아직 우리 자신이 아니"라고 말한다.[41] 즉 순례의 종착점에서 각각의 개인들이 진정한 자기 자신(= 신 2)에 이른다는 것이다.

하지만 1) "아직 우리 자신이 아닌 우리"와 2) '진정한 자기 자신'의 관계는 단절적일까 연속적일까? 이 세계에서의 삶에 대한 블로흐의 입장이 '순례'인 한에서, 이 둘의 관계는 연속적이다. 이는 헤겔에게서도 마찬가지다. 융에게서도 자아와 자기가 연속성을 갖는 것처럼 말이다.

블로흐는 "진정한 단 하나의 원죄는 신처럼 되기를 원하지 않는 것"이라 한다.[42] 그처럼 신처럼 되길 원하는 게 '우리 자신'이라고 해보자. 그렇다면 우리는 우리 자신을 완전히 부정하지 않고서 신에 가닿게 된다. 그래서 우리의 자아와 순례의 목표인 신 2 사이에 연속성이 성립한다.

결국 우리는 헤겔과 에른스트 블로흐의 순례 이론에서도, 융의 순례 이론에서와 마찬가지로, 다음의 두 특징을 확인한다.

1) 순례할 가치가 있는 장소인 이 세계에 일정한 실재성이 부여된다는 것.
2) 순례의 담지자로 여겨지는 자아와 순례의 목표(= 신 2) 사이에 연속성이 설정된다는 것. 다시 말해, 자아가 부정되지 않는다는 것.

어쩌면 브라이언 와이스의 다음 글이 순례 이론을 요약해줄지도 모르겠다.

"우리는 유치원의 아이들 같습니다. 우리는 왜 여기 지구의 이 물리적 학교에 우리가 있어야 하는지 완전히 이해하지 못합니다. 하지만 그럼에도 우리가 여기에

---

41. E. Bloch, *L'esprit de l'utopie*, 321쪽.
42. 같은 책, 324쪽.

진짜로 있다는 게 사실입니다. 이유가 무엇이든 간에 말이지요. 그리고 우리는 최선을 다해야 합니다. 우리의 정신적(영성적) 수업들을 배우면서 말입니다. 그리고선 학교의 오랜 일과를 마치고 집에 돌아가는 어린이처럼, 결국에는 우리의 진짜 집으로 돌아갈 겁니다."[43]

유배와 순례 사이에서 — 플라톤

이제 유배와 순례의 관점 사이에서 동요하는 플라톤을 읽어보자. 나는 플라톤을 체계적으로 공부한 적이 없다. 즉 완전한 비전문가다. 그럼에도 불구하고 내가 그에 대해 말하려는 것은 다음과 같은 경험 때문이다. 사랑해서 애독하던 그의 책 두 권과 공부를 위해 힘들여 읽었던 그의 또 다른 책 두 권 사이의 큰 대조로 인해 당혹감을 느꼈고 혼란을 겪었다는 것. 내가 여기서 두려움을 무릅쓰고 플라톤에 대해 말하려는 것은 이 대조를 정리해두려는 욕망 때문이다.

내가 애독하던 두 권은 『파이돈』과 『파이드로스』이고, 힘들여 읽었던 두 권은 『국가』와 『티마이오스』다. 이 책 네 권은 모두 영혼의 문제를 다루고 있다. 즉 영혼들이 이 세계에 있는 이유가 무엇인지의 문제를 다루고 있다.

내가 보기에, 이 문제에 대해 앞의 두 권은 유배의 입장을 취하고, 뒤의 두 권은 순례의 입장을 취한다. 하지만 개념적 짜임새에선 『파이돈』이 다른 세 권과 뚜렷이 구별된다.

『파이돈』은 영혼과 육체의 완전한 대립이라는 개념적 짜임새를 갖는다.

---

43. Brian Weiss, 앞의 책, 65쪽.

반면 『파이드로스』, 『국가』, 『티마이오스』는 영혼이 이성 · 격정 · 욕망의 부분으로 구성되어 있다는 개념적 장치를 공유한다. 이때 격정과 욕망의 부분을 육체의 효과로 간주한다면, 영혼의 내적 구성에 육체가 참여하는 꼴이 된다. 물론 나 자신은 이 두 부분을 영혼에 미치는 육체의 효과가 아니라, 영혼에 대립하는 자아의 속성으로 여기지만 말이다.

『파이드로스』에서 영혼은 날개 달린 쌍두마차(두 마리의 말)와 마부로 이루어진 역능(力能)으로 제시된다. 신들의 영혼에선 말들과 마부들이 모두 선하고 좋은 종(種)인 반면, 인간의 영혼에선 "두 마리 말 가운데 한 마리는 아름답고 착하고 종자(種子) 또한 그러하지만, 다른 한 마리는 완전히 반대"다(246a~b).[44] 불어판 번역자는 역자 서문과 역주에서 인간의 영혼을 구성하는 마부, 좋은 말, 나쁜 말을 각각 영혼의 이성적 부분, 격정적 부분, 욕망의 부분에 상응시킨다.

『국가』에서는 영혼의 세 부분 가운데 어떤 것이 지배적이냐(439d~)에 따라 사회계급(지도자, 전사, 노동자)을 도출시키고(441e~) 계급지배를 정당화한다(443c~).[45]

『티마이오스』에선 영혼의 이성적 부분을 신적 부분으로 여기고, 격정적 부분과 욕망의 부분을 사멸하는 부분으로 여긴다(69d). 즉 격정적 부분과 욕망의 부분이 육체의 효과임을 명확히 한 것이다(86e). 그래서 격정적 부분을 육체의 횡경막과 목 사이에 위치시키고(70a) 욕망의 부분을 횡경막과 배꼽 사이에 위치시킨다(70d~e).[46]

어쨌거나 이런 세부적 차이들과 상관없이 이 세 권은 영혼의 구성에 대한 이론을 공유한다. 그렇다면 『파이드로스』가 유배의 입장을 취하고 『국

---

44. 앞으로 『파이드로스』에서의 인용은 불어판인 *Phèdre*(GF Flammarion, 2000)에 따른다.
45. 앞으로 『국가』에서의 인용은 서광사의 『국가 · 정체』 2003년판과 GF Flammarion의 불어판(1966)에 입각한다.
46. 앞으로 『티마이오스』에서의 인용은 서광사의 2008년판과 브리타니카 그레이트북스의 영어판(1971)에 입각한다.

가』와『티마이오스』가 순례의 입장을 취한다는 것은, 단지 세 권에서 강조된 주제들이 달라서 그런 게 아닐까? 어쩌면 똑같은 사실이 관점에 따라서 유배처럼 보이기도 하고 순례처럼 보이기도 하는 게 아닐까?

충분히 그럴 수 있다. 예컨대 유배에서 자아를 지우는 과정도 자아를 지우는 '배움'을 위한 순례의 과정처럼 여겨질 수 있으므로 말이다. 더욱이 순례를 유배에 처해졌기 때문에 어쩔 수 없이 행해지는 것으로 여긴다면, 순례와 유배의 구별 자체가 불가능해진다. 하지만 우리가 이미 앞에서 순례의 특성들을 보았고 또 앞으로 유배의 특성들을 볼 것이듯이, 둘 사이의 개념적 차이는 명확하다.

영혼의 구성에 대한 이론을 공유하더라도,『파이드로스』는 인간의 영혼이 날개가 훼손되었다고 설정한다는 점에서『국가』및『티마이오스』와 중요한 차이를 갖는다. 또『파이드로스』에서는 영혼이 "자신의 원리로부터 생성되어 스스로 움직이는 불멸의 존재"로 설정되는 반면(245c~d),『티마이오스』에서는 신이 영혼을 창조하고 다시 물질세계를 창조한 뒤 영혼을 물질세계에 깃들게 했다고 한다(34b~c). 신이 세계를 창조하고 또 영혼을 세계에 깃들게 했다면, 세계가 높은 가치를 가진 순례의 장소로 여겨지는 것은 물론이다.

***

이제『파이돈』에서부터 한 권씩 살펴보도록 하자.『파이돈』이 제시하는 유배의 구조는 다음처럼 단순하다.

1) 영혼이 '죄'를 지어서 육체의 감옥에 갇힌다.
2) 그 후 영혼은 육체의 감옥을 사랑하게 돼서 유배에서 풀려나지 못한다.

3) 그래서 계속 육체에 되돌아오는 윤회를 한다.

4) 유배 이전의 상태를 상기(想起)해서 육체의 구속을 완전히 벗어나면 유배를 끝낼 수 있다.

자, 『파이돈』을 특징짓는 것은 영혼과 육체의 첨예한 대립이다. 『파이돈』에서 육체는 단지 영혼의 감옥으로 여겨질 뿐이다. 플라톤은 소크라테스의 입을 빌려 이렇게 말한다. "인간은 죄인이어서 감옥 문을 열고 도망갈 권리가 없습니다"(62b).[47] 영혼이 '죄'를 지어서 육체라는 감옥에 갇히게 되었다는 것이다. 도대체 어떤 내용의 죄를 지었다는 것일까? 플라톤은 자세한 설명을 해주지 않는다.

물론 그 죄는 영혼이 저지른 죄다. 영혼은 그 죄를 지었기 때문에 영적 세계에 머물 수 없고, 육체 속으로 쫓겨난다. 즉 그 죄는 영혼이 영적 세계에 계속 머물 수 없게 하는 죄, 영적 세계에 머물 자격을 상실하게 하는 죄다.

그래서 우리는 육체 속에서 유배생활을 한다. 유배생활에서 풀려나려면 죗값을 다 치러야 할까? 플라톤은 이에 대해 답하지 않는다. '죄'가 무엇인지 분명하지 않기 때문에, 그 죗값을 치른다는 것도 어떤 것인지 불분명해서일까?

어쨌거나 『파이돈』에선 육체의 구속에서 벗어나는 것을 유배로부터의 해방의 조건으로 여긴다. "순화(purification)란 다름 아닌 육체로부터의 영혼의 분리 […] 다시 말해, 육체의 쇠사슬로부터의 영혼의 해방"이듯이 말이다(67c).

하지만 영혼은 손쉽게 육체에서 벗어나지 못한다. 유배지에서도 계속 잘못을 범하기 때문이다. 그 잘못이란 다름 아닌 "영혼이 늘 육체와 짝하여 밤낮 육체의 일을 염려해서, 마침내 본성에 스며든 육체적인 것에 얽매이

---

47. 앞으로 『파이돈』에서의 인용은 을유출판사의 1999년판(『향연』 및 『니코마코스 윤리학』과 함께 수록된)과 브리타니카 그레이트북스의 영어판에 입각한다.

게 되는 것"이다(81c). 즉 그 잘못은 영혼의 감옥인 육체에 길이 들어 육체를 사랑하게 되는 것이다.

이제 우리는 영혼의 잘못을 다음 두 가지로 나눌 수 있다.

1) 유배 이전의 영혼의 '죄'
2) 육체에 유배된 이후의 잘못들

1)과 2)는 공통점이 있다. 모두 영적 실재에 대한 배반의 성격을 갖는다는 점이 그것이다. 1)의 '죄'가 영적 실재의 일부가 영적 실재로부터 어떤 형태로든 이탈한 것이라면, 2)의 잘못은 그럼에도 여전히 영적 실재의 일부를 이루는 영혼들을 구속하는 육체를 사랑하는 것이기 때문이다. 결국 "육체적인 것에 얽매인다"는 것은 육체라는 감옥을 사랑한다는 것이다. 그래서 영혼은 육체를 벗어나지 못하고 계속 육체로 되돌아온다. 이것이 윤회다.

윤회는, 한편으로는, 감옥 속에서 계속 잘못을 범해 형량이 점점 더 늘어나는 것과 같다. 이를테면 폭식이나 폭음을 한 사람들은 당나귀 같은 동물들로 태어나고 "불의, 압제, 폭력의 몫을 선택한 사람들은 이리나 독수리나 매로 태어나듯이" 말이다(81e~82a).

어쨌거나 죄수가 감옥 속에서 다시 잘못을 범하는 것은 '세계'를 전제한다. 즉 그것은 육체를 통해 다른 육체들에게 잘못을 저지르는 것이고, 이는 육체들이 만나는 무대인 세계를 전제한다는 것이다. '육체 = 감옥'들이 서로 부딪히는 장소인 이 세계는 어떤 곳일까? 그 대답은 '일종의 지옥'이라는 것이다. 이에 대해 말하고 있는 『파이돈』의 한 대목을 읽어보자(109b~110a).

"지구 자체는 순수하고, 또한 별들이 있는 순수한 하늘 속에 자리 잡고 있습니다.

전문가들 대부분은 이 하늘을 에테르라고 부르지요. 이 에테르의 침전물들은 지구의 깊은 구덩이들(hollows, creux)[48]로 흘러들어옵니다. 우리가 사는 곳은 지구의 이 깊은 구덩이들 속이지요. 하지만 우리는 지구의 표면에 산다고 착각하고 있습니다. 이렇게 비유할 수 있겠지요. 바다 밑바닥에 살면서 바다 표면에서 산다고 믿는 생물이 물을 통해 해와 별들을 보면서 바다를 하늘로 여기는 것과 똑같다고 말입니다. 그 생물은 약하고 게을러서 바다 표면까지 올라온 적이 한 번도 없고, 그 위로 고개를 내밀어본 적도 없습니다. 그러니 바다 위의 세계가 바다 속보다 얼마나 맑고 아름다운지 본 적도 없고, 또 그런 얘기를 들어본 적도 없습니다. 우리도 마찬가지지요. 지구의 깊은 구덩이 속에 살면서 표면에 산다고 믿고 있으니까요. 그래서 우리는 대기를 하늘이라 부르고 별들이 그 속에서 움직인다고 믿습니다. 하지만 사실은 이렇습니다. 우리는 약하고 게을러서 대기의 위쪽 표면에 가 닿을 수 없다는 것이지요. 만일 누군가가 대기의 테두리에 가닿거나 새의 날개를 달고 그 꼭대기까지 온다면, 대기 바깥의 세계를 볼 수 있겠지요. 물 바깥으로 고개를 내밀고 이 세계를 바라본 물고기처럼 말입니다. 그리고 만일 인간의 본성이 그 광경을 계속 견뎌낼 수 있는 것이라면, 알아차릴 수 있겠지요. 대기 바깥의 그 세계가 진짜 하늘, 진짜 빛, 진짜 지구임을 말입니다. 우리의 이 지구와 돌들과 모든 처소들은 부패하고 부식(腐蝕)된 것들입니다. 바다 속의 모든 게 소금물로 인해 그리 된 것처럼 말입니다."

바다 속 물고기의 비유를 제외한다면, 이 인용문은 지옥과 천국에 상응하는 다음 두 장소의 대립으로 특징지어진다.

1) 지구 속 깊은 구덩이 = 물질세계
2) 지구 표면 = 구덩이 속의 부패된 공기 바깥 = 영적 세계

---

48. 빅또르 꾸쟁(Victor Cousin)은 인터넷에 올라 있는 그의 불어판에서 이를 구멍(cavités) 또는 동굴(cavernes)로 번역한다.

영혼은 '죄'를 짓고 '육체 = 감옥'에 유배되어 지구의 구덩이에 빠져있다. 이 구덩이는 가짜 세계이고 지옥이다. 진짜인 모든 것은 그 구덩이 바깥에 있다. 그렇다면 두 세계 사이의 다리는 어떤 걸까? 어떤 길을 걸어야 1)의 세계에서의 유배를 끝내고 2)의 세계로 건너갈 수 있을까?

이 인용문에선 『파이드로스』에서처럼 '날개'가 언급된다. "새의 날개를 달고 구덩이의 꼭대기까지 날아올라" 그 바깥을 보면, 바깥의 세계야말로 진짜임을 알게 된다는 것이다. 이때 구덩이 바깥을 보는 건 '육체의 눈'이 아니라 '영혼의 눈'이다. 플라톤은 '영혼의 눈'을 통한 이 앎을 두 세계 사이의 다리로 여긴다.

육체에 갇힌 영혼은 "감옥의 창살을 통해서만 사물을 보고 자기 자신을 통해서는 보지 못하므로 […] 무지의 구렁텅이 속에서 허덕"인다(82d~e). 이때 '감옥의 창살'이란 육체의 눈이고, '자기 자신을 통해서 보는 것'은 진정한 자신인 영혼의 눈을 통해서 보는 것이다. 플라톤은 또 "내가 만일 사물들을 육체의 눈으로 보고 감각의 도움으로 파악하려 하면 내 영혼이 소경이 되어버릴까 봐 두려웠습니다"라고 말하기도 한다(99d~e).

물론 영혼의 눈을 뜨려면 육체의 구속에서 벗어나야 한다. 육체에 갇힌 영혼은 육체가 스스로를 보존하기 위해 발전시킨 습관들, 애착들, 욕망들을 자신의 것처럼 여긴다. 이것이 바로 육체의 구속들이다. 따라서 영혼이 진정한 자신으로 되돌아가려면, 육체의 습관들, 애착들, 욕망들을 모두 내려놓아야 한다. 영혼이 가장 생각을 잘할 수 있을 때는 "육체적 감각이나 욕망을 전혀 갖지 않고 진정한 존재를 동경할 때"이듯이 말이다(65c).

영혼은 어떤 방식으로 육체의 구속들을 벗어날 수 있을까? 플라톤에 따르면, 영혼이 육체의 구속들을 벗어날 수 있게 해주는 '날개'는 육체에 갇히기 이전 상태, 즉 레테의 강을 건너기 이전 상태(a-lethe-ia)에 대한 상기(想起), 떠올림이다.

이 떠올림은 이런 것이 아닐까? 신에 대한 되살아난 기억이 엄청난 행복감과 빛의 경험을 가져와서, 이 지상의 메마른 삶(= 지구의 깊은 구덩이 속의 삶)이 완전히 가치 없음을 일거에 일깨워주는 그런 것. 아빌라의 데레사가 탈혼(脫魂)의 체험에 대해 다음처럼 말했듯 말이다. "그 느낌과 감미로움이 너무나 벅차기 때문에, 만일 거기에 대한 기억이 사라지지 않는다면, 이 지상의 모든 기쁨에 끊임없이 혐오를 느끼게 할 것입니다. 그 결과, 영혼은 세상의 모든 행복을 거의 중요하게 여기지 않게 됩니다."[49]

유배 이전에 대한 떠올림은 유배 이후의 배움들—습관, 애착, 욕망, 규범, 세속적 지식 들—을 지워준다. 물론 다른 한편으론, 유배의 삶을 통해 배운 것들을 상당히 지운 다음에야 그런 떠올림이 가능하겠지만 말이다. 유배 이후의 배움들은 영혼의 눈을 멀게 하는 것들이다. 그것들을 지움으로써만 영혼이 다시 눈을 뜰 수 있다. 플라톤이 "신들의 세계에 들어가 신들과 함께 있으려면, 그가 생을 떠날 때 완전히 순수한 상태이지 않으면 안 됩니다"라고 하듯이(82b).

유배 이후의 삶에 대해 『파이돈』이 취하는 부정적 입장은 『파이돈』의 유배 이론적 성격을 강화해준다. 그래서 『파이돈』의 상기론은 이데아론적 함의를 뚜렷하게 표명하지 않는다. 만일 이데아가, 헤겔의 '개념'처럼, 이 세계의 프로그램으로서의 성격을 갖는다면, 세계는 오히려 순례 장소의 성격을 갖게 되기 때문이다.

***

이제 『파이드로스』로 옮겨가자. 『파이드로스』에서 유배에 관련된 내용은 신들의 영혼과 인간의 영혼 사이의 대조를 통해 펼쳐진다. 이미 말했듯이, 이 책에서 영혼은 "날개 달린 두 마리 말과 마부로 이루어진 역능(力

---

49. 아빌라의 성녀 데레사, 『아빌라의 성녀 데레사 소품집』, 분도출판사, 2009, 73쪽.

能)"으로 제시된다(246a). 신들과 인간은 영혼의 이런 짜임새를 공유한다. 하지만 그 짜임새를 구성하는 요소들의 성격이 다르다. 즉 인간의 영혼에 선 날개가 훼손되어 있고, 한 마리의 말이 성격이 나쁘다. 따라서 마부가 그 쌍두마차를 모는 일은 여간 힘들지 않다.

『파이돈』에서와 마찬가지로『파이드로스』에서도 인간 영혼의 날개가 훼손된 이유를 상세히 설명하지 않는다. 플라톤은 다만 "추하고 악한 것 들은 영혼의 날개를 퇴화시키고 파괴합니다"라고 할 뿐이다(246e).

플라톤은 그 날개에 대해선 "육체적인 것이라 할 수 있지만, 신적인 것 에 가장 많이 참여하는 것"이라고 한다(246d). 그렇다면 날개가 상한 인간 의 영혼이 신적인 것에 거의 참여할 수 없음은 물론이다. 어쨌거나 날개는 육체적인 것이므로, 인간 영혼은 육체의 효과 아래 놓인다. 또 한 마리 말 의 거칠음도 육체―횡경막에서 배꼽 사이 부분―의 효과를 반영하는 것이 라면,『파이돈』에서와 마찬가지로『파이드로스』에서도 육체가 감옥의 역 할을 '일정하게' 한다고 말할 수 있겠다.

자,『파이드로스』에서도『파이돈』에서처럼 영혼은 유배되어 있다. 그 이 유는 '추와 악'으로 인해서다. 유배된 영혼은 자신의 진정한 집인 영적 실 재에서 차단되어 있다. 무엇보다 날개가 상해서다.

『파이드로스』에서 영적 실재는 하늘의 천장 바깥쪽 "진리의 들판" (248b)이다. 플라톤은 이 '진리의 들판'에 대해 이렇게 말한다. "그 장소를 차지하고 있는 존재는 색채도 없고 형상도 없고 만질 수도 없는 존재, 영 혼의 선장(船長)인 지성에 의해서만 관조될 수 있는 존재, 진정한 인식의 대상이 되는 존재입니다"(247c). 이 '존재'는 영적 실재를 이루고 있는 신 의 사랑이 아닐까?

어쨌거나 '진리의 들판'의 영적 실재는 영혼들의 양식(糧食)이다. 날개가 손상되지 않은 신들은 주기적으로 하늘의 천장 바깥으로 올라가 이 영적 실재를 관조하면서 영혼의 양식을 얻는다(247d). 반면, 날개가 손상된 인간 영혼들은 말들의 요동까지 덧붙여져 그 영적 실재를 관조하지 못한다. 플라톤의 말을 들어보자(247e~248b).

"다른[인간의] 영혼들을 살펴봅시다. 그 가운데 가장 뛰어난 영혼은 신을 뒤따르고 또 닮으려 하기 때문에 자신의 마부로 하여금 하늘 바깥에 있는 곳을 향해 고개를 쳐들게 하고, 회전 운동 속으로 들어갑니다. 하지만 말들의 요동 때문에 방해를 받아 실재를 바라보는 데 많은 어려움을 겪습니다. 이 영혼은 말들의 요동으로 인해 어떨 때는 고개를 들었다가 어떨 때는 내리고, 다만 실재의 몇몇 면들만을 볼 뿐, 다른 것들은 놓칩니다. 그 밖의 나머지 영혼들은 모두 높이 오르고 뒤따르길 염원하긴 하지만 힘이 모자랍니다. 그래서 그들은 회전 운동을 하다가 땅으로 떨어집니다. 또 그들은 서로 앞서려고 하다가 서로를 떠밀고 짓밟습니다. 그리하여 혼란, 다툼, 폭력이 극에 이릅니다. 마부들의 졸렬함 때문에 많은 영혼들이 불구가 되고 날개에 심한 상처를 입지요. 결국 모두가 피로에 지쳐 실재를 관조하지도 못한 채 멀어져 갑니다. 이처럼 멀어져 가는 이 영혼들은 단지 사견(私見)만을 양식(糧食)으로 삼을 수밖에 없습니다."

인간 영혼들이 영적 실재에 참여하지 못해 양식을 얻지 못하는 이유는 날개가 손상되고 말이 나쁘기 때문이다. 하지만 『파이드로스』에서 영혼과 육체의 대립은 『파이돈』에서처럼 전면적이지 않다. 『파이드로스』에서는 육체 자체가 완전한 감옥으로 설정되지는 않는다. 다만 인간 영혼이 신들의 영혼과는 달리 '나쁜 육체'에 갇혔다는 것뿐이다. 즉 육체 자체가 문제되는 것이 아니라, '나쁜 육체'가 문제가 된다.

어쨌거나 '추와 악'으로 인해 '나쁜 육체'에 갇혔다는 것은 영혼의 유배를 말해준다. 『파이드로스』에서 유배로부터의 해방은 건강한 날개를 다시 갖는 것으로 표상된다. 이 건강한 날개가 상징하는 것은 『파이돈』에서처럼 유배 이전의 기억에 대한 떠올림이다. 하지만 『파이드로스』에서 그 떠올림의 내용은 좀 더 구체적이다.

즉 『파이드로스』에서 유배 이전에 대한 기억은 아직 날개가 훼손되지 않았을 때 신들과 함께 여행하면서 하늘의 등에서 관조했던 영적 실재에 대한 기억이다. 플라톤은 이렇게 말한다. "관건이 되는 것은 실재에 대한 기억을 떠올리는 것입니다. 과거에 우리의 영혼이 신의 여행을 뒤따르면서, 사람들이 지금 '존재'로 여기는 것을 저 높은 곳에서 내려보고, 또 고개를 들어 진정으로 존재하는 걸 관조했을 때 목격한 실재에 대한 기억이 그것입니다"(249c).

실재의 기억을 떠올림으로써만 진정한 앎과 지혜가 주어진다. 이 세계 속에 주어지는 지식들은 실재와는 무관한 것이기 때문이다. 플라톤은 그런 앎과 지혜에 대해 "신비를 완전히 전수받는 것"이라고 한다(249c).

『파이돈』에서처럼 『파이드로스』에서도 영혼들은 유배된 육체들을 윤회한다. 『파이드로스』에서는 윤회의 주기가 다음처럼 제시된다(248e~249a).

"각각의 영혼이 그 출발점으로 되돌아가는 것은 일만 년이 지난 다음입니다. 일만 년을 거치기 전에는 다시 날개를 받을 수 없기 때문이지요. 다만 진정으로 앎을 염원하거나 젊은 사람들을 사랑해서 그들로 하여금 앎을 염원하도록 한 사람들은 예외를 이룹니다. 이런 예외적 영혼들은 각각 천 년 동안의 순환을 세 차례 완수하는 동안 그런 종류의 삶을 세 차례 계속해서 선택했을 때 날개를 다시 갖게 됩니다. 그래서 그들은 3천년 만에 출발점으로 돌아옵니다."

우리가 여기서 다루는 플라톤의 네 권의 책에서 각각 제시되는 윤회의 이론들은 모두 도식적이어서 설득력이 없다. 『파이드로스』에서도 마찬가지다. 어쨌거나 출발점으로 돌아간다는 것은 유배를 끝낸다는 것, 또는 적어도 새로운 기회를 얻는다는 것이다. 진정으로 앎을 사랑해서 3천년 만에 출발점으로 돌아오는 영혼들이 유배 이전의 기억을 떠올린 영혼들임은 물론이다.

정리를 해보자. 『파이돈』에서의 첨예한 입장은 『파이드로스』에서 많이 완화된다. 『파이드로스』에선 영혼과 육체의 대립이 『파이돈』에서만큼 첨예하지 않고, 또 유배지와 신적 공간 사이의 구별도 뚜렷하지 않다. 더욱이 『파이드로스』에서 인간 영혼들 사이의 차이를 넌지시 제시하는 방식은 순례 이론적 성격을 함축한다. 하지만 그럼에도 내가 보기엔, 플라톤이 『파이드로스』에서 취하는 주된 관점은 유배의 관점이다.

반면 『국가』와 『티마이오스』에선, 비록 유배 이론적 암시들이 곳곳에서 발견되더라도, 유배 이론으로부터 거의 단호할 정도로 등을 돌린다.

***

『국가』의 구성은 이중적이다. 그 이중성 사이의 비중은 아주 불균형하지만 말이다. 그 이중성이 각각 '액자'와 '그림'의 구실을 한다고 해보자.[50] 액자의 구실은 틀을 만들어주는 것이고, 그림은 실질적으로 다루고 있는 내용을 뜻한다. 『국가』는 그 '틀'을 『파이돈』 및 『파이드로스』와 일정하게 공유하지만, '내용'은 아주 고유하다. 『국가』의 액자와 그림이 담고 있는 내용은 다음과 같다.

1) 액자 — 세계 바깥의 영적 실재를 상기(想起)할 필요
2) 그림 — 영혼들의 차이에 따른 세계의 질서

『국가』에서 플라톤은, 서술 순서와는 상관없이, 1)로부터 2)를 도출시키고 정당화하려 한다. 그 고리를 이루는 것이 '사물의 뿌리'인 선(善)의 이

---

50. 액자와 그림에 대한 이런 구분은 *A Course in Miracles*(기적수업, Foundation for Inner Peace, 2007)의 어떤 대목에서 따온 것이다.

데아에 가닿는 엄밀한 반(反)경험적 과학이다. 하지만 이 '엄밀한 과학'은 영혼의 차이에 따른 계급질서를 정당화하는 구실로 미끄러진다.

1) 액자는 다분히 유배 이론의 성격을 지닌다. 액자의 구체적 내용들은 동굴의 비유, 에르(Er)의 임사체험, 엄밀한 인식의 필요, 모든 영혼의 동일성에 대한 예외적인 암시 같은 것들이다.

동굴의 비유와 에르의 임사체험은 첫째로는, 우리가 살고 있는 이 세계가 유배지 또는 일종의 지옥임을 암시하고, 둘째로는, 세계 너머 영적 실재의 존재를 함의한다. 엄밀한 과학적 인식의 필요를 언급하는 부분은 우리가 영적 실재에 가닿기 위한 도구를 지니고 있음을 말해준다. 또 모든 영혼의 동일성을 암시하는 예외적인 부분은 영적 실재에 가닿기 위한 통로로서 보편적 사랑의 희망을 우리에게 던져준다.

이를테면 에르의 임사체험에선 죽어서 저승에 머무는 영혼들이 제비뽑기를 통해 다음 생을 결정하는 내용이 나온다. 그 가운데 오디세우스의 영혼은 제일 끝에 제비뽑기를 하게 됐지만, 자신의 선택에 만족한다. 그의 얘기는 이렇다.

"제일 마지막 차례에 제비를 뽑게 된 오디세우스의 영혼이 마침내 선택을 하러 나아갔습니다. 그의 영혼은 힘들었던 과거의 기억들로 인해 더 이상 명예욕이 없었지요. 그래서 사적(私的)인 개인의 조용한 삶을 찾기 위해 오랫동안 어슬렁거렸습니다. 그러다 남들이 싫어해서 버려둔 구석의 것을 가까스로 찾아내었지요. 그걸 본 뒤 그는, 첫 번째로 선택을 할 수 있었어도 다르게 선택하지 않았을 것이라고 말하면서, 기쁘게 선택을 했습니다"(620c~d).

이 얘기는 세계의 질서 속으로의 빠져듦이 오히려 지옥을 심화시키는 것임을 함축한다. 물론『국가』의 '그림' 속에서의 플라톤은 오디세우스를 붙잡아서 강제로 정치를 시키려 하겠지만 말이다. 오디세우스의 이 얘기는 모든 영혼의 동일성을 일정하게 암시하는 다음 대목과 상통한다.

> "영혼이 진실로 어떤 것인지 알려면, 우리가 보통 그렇게 하듯, 육체와의 결합으로 인해, 그리고 또한 다른 고통들로 인해, 훼손된 상태의 영혼을 보면 안 됩니다. 순수한 상태로 있는 영혼 자체를 영적인 눈으로 주의 깊게 관조해야만 합니다" (611b~c).

『파이돈』과 『파이드로스』를 연상시키는 이 대목은 다음의 것들을 암시한다. 즉 육체에의 유배로 인한 훼손들을 제거하면 영혼은 원래의 순수성을 되찾는다는 것. 그리고 그 순수성 속에서 모든 영혼은 동일하다는 것.

하지만 이 대목은 신이 지도자의 영혼엔 금을, 전사(戰士)의 영혼엔 은을, 노동자의 영혼엔 동을 넣었다는 『국가』의 '그림' 속 발언(415a)과는 완전히 배치된다.

『국가』의 '그림,' 즉 실질적 내용에서 다루는 것은 '세계의 질서'다. 그리고 이 세계의 질서에서 플라톤에게 가장 먼저 눈에 띄었던 것은 사람들 사이의 차이였던 모양이다. 플라톤은 그런 차이를 '영혼의 차이'로 규정한다. 즉 그는 그런 '영혼들의 차이' 너머에 있던 모든 영혼의 근본적 동일성을 보지 못했던 것이다. 이것이 그를 유배 이론에서 순례 이론으로 고개를 돌리게 하는 계기를 이룬다. 영혼들 사이의 차이가 보다 성숙한 영혼이 되기 위한 순례를 요청하기 때문이다.

결국 플라톤이 '영혼들 사이의 차이'를 말할 때의 '영혼'은 위의 인용문에서 말한 "순수한 상태로 있는 영혼 자체"와는 무관하다. 그 '영혼'은 오히려 "육체에의 유배로 인한 훼손"을 고스란히 간직하고 있는 영혼이다.[51]

---

51. 나 자신의 관점에 따르면, 플라톤의 영혼 개념은 '자아 + 영혼'의 성격을 갖는다. 이때 자아는 육체로의 유배의 원인을 이루는 것이다. 하지만 플라톤은 오히려 '자아'를 육체의 효과로 생각할 것이다.

『국가』에서의 플라톤에 따르면, 영혼들의 차이는 영혼의 내적 구성이 달라서 생겨난다. 즉 인간의 영혼은 이성적 부분, 격정적 부분, 욕망의 부분의 세 부분으로 이루어졌는데(439d~e), 그중 어떤 것이 우위를 차지하느냐에 따라 영혼들의 차이가 생긴다는 것이다. 물론 이성적 부분은 금, 격정적 부분은 은, 욕망의 부분은 동에 상응하는 것이다.

플라톤은 영혼들의 그러한 차이에 세 가지 사회계급을 대응시킨다. 즉 이성적 부분이 우위를 점하는 영혼의 소유자는 지도자계급이어야 하고, 격정적 부분이 우위를 점하는 사람은 전사계급, 그리고 욕망의 부분이 우위를 점하는 사람은 노동자여야 한다는 것이다(441e 이하). 그래서 다음과 같은 인과 고리가 성립한다.

영혼의 내적 구성의 차이 ──→ 영혼의 차이 ──→ 계급의 차이

어쨌거나 그런 계급구분은 현실과 무관하게 플라톤이 내세우는 당위일 뿐이다. 이 당위는 격정이나 욕망이 아닌 이성이 사회를 지배해야 한다는 요청에 따른 것이다.[52] 그렇다면 영혼에서 이성적 부분이 우위를 점하고 있는 사람들은 어떤 사람들일까? 플라톤에 따르면, 그들은 특별한 교육을 받은 사람들이다. 그리고 바로 이 지점에서 순례의 관점이 등장한다. 위의 도식을 다음처럼 보완해보자.

교육의 차이 ──→ 영혼의 내적 구성의 차이 ──→ 영혼의 차이 ──→ 계급의 차이

이 도식에서 영혼의 차이는 결국 교육의 차이로 귀결한다. 그래서 순례의 이유가 성립한다. 즉 교육을 통해 영혼을 성숙시키기 위해 순례를 한다

---

52. 이에 대해선 찰스 테일러, 『자아의 원천들』(새물결, 2015)의 2부 6장을 참조할 것.

는 것이다.

하지만 무엇인가가 이상하다. 일반적인 순례 이론에 따르면, 우리가 세계를 순례하는 건 이 세계 자체에서 무언가를 배우기 위해서다. 즉 순례의 목적은 세계에서의 '경험'이다. 이것은 다음 것을 명확히 해준다. 우리는 이 '세계'에 순례를 온다는 것. 세계 속의 어떤 '학교'에 순례를 오는 게 아니라, 세계 자체가 학교라는 것이다.

교육을 위해서라면 군이 세계로 순례를 올 필요가 없다. 세계로 순례를 오는 것은 '교육'이 아닌 '경험'을 통해서만 배울 것이 있기 때문이다.[53] 주입되어야 하는 지식은 이 세계가 아니라 천국에서 더욱 효과적으로 주입될 수 있을 것이므로 말이다. 하지만 플라톤에 따르면, 우리는 이 세계 자체에 순례를 오는 것이 아니라, 이 세계 속의 어떤 학교로 순례를 온다.

『국가』에서의 플라톤에게 교육은 "영혼을 전환시키는 기술"이다(518d). 이때 '영혼의 전환'은 "밤처럼 어두운 낮에서 진정한 낮으로 영혼을 전환시키는 것"이다(521c). 플라톤은 영혼의 이런 전환을 "실재를 향한 영혼의 등정(登程)"이라고 칭한다(521d).

그 등정이 물질적 세계 바깥의 영적 실재를 향한 등정이라면, 그 등정을 위한 이곳에서의 삶은 마땅히 '순례'로 불려야 할 것이다. 하지만 플라톤에게 그러한 '등정'은 이 세계에서의 '삶'을 통한 것이 아니라 '교육'을 통한 것이다. 그것도 '특정한 학교'에서의 교육만을 통한 것이다. 플라톤이 그 등정을 "철학의 적자(嫡子)"들에게만 한정시키듯 말이다(535c).

여기에서 어떤 미끄러짐이 발견된다. 즉 도구로서의 철학이 목적으로 미끄러지는 것이 그것이다. 그리고 그 미끄러짐의 배후엔 또 다른 미끄러짐이 있다. 즉 '선의 이데아'가 플라톤 자신의 선(= 자아의 선)으로 미끄러지는 것이 그것이다.

---

[53]. 이것은 앞서도 인용한 브라이언 와이스가 여러 책에서 내세운 생각이기도 하다.

미끄러짐 1 — 철학이 도구에서 목적으로
미끄러짐 2 — '선의 이데아'가 자아의 선으로

우리가 철학을 통해 영적 실재에 가닿을 수 있을까? 오직 철학만이 영적 실재에 가닿는 유일한 도구일까? 나는 그렇게 생각하지 않는다. 우리가 영적 실재에 가닿을 수 있다면, 그것은 오로지 삶의 지난한 경험들을 통해서일 것이다.

하지만 플라톤은 철학만이 영적 실재에 가닿는 유일한 도구라고 생각한다. 그가 철학만을 통한 윤회의 단축을 말하고, 또 "철학을 올바르게 열심히 공부한 사람은 [⋯] 이 세계에서 다른 세계로의 여행이나 또 그 반대의 여행을 지하의 험난한 오솔길이 아닌 하늘의 통일된 길을 통해서 합니다"라고 말하듯이 말이다(619e).

그래서 철학은 도구가 아니라 목적이 된다. 하지만 플라톤이 철학의 가장 강력한 '무기'로 내세운 수학이나 기하학이 우리를 영적 실재의 근처로까지도 데려가지 못함은 물론이다.

빅또르 위고의 『레 미제라블』에서 쟝발쟝에게 훔쳐간 은식기에 덧붙여 은촛대까지 선물했던 비엥브뉘 미리엘 주교는 "학자들을 매우 존경하였고 무지한 사람들은 더욱 존경"했다고 한다.[54] "무지한 사람들을 더욱 존경"한 것은 학자들이 습득한 지식보다 무지한 사람들이 삶의 경험들을 통해 배운 것이 훨씬 더 가치가 있어서가 아닐까?

철학의 이런 미끄러짐의 배후에는 '선의 이데아'의 미끄러짐이 있다. 이 미끄러짐은 가설적으로 추정된 것이 손에 쥐어진 실체의 권력으로 뒤집히는 미끄러짐이다. 또 겸허하게 그 뒤를 좇아 길을 걸어야 하는 것이 욕망을 관철하는 도구로 전락하는 미끄러짐이다. 그래서 '선의 이데아'는 플

---

54. 빅또르 위고, 『레 미제라블』, 펭귄클래식코리아, 2013, 1권 45쪽.

라톤이 선으로 여기는 것의 절대성을 보장하게 되고, 더 나아가 플라톤의 '자아의 선'을 입증하고 관철해주는 도구가 된다.

　그 과정의 전개를 단순화시켜 제시해보면 이렇다. 1) 무엇이 선인지 알려면 어떻게 해야 할까? 경험적 선들의 원천인 '선의 이데아'를 알아야 한다. 2) 누가 '선의 이데아'를 알고 있을까? 철학자들이다. 3) 어떻게 철학자들만이 '선의 이데아'를 알까? 그들이 철학 교육을 받아 영혼이 차이가 나기 때문이다. 4) 그러므로 철학자들이 그들의 '선'을 세계에 관철시켜야 한다.

　그래서 『국가』에서 '최고선'은 다른 사람들의 삶을 마음대로 유린하는 악으로 전락한다. 이른바 '최고선'의 소유가 자신의 욕망을 독재적으로 사회에 부과할 수 있는 보증이 되기 때문이다. 하지만 그 사이를 자기기만이 매개하고 있음은 물론이다. 그 결과 "플라톤의 올바름 = 플라톤의 불행"이라는 등식이 성립한다.

***

　『티마이오스』에 대해 짧게 덧붙여두자. 『티마이오스』에선 창조주가 영혼을 먼저 창조한 뒤 그에 맞춰 우주를 다시 창조한다(34b~36e). 따라서 『티마이오스』에선 유배의 단절적 계기는 제시되지 않고 오직 창조론적 도출만이 있다. 그래서 이제 세계는 더 이상 유배지가 아니다.

　또 앞서 언급했듯이 『티마이오스』에선 영혼의 격정적 부분과 욕망하는 부분이 육체의 효과임이 보다 명확하게 제시된다(42a, 69d~). 또한 그 두 부분이 영혼의 사멸하는 부분임도 명확히 얘기된다(69d).

　교육은 영혼의 이 두 부분이 영혼의 이성적 부분에 미치는 영향을 제한하는 수단이다. 따라서 『티마이오스』에서도 『국가』에서처럼 교육이 순례의 목적으로 제시된다. 예컨대 『티마이오스』에선 "바른 양육에 교육까지

받게 되면 이 사람은 최대의 질병[무지]에서 벗어나게 되어 완벽하고 지극히 건전하게 됩니다"라고 한다(44b~c). 하지만 "바른 양육과 교육"을 통해 사람이 완벽해질 수 있을까? '삶'이라는 것이 "바른 양육과 교육"을 통해 모두 해명되고 해결될 수 있을 정도로 단순할 것일까? 그렇지 않다.

『티마이오스』에선 또 "앎과 진정한 지혜를 사랑하는 데 열심이었던 사람은 […] 불사(不死)에 참여할 수 있습니다"라고 한다(90b~c). 그 앎과 지혜가 '진정한' 것이라면 그럴 수 있을 것이다. 하지만 "진정한 앎과 지혜"는 그것을 '사랑'해서 배우려 한다고 해서 배워지는 것이 아니다. 앎과 지혜는, 그것들이 진정한 것이라면, 오히려 전혀 예기치 않은 시점에, 전혀 예기치 않은 어려움들과 마주치면서, 주어지는 것이다.

즉 "진정한 앎과 지혜"는 그것을 '사랑'해서 배우려 애쓰는 사람에겐 오히려 잘 주어지지 않는다. 그것들은 이 세계 속의 지식 및 지혜와는 전혀 다른 것이기 때문이다. '자아의 선'이 '영혼의 선'과 대립하듯이 말이다.

『국가』와 『티마이오스』의 순례 이론은 계급주의적 순례 이론이다. 세계에서의 순례를 지배계급의 관점에서 해석한다는 것이다. 계급주의적 순례 이론에서 교육이 강조되는 건 자연스럽다. 지배계급이 스스로를 순례의 여정에서 가장 앞선 존재로 내세울 때, 그 유일한 근거는 교육이기 때문이다.[55]

플라톤의 이런 계급주의적 순례 이론은 그의 영혼의 '타락'을 말해주는 것일까? 그렇지 않다. 마음속에 뿌리 깊은 차별심을 가진 사람이라면 누

---

55. 우리는 『국가』와 『티마이오스』의 순례 이론을 성리학의 이기론(理氣論)과 비교할 수 있다. 그 상응관계를 보면 이렇다. 즉 육체의 효과인 영혼의 격정적 부분과 욕망하는 부분은 성리학의 '기'에 상응한다. 영혼의 이성적 부분은 성리학에서 내면에 구현된 '리(理)'에 상응한다. 성리학에서 '성즉리(性卽理)'라고 하듯이 말이다. 내적 구성에 따라 영혼들의 차이가 생긴다는 설정은 성리학에서 '기'가 '리'를 제약하는 정도에 따라 성정(性情)의 차이가 생긴다는 설정에 상응한다. 끝으로, 창조의 원리인 이데아나 범형(파라디그마)은 성리학에서 초월적 '리'가 자연에 구현된 '자연지리(自然之理)'에 상응한다. 더욱이 『국가』와 『티마이오스』에서 교육이 차지하는 위치는 성리학에서 교육이 차지하는 위치와 거의 일치한다. 그래서 만일 성리학이 순례 이론의 성격을 갖는다고 할 수 있다면, 두 개의 순례 이론은 매우 유사한 것이 된다.

구든, 즉 자아를 가진 사람이라면 누구든, 만일 그가 순례의 이론을 받아들인다면, 드러나게건 은밀하게건 계급주의적 순례 이론을 지지할 수밖에 없기 때문이다. 플라톤이 누구나처럼 자아의 욕망의 지배를 받는 것은 자연스러운 일이다.

이제 본격적인 유배의 이론들 속으로 들어가 보자.

불교의 유배 이론

『숫타니파타』에서 붓다는 "이 세상의 어떤 것이더라도 거기 집착하게 되면 그로 인하여 그림자처럼 악마는 그를 따를 것입니다"라고 말한다.[56] 즉 붓다는 이 세계에 대한 개입이나 애착을 완전히 부정한다.

이 사실이 우리에게 말해주는 것은 무엇일까? 그것은 붓다가 세계에서의 삶을 전적인 유배로 보고 있다는 것이다. 즉 이 세계에서의 삶은 순례일 수 없다는 것이다. 왜냐하면 이 세계는 완전히 허구여서 그 속에서 배울 것이 아무것도 없기 때문이다.

그렇다면 세계에 대한 모든 개입이나 애착은 우리를 영적 실재로부터, 그리고 진정한 우리 자신(불성 = 영혼)으로부터 멀어지게 할 뿐이다. 결국 붓다의 유배 이론에서 이 세계의 삶은 '—(마이너스)의 여행'으로 드러난다. 세계에서 무엇인가를 하면 할수록, 우리 자신과 영적 실재에서 멀어지기 때문이다.

그래서 붓다고사는 불교의 초기 경전들의 내용을 체계적으로 정리한 그

---

56. 『숫타니파타』, 민족사, 2012, 283(§1103)쪽. 표현을 경어체로 바꾸었다. 앞으로 붓다의 발언으로부터의 모든 인용은 경어체로 하려 하는데, 그것이 붓다의 태도에 합당해보이기 때문이다.

의 『청정도론』에서 이렇게 말한다.

> "행복이라 여겼던 공덕의 열매 끝엔 어마어마한 열병을 자아낼 변화에 따른 괴로
> 움이 있음을 보지 못하고 또한 만족이 없음을 보지 못하여 공덕이 되는 행위를 하
> 기 시작한다. […] 이는 마치 등불에 뛰어드는 나방과 같고, 꿀 한 방울을 탐하여
> 꿀 묻은 칼날을 혀로 핥는 것과 같다."[57]

즉 세계에서 아무리 칭송되는 '좋은 일'을 하더라도, 실재로부터 멀어질
뿐이라는 것이다. 왜냐하면 그것은 세계의 짜임새 속으로 들어가는 일이
고, 불성(= 영혼)과 대립하는 자아를 강화하는 일이기 때문이다. 그것은 우
리 자신에서 멀어져 지옥에 빠져드는 일이므로 "나방이 등불에 뛰어드는
것"과 같다.

붓다고사는 또 초기 경전들의 또 다른 주석서인 『무애해도』로부터 다음
과 같은 말을 인용한다.

> "일어남(行, 상카라), 진행, 표상, 쌓음, 재생연결을 그는 괴로움으로 보는데 이것이
> 위험함에 대한 지혜다. 일어나지 않음, 진행하지 않음, 표상 없음, 쌓음 없음, 재생
> 연결 없음을 행복이라 보는데 이것이 평화로운 경지에 대한 지혜다."[58]

여기서 출발점을 이루는 '일어남(行)'은 '마음의 움직임'으로 옮겨질 수
있는 것이다. 그렇다면 이 인용문이 뜻하는 핵심적 내용은 이 세계를 향한
마음의 움직임 자체가 이미 '―의 여행'의 시작이라는 것이다. 그래서 유배
지인 이 세계에는 어떤 길도 없다. '―의 여행'을 끝내기 위한 유일한 길은
세계에서 도망치는 것이다. 붓다고사가 "해탈을 원하는 지혜는 도망가기

---

57. 『청정도론』, 초기불전연구원, 2012, 3권 54쪽. 문장을 약간 다듬었다.
58. 같은 책, 3권 298쪽. 표현을 약간 바꾸었다.

를 원하는 것 같다"고 말하듯이 말이다.[59]

물론 이 세계에서 세계 바깥의 것과 교류하는 것은 예외다. 예컨대 신적 사랑을 서로 나누는 것이 그런 것이다. 공지영 작가가 『높고 푸른 사다리』에서 말하고 있는 "이제까지 인류 역사와 전혀 다른 방식으로 싸우라는, 즉 사랑 안에서 패배하라는 명령"이 그런 것이다.[60]

***

붓다는 유배의 원인과 과정을 12연기(緣起)를 통해 설명한다. 12연기의 사슬은 다음과 같다.

1) 무명(無明, ignorance) → 2) 지어냄(行) → 3) 식별(識) → 4) 정신·물질(名色) → 5) 감각기관(眼耳鼻舌身意) → 6) 감각접촉(觸) → 7) 느낌(受) → 8) 욕망(愛) → 9) 애착(取) → 10) 존재(有) → 11) 태어남(生) → 12) 노사(老死)와 고통

『니까야 강독 II』에는 12연기와 관련된 경전이 여섯 개 실려 있다. 그 화자는 모두 붓다 자신이다. 또 붓다고사의 『청정도론』에는 12연기에 대한 상세한 설명이 실려 있다. 이 여섯 경전과 붓다고사의 설명이 12연기의 이해에 결정적 도움을 준다는 것은 말할 것도 없다. 12연기에 대한 나의 이해는 기본적으로 이 두 책에 입각한다.

하지만 이 두 책의 설명들에도 불구하고, 1), 2), 3), 4)와 10)의 내용은 충분히 명확하지 않고, 그래서 1) → 2) → 3) → 4)의 연결뿐만 아니라 9) → 10) → 11)의 연결도 석연치 않다.

59. 같은 책, 3권 327쪽.
60. 공지영, 『높고 푸른 사다리』, 한겨레출판, 2013, 232쪽.

다른 독자들도 그렇게 느끼지 않을까? 내가 보기엔 그 설명들은 다소 교과서적이고 교리(敎理)적이다. 즉 설명들은 마치 '독트린들'처럼 제시되어 있는데, 내용을 꿰뚫기보다는 겉도는 느낌이 종종 든다. 그래서 나는 초기 경전들에서 붓다의 발언들이 많이 변형되었으리라는 추측을 한다. 종교 경전들의 확립과정이 종종 그러하듯 말이다.

여기서 나는 1) → 2) → 3) → 4)의 연결과 9) → 10) → 11)의 연결에 대해 내 나름—물론 다른 여러 견해들의 도움을 받은—의 설명을 간략하게 제시하려 한다. 12연기의 사슬이 유배의 과정에 대한 진리를 담고 있다면, 우리는 오직 개방적 논의를 통해서만 그 진리에 가닿을 수 있다.

나는 12연기의 이론을 이 세계에서의 삶이 성립하는 과정에 대한 이론, 즉 유배의 과정에 대한 이론으로 여긴다. 각묵 스님과 대림 스님은 「우현경」에 대한 해설에서 1) → 2)의 연기는 전생, 3)부터 10)까지의 연기는 이번 생, 11) → 12)의 연기는 다음 생이라는 주해를 소개하기도 한다.[61] 하지만 나는 그런 주해를 받아들이지 않는다. 12연기를 유배에 이르는 고리들로 보기 때문이다.

내가 정리한 생각들은 다음과 같다. 1) 무명은 유배가 시작되는 가장 첫 번째 발걸음이다. 유배의 사건이 벌어지기 전에는 영적 실재만이 존재한다고 해보자. 또 이 영적 실재의 질료가 이 세계의 것과는 다른 빛으로 이루어졌다고 해보자. 무명(無明), 즉 빛이 없는 것인 어둠은 빛인 영적 실재에서 이탈하는 것이다.

다시 말해, 오직 빛일 뿐인 영적 실재의 한 귀퉁이에서 무명이 생겨났다는 것은 영적 실재에서 이탈하는 대립적 힘이 성립했다는 것이다. 이 대립적 힘, 즉 '무명 = 어둠'은 관념의 형태로 존재한다. 오직 영적 실재만 있을 때는 물질은 존재하지 않고, 따라서 영적 실재로부터 이탈하는 힘도 일

---

61. 『니까야 강독 II』, 초기불전연구원, 2013, 252쪽.

차적으로는 관념적 힘일 수밖에 없기 때문이다.

그 힘은 영적 평화 속에 안주하지 못하고 움직이는 힘이고, 그리하여 이탈하는 힘이다. 그래서 『청정도론』에선 무명을 "찾지 말아야 할 것을 찾는 것"이라고도 하고 "미혹하게 만드는 역할을 한다"고도 한다.[62]

이 무명으로 인해 2) 지어냄(行)이 생긴다. 이 지어냄은 관념에 의한 지어냄이다. 관념이 무언가를 지어낸다는 것은 관념이 형성력을 갖는다는 것이다. 최면과학에서 말하는 '관념-지각 현상'이나 '관념-운동 현상'처럼 말이다.[63]

자, 무명으로 인해 관념이 무언가를 지어낸다. 이 지어냄은 무명으로 인한 것이므로, 불필요한 지어냄이다. 무명의 관념이 불필요하게 지어내는 그것은 무엇일까? 그것은 이 세계의 질료다. 무명은 영적 실재에서 이탈하는 관념적 힘이고, 그 관념적 힘은 이 세계의 질료를 만들어내서 그 이탈을 완수한다.

그 다음에 오는 건 뭘까? 그것은 지어낸 것을 분별하는 일이다. 이것이 3) 식별(識)이다. '식별한다'는 것은 식별하는 주체와 식별되는 대상이 있다는 것이다. 즉 주객분리가 벌어졌다는 것이다.

그래서 3) 식별은 4) 정신·물질(名色)로 이어진다. 이것은 빠알리어 원문대로 정신과 물질의 대응관계를 뜻한다. 하지만 더 구체적으로는, 한문 번역어인 '명색'처럼 '색(= 물질),' 즉 식별의 대상들에 이름을 붙이는 행위를 뜻할 수 있다.

대상들에 대한 이런 명명은 그처럼 명명된 대상들을 감각하는 기관들의 성립으로 이어진다. 그것이 5) 감각기관(안이비설신의)이다. 그리고 5)에서

---

62. 『청정도론』, 3권 41쪽과 46쪽.
63. '관념-지각 현상'은 양파를 주고서 "이것은 사과"라고 하면 사과처럼 맛있게 먹듯이 관념이 지각을 완전히 지배하는 현상이다. '관념-운동 현상'은 생각하는 대로 현실을 만들어내는 환각적 현상이다. 이 두 가지는 우리의 관념이 현실을 형성하는 힘을 가짐을 실증한다.

9)까지는 아무 문제될 게 없다. 5) 주체 쪽에서 감각기관의 성립은 6) 대상들과의 감각접촉으로 이어진다. 6) 감각접촉은 7) 좋거나 싫은 느낌으로 이어진다. 또 그 가운데 좋은 느낌은 8) 욕망으로, 그리고 더 나아가 9) 애착으로 이어진다.

하지만 9) 애착은 왜 10) 존재로 이어질까? 이 '존재'는 도대체 '어떤' 존재를 뜻하는 것일까? 그것은 틀림없이 이미 거쳐온 2) 행(심리현상), 3) 식(앎), 5) 색(물질 = 안이비설신), 6) 상(想 = 지각), 7) 수(느낌), 즉 붓다가 '나'의 짜임새의 요소들로 여긴 '색수상행식(色受想行識)'을 내포한 존재일 것이다. 그렇다면 그것은 감각주체인 '나'의 물질화를 위한 모태가 아닐까?

『청정도론』에서는 그 존재를 '업(業, karma)으로서의 존재'와 '재생으로서의 존재'로 나눈다.[64] '업으로서의 존재'는 업을 통해 직조(織造)된 마음의 존재, 즉 '나'의 모태다. '재생으로서의 존재'는 그런 나의 모태의 필연적 효과다. 즉 '나의 모태'가 업으로 인해 필연적으로 선택할 수밖에 없는 추이(推移)다. 이를 강조하기 위해 다음처럼 등식으로 제시해두자.

색수상행식을 내포한 존재 = 나의 모태 = 업으로 직조된 마음의 존재

이제 영적 세계에서 이탈한 뒤 다섯 가지의 쌓임(색수상행식)을 거쳐 직조된 나의 모태가 '존재'한다. 그리고 이 '존재'는 몸에 깃들어 태어난다. 그것이 11) 태어남(生)이다. 그리고 11) 태어남은 12) 노사(老死)와 고통으로 이어진다. 11)과 12)가 유배지에서의 삶임은 물론이다.

12연기의 과정을 이처럼 읽어야 하지 않을까? 그래야 유배에 이르는 과정인 12연기가 온전히 해명되지 않을까? 이제 붓다가 '세계'라는 이 유배

---

64. 『청정도론』, 3권 142~146쪽.

지를 어떻게 보았는지를 살펴보자.

***

붓다는 「사꺄무니 고따마 경」에서 이렇게 말한다. "비구들이여, 제가 깨닫기 전, 아직 완전한 깨달음을 성취하지 못한 보살이었을 때 저에게 이런 생각이 들었습니다. '참으로 이 세상은 고통으로 가득하구나. 태어나고 늙고 죽어서는 다시 태어난다.'"[65] 하지만 붓다가 생로병사만을 고통으로 여겼을까? 아니다. 그는 세계의 모든 것을 고통으로 여긴다. 그래서 이 세계는 유배지이고 지옥이다.

「진리의 분석 경」에서 붓다의 수제자인 사리뿟따(舍利子)는 다음처럼 말한다. "무엇이 괴로움입니까? 태어남도 괴로움입니다. 늙음도 괴로움입니다. 죽음도 괴로움이고, 근심 · 탄식 · 육체적 고통 · 정신적 고통 · 절망도 괴로움이고, 원하는 것을 얻지 못하는 것도 괴로움입니다. 요컨대 취착(取着)의 대상인 다섯 가지 무더기[色受想行識] 자체가 괴로움입니다."[66]

하지만 그가 열거하는 고통들은 세계를 천국처럼 여기는 사람들도 모두 고통인 줄 아는 것들이다. 즉 여기서 그는 "고통은 고통"이라는 동어반복을 하고 있을 뿐이다. 하지만 붓다는 세계를 천국처럼 여기는 사람들이 기쁨으로 여기는 것들도 실제론 모두 고통이라고 한다. 붓다는 『숫타니파타』에서 이렇게 말한다.

"신들(demigods)과 악마들, 그리고 수행자들과 인간을 포함한 모든 생존자들이 '이것은 진리다'라고 생각하고 있는 것을 현자(깨달은 자)들은 그들의 완전한 예지를

---

65. 『니까야 강독 II』, 241~242쪽.
66. 『니까야 강독 II』, 64쪽. 붓다고사는 『청정도론』(2009) 2권 544쪽에서 여기에다 "싫어하는 자들과 만나는 것"과 "좋아하는 자들과 헤어지는 것"을 덧붙인다.

통해서 '이것은 거짓이다'라고 보고 있습니다. [···] 신들과 악마들, 그리고 수행자들과 인간을 포함한 모든 생존자들이 '이것은 기쁨이다'라고 생각하고 있는 것을 현자들은 그들의 완전한 예지를 통해서 '이것은 고통이다'라고 보고 있습니다."[67]

즉 이 세계에서 사람들은 거짓을 진리로 여기듯 고통을 기쁨으로 여긴다는 것이다. 붓다는 『우다나 — 감흥어린 시구』에선 다음처럼 말한다.

"불쾌가 쾌락의 모습을 하고/ 미움이 사랑의 모습을 하고/ 고통이 행복의 모습을 하고/ 실로 방일(放逸)한 자를 정복합니다."[68]

어떻게 된 것일까? 그렇다면 연애의 설렘, 어울려 함께 노는 즐거움, 맛있는 것을 먹는 즐거움, 아름다운 음악을 듣는 즐거움, 푸른 바다를 바라보는 해방감 같은 것들이 모두 고통이란 말일까? 그렇다. 붓다는 「불타오름 경」에서 다음처럼 말한다.

"비구들이여, 사람도 저와 같이 불타고 있습니다. 사람의 무엇이 불타고 있을까요? 눈이 불타고 있고, 눈의 대상인 물질이 불타고 있습니다. 귀가 불타고 있고 귀의 대상인 소리가 불타고 있습니다. 코가 불타고 있고, 코의 대상인 냄새가 불타고 있습니다. 혀가 불타고 있고 혀의 대상인 맛이 불타고 있습니다. 몸이 불타고 있고 몸의 대상인 감촉이 불타고 있습니다. 의식이 불타고 있고, 의식의 대상인 현상이 불타고 있습니다. 탐욕과 분노와 어리석음 때문에 불타는 것입니다. 그로 인해 태어남과 늙음과 병듦과 죽음이 불타는 것입니다. 또한 근심과 슬픔과 번뇌와 괴로움이 불타는 것입니다."[69]

---

67. 『숫타니파타』, 193~194쪽.
68. 『우다나 — 감흥어린 시구』, 한국빠알리성전협회, 2009, 87~88쪽.
69. 『니까야 강독 I』, 2013, 136~137쪽. 한형조 선생님의 『허접한 꽃들의 축제』(문학동네,

눈이 불타고 있다는 것은 내가 바라보는 아름다운 존재가 고통이라는 것이다. 귀가 불타고 있다는 것은 내가 듣는 아름다운 음악이 고통이라는 것. 코가 불타고 있다는 것은 내가 맡는 좋은 향기가 고통이라는 것. 혀가 불타고 있다는 것은 내가 먹는 맛있는 음식이 고통이라는 것. 몸이 불타고 있다는 것은 사랑하는 애인의 감미로운 감촉이 고통이라는 것. 의식이 불타고 있다는 것은 행복에 겨운 나의 의식이 고통이라는 것이다.

결국 안이비설신의(眼耳鼻舌身意), 즉 눈, 귀, 코, 혀, 몸, 의식이 불타고 있다는 것은 나의 존재 자체가 고통이라는 것이다. 또 색성향미촉법(色聲香味觸法), 즉 물질, 소리, 냄새, 맛, 감촉, 현상이 불타고 있다는 것은 나를 둘러싼 세계의 존재 자체가 고통이라는 것이다.

붓다는 이처럼 불타는 것이 "탐욕과 분노와 어리석음" 때문이라고 한다. 물론 그렇다. 하지만 "탐욕과 분노와 어리석음"이 고통의 근본적 원인일까? 오히려 우리의 '존재' 자체가 이 모든 고통의 진정한 원인이 아닐까? 붓다는 「버림 경」에서 이렇게 말한다.

"즐거움을 느낄 때 탐욕의 잠재성향을 버려야 합니다. 괴로움을 느낄 때 적의의 잠재성향을 버려야 합니다. 괴롭지도 즐겁지도 않은 느낌의 경우, 무명(無明)의 잠재성향을 버려야 합니다."[70]

자, 이 세계에서 '즐거움'은 진정한 즐거움이 아니므로 탐욕을 버려야 한다. 또 '괴로움'도 진정한 괴로움이 아니므로 적의를 버려야 한다. 하지만 즐겁지도 괴롭지도 않을 때는 '무명'을 버려야 한다. 무명이야말로 모든 고통의 원천이기 때문이다. 빛과 반대되는 어둠인 무명은 고통을 향한 마음의 움직임의 출발점이기 때문이다.

2011) 147쪽에 실린 인용문의 짜임새를 따랐다.
70. 『니까야 강독 II』, 150쪽.

결국 무명은 지옥의 출발점이다. 붓다고사가 『청정도론』에서 붓다의 다음 같은 발언을 인용하고 있듯이 말이다. "만일 중생이 지옥에 태어나지 않는다면, 타는 불길 등 그 참기 어려운 괴로움이 어디서 발판을 얻겠습니까?"[71]

하지만 사람들은 세계를 오히려 천국처럼 여긴다. 태어난 것을 고마워하고 생일을 기념하듯이 말이다. 고통을 쾌락으로 여긴다면 지옥을 천국으로 여기는 것은 당연한 일이다. 이런 전도는 어떻게 이루어지는 걸까?

『숫타니파타』에선 "이 세상의 모든 고통은 집착 때문에 일어나는 것"이라고 한다.[72] 집착을 포괄하는 애착은 12연기의 아홉 번째 고리다. 집착은 애착의 강렬한 한 형태다. 그렇다면 우리는 애착으로부터 그런 전도를 생각해볼 수 있을까?

애착 또는 집착이 고통을 가져오는 것은 마음을 지배하기 때문이다. 그 지배가 마음을 잠식하고 조여오기 때문일 것이다. 집착의 강도가 높을 때, 우리는 그것이 고통임을 자각할 수 있다. 하지만 일상적 애착의 경우, 우린 그것이 쾌락인 줄 안다. 그러나 일상적인 애착이야말로 마음을 더욱 깊숙이 잠식해서 고통에 시달리게 하지 않을까?

고통을 만들어내는 애착을 쾌락으로 여기는 것은, 프로이트가 『꿈의 해석』에서 욕망의 발생을 설명하면서 말했듯이, 애착의 대상이 원래 쾌락을 가져다주었기 때문이 아닐까? 하지만 애착 행위 그 자체는 고통을 가져다준다. 무엇보다 상실에 대한 두려움이 마음을 힘겹게 하기 때문이다. 그 과정을 다음처럼 제시해보자.

1) 쾌락을 가져다주는 대상에 애착 →
2) 애착의 고통으로 인해 그 대상의 소유가 고통으로 변화 →

---

71. 『청정도론』, 2권 549쪽.
72. 『숫타니파타』, 268쪽(§1050)과 283(§1103)쪽.

3) 그럼에도 여전히 그 대상이 쾌락을 가져다준다고 생각

우리가 고통을 쾌락으로 여기게 된 것은 '2) → 3)'의 과정으로 인해서일까? 즉 원래의 쾌락은 실질적인 고통으로 전락했는데도, 여전히 머릿속에서 그걸 쾌락으로 여긴다는 것이다.

붓다는 「화살 경」에서 '이중의 느낌'에 대해 말한다. 화살에 찔린 실제의 고통이 있고, 화살에 찔렸다는 생각으로 인한 두 번째의 관념적 고통이 있다는 것이다.[73] 이런 관념적 고통의 존재는 최면과학에서도 중시된다. 최면을 통해 이런 관념적 고통을 제거하기만 해도 통증이 많이 줄어들기 때문이다.[74]

이런 '이중의 느낌'은 고통에만 존재하는 게 아니라 향유에도 존재한다. 즉 향유에도 감각적 향유와 관념적 향유가 존재한다. 하지만 관념적 향유가 언제나 감각적 향유와 짝을 짓는 건 아니다. 감각적 고통을 관념적으론 쾌락처럼 향유할 수 있기 때문이다. 이것이 '2) → 3)'의 전도의 핵심이다. 그리고 이 전도를 매개하는 건 애착이다. 다음 도식처럼 말이다.

하지만 붓다가 고통이 쾌락으로 전도된다고 한 것이 이 맥락에서일까? 그렇지 않다. 내가 보기에 붓다는 프로이트보다 훨씬 근본적으로 생각했

---

73. 『니까야 강독 II』, 154~155쪽.

74. Milton H. Erickson, "Une introduction à l'étude et aux applications de l'hypnose pour le contrôle de la douleur(고통 통제를 위한 최면 연구와 적용에 대한 서설)," *L'intégrale des articles de Milton H. Erickson sur l'hypnose*(밀턴 에릭슨의 최면 관련 논문들 전집), 제4권, Satas, 2001, 308~309쪽.

다. 애착에 따라 성립하는 고통의 과정을 다음처럼 넷으로 나누어보자.

1) 결여로 인한 고통 — 이것이 출발점이다. 애착하는 대상이 결여되어 있다. 이처럼 결여된 것에 대한 욕망으로 마음이 불탄다.

2) 추구로 인한 고통 — 욕망을 실현하려는 과정 속에서 마음이 불탄다. 욕망의 실현을 가로막는 온갖 장애물들에 대한 두려움으로 인해서.

3) 소유로 인한 고통 — 이제 욕망을 실현해 애착하던 걸 소유하게 된다. 하지만 소유한 걸 상실하는 두려움으로 인해 마음이 불탄다.

4) 상실로 인한 고통 — 상실의 상처로 마음이 불탄다. 영원하지 않은 것, 즉 무상(無常)한 것에 대한 애착은 반드시 이 고통으로 귀결한다.

이 가운데 2), 3), 4)는 자명한 것이고, 앞서 보았듯 관념적 향유에 의해 가려지는 것이기도 하다. 하지만 관건은 1)이다. 즉 애착을 도출하는 근원적 결여가 있다는 것이다. 이 근원적 결여를 다음처럼 둘로 나누어보자.

a) 심리적 결여
b) 육체적 결여

b) 육체적 결여는 앞서 살펴본 12연기의 열 번째 고리인 '탄생'에서 비롯되는 것이다. "머리털 · 몸털 · 손발톱 · 이빨 · 살갗 · 살 · 힘줄 · 뼈 · 골수 · 콩팥 · 염통 · 간 · 근막 · 지라 · 허파 · 큰창자 · 작은창자 · 위 · 똥 · 담즙 · 가래 · 고름 · 피 · 땀 · 굳기름 · 눈물 · 피부의 기름기 · 침 · 콧물 · 관절활액 · 오줌 등"으로 이루어진[75] 물질덩어리 육체가 원천적인 결여의 존재임은 물론이다. 그래서 육체적 결여를 메워주는 모든 것과 우리를 보살펴

---

75. 『청정도론』, 2권 41쪽.

주는 모든 존재들에 대한 애착이 생겨난다. 그런 결여와 그에 따른 애착이 고통을 동반함은 물론이다.

하지만 보다 근원적인 결여는 a) 심리적 결여이다. 심리적 결여는 12연기의 첫 번째 고리인 '무명'에서 비롯되는 것이기 때문이다. 즉 무명 자체가 영적 평화에서 이탈한 것으로, 결여의 시작이다. 무명에서 12연기의 둘째 고리인 '지어냄'이 도출되는 것은, 무명이 결여를 내포하기 때문이다. 무명에 내재된 결여가 '지어냄'을 만들어낸다는 것이다. 그 '지어냄'은 무명에 결여된 '어떤 것'을 지어내는 것이고, 무명이 자신에게 결여된 그 '어떤 것'에 애착을 가짐은 물론이다.

그렇다면 고통과 관련하여 다음처럼 말하는 것이 정확하다. 우리의 존재 자체가, 우리의 존재의 원천 자체가 고통이라고. 아마도 영적 실재로부터 이탈한 무명 자체가 고통이 아닐까? 무명에 내재된 결여와 또 그 결여에서 비롯된 애착이 고통이므로 말이다.

『숫타니파타』에서처럼 "이 세계의 모든 고통이 집착 때문"이라고 말하는 것은 오해를 초래할 수 있다. 우리가 이 육체적 존재를 가지고 살다가 어떤 것에 갑자기 집착해서 고통이 생겨난다는 매우 피상적인 함의를 갖기 때문이다.

붓다가 진정으로 말하려 했던 것은 그런 것이 아니다. 그가 진정으로 말하려 했던 것은 "변화하는 모든 것, 즉 무상(無常)인 모든 것은 고통"이라는 것이기 때문이다. 붓다가 삼매경에 이르더라도 "무상 = 고(苦) = 무아(無我)"라는 통찰을 얻지 못하면 의미가 없다고 했듯이 말이다.[76]

결국 붓다에겐 이 세계의 존재 자체가 고통의 존재다. 영원한 것이 아닌 변화하는 모든 것이 고통의 존재이기 때문이다. 그리하여 그 변화의 출발점이자 이 세계의 원천인 무명 자체가 고통인 것이다.

---

76. 『니까야 강독 II』의 제9장과 『청정도론』 20장 이하를 참조할 것.

하지만 사람들은 왜 그런 고통의 세계를 천국으로 여기는 것일까? 그것은 사람들이 그들의 존재 속에 갇혀 있고, 그들의 존재를 지탱시켜주는 것을 '선(善)'으로 여기기 때문이다. 스피노자가 『윤리학』에서 "선(善)이란 객관적인 어떤 것이 아니라 나에게 좋은 것일 뿐"이라고 했듯이 말이다. 그래서 사람들에게 세계는 '선'으로 '가득 찬' 천국으로 등장할 수 있다. 더욱이 죽음의 두려움이 그들을 밀어붙여 어떻게든 세계 속의 삶을 지키려 애쓰게 한다면 말이다.

"애착이 고통"이라고 말해지는 지점은 이 지점일 것이다. 즉 세계 속에서의 선의 희소성으로 인해 우리가 앞서 말한 2), 3), 4)의 고통이 생겨난다는 것이다. 하지만 이 얘기는 다만 세계 속에서 세계 바깥으로 다리를 놓아주는 출발점의 구실을 하기 위한 것일 뿐이다. 진정한 고통인 이 세계 자체를 마주하기 위한 다리가 그것이다.

***

애착을 1) 나 자신에 대한 애착과 2) 세계에 대한 애착으로 구분해보자.

1) 나 자신에 대한 애착은 나를 구성하는 오온(五蘊), 즉 다섯 쌓임[77]에 대한 애착이다. 즉 우리는 우리의 몸 자체(色), 우리가 느끼는 것(受), 우리가 지각한 것(想), 우리 마음의 움직임(行), 우리가 알고 있는 것(識)에 애착한다. 다시 말해, 몸을 가장 소중한 것으로 여겨 지키려 하고, 느낀 것, 지각한 것, 욕망한 것을 쾌락으로 여겨 반복하려 하며, 우리의 앎을 가장 올바른 것으로 여겨 관철하려 한다.

이 애착들은 우리의 마음을 장익하고 불태운다. 붓다가 「삼켜버림 경」에서 성스러운 제자는 "나는 지금 물질에 의해서, 느낌에 의해서, 지각에

---

77. 『학담평석 아함경』에서의 학담 스님의 번역을 따른 것이다.

의해서, 심리작용에 의해서, 앎에 의해서 삼켜지고 있다. 과거에도 그랬고 미래에도 그럴 것이다"라고 숙고한다고 했듯이 말이다.[78] 그러니 붓다에게 서도 "나의 올바름 = 나의 불행"이란 등식이 존재함은 물론이다.

2) 세계에 대한 애착은 색성향미촉법, 즉 물질, 소리, 냄새, 맛, 감촉, 현상에 대한 애착이다. 우리는 그것들의 결여를 고통스럽게 여겨 욕망하고, 소유했을 땐 잃어버릴까 봐 두려워하며, 상실했을 땐 슬픔에 잠긴다.

하지만 붓다에 따르면, '나'와 이 세계는 실재하지 않는다. 그의 근본적인 통찰인 "무상 = 고 = 무아"에 따르면, 변화하지 않는 영적 실재를 제외하곤, 다른 모든 것은 비(非)실재이기 때문이다. '무상'이라는 것은 단지 영원하지 않아 소멸한다는 것만을 뜻하는 것이 아니라, 그렇기 때문에 실재가 아니라는 뜻도 내포하는 것이다. '무아'라는 것도 단지 진정한 나 자신이 아님만을 뜻하는 것이 아니라, 진정한 나 자신(= 불성)이 그 일부를 이루는 영적 실재가 아니라는 뜻을 내포하는 것이다.

이를테면 붓다는 「포말경」에서 나를 구성하는 다섯 가지 쌓임을 면밀히 들여다보면 "텅빈 것으로 드러나고 공허한 것으로 드러나고 실체가 없는 것으로 드러난다"고 한다.[79] 또 『숫타니파타』에선 "'어떤 것도 존재하지 않는다'는 생각에 의지해서 저 거센 물결을 헤쳐 나가야 합니다"라고 말한다.[80]

붓다 자신의 목소리는 아니지만, 「반야심경」에선 '색즉시공(色卽是空)' 이고 '수상행식 역부여시(受想行識 亦復如是)'라는 표현이 나온다. 나를 이루는 몸, 느낌, 지각, 심리작용, 앎이 실재하지 않는다는 것이다. 또 「반야심경」에선 '공중무색성향미촉법(空中無色聲香味觸法)'이란 표현이 뒤를 잇는다. 이 표현은 '공 가운데 없다'라고 한 번 비튼 것이지만, 붓다의 뜻을

---

78. 『니까야 강독 II』, 130쪽. 통일성을 위해 '오온'에 관련된 용어들을 몇 개 바꾸었다.
79. 『니까야 강독 II』, 180~185쪽.
80. 『숫타니파타』, 273쪽(§1070).

그대로 간직하려면, "이 세계는 존재하지 않는다"고 마땅히 옮겨줘야 하는 것이다.

결국 붓다의 입장은 확고하다. '나'라는 관념도 세계도 환각일 뿐이고 실재하지 않는다는 것이다. 그렇다면 이 유배지에선 모든 것이 환각이다. 이 유배지 자체 그리고 우리가 유배로 인해 깃들어 있는 몸 자체도 환각이다. 그렇다면 우리의 유배 자체가 환각이다. 즉 우리는 상상적인 유배를 와있다는 것이다. 결국 '무명'에서 '노사와 고통'에 이르는 12연기가 실제론 환상 속에서 벌어진 일이라는 것이다.

그렇다면 우리는 여전히 영적 실재에 머무르면서, '─의 여행'의 꿈을 꾸고 있는 것일 수밖에 없다. 이것은 우리가 나중에 살펴볼 『기적수업』의 입장과 상통한다. 결국 나 자신이나 이 세계에 대한 나의 애착은 다음 도식과 같은 것이다.

$$\text{없는 것(空)} \xrightarrow{\quad\text{애착}\quad} \text{없는 것(空)}$$

십자가의 요한의 유배 이론

『성경』「창세기」에선 신이 세계를 창조하는 과정을 그리면서 "하느님께서 보시니 참 좋았다"는 표현을 여러 차례 사용한다. 자신이 만든 세계에 내해 신이 흡족해 했다는 것이다. 그렇다면 세계는 인간들을 위해 마련된 아름다운 순례의 장소가 아닐까? 그래서 붓다의 입장과 기독교의 입상은 정면으로 배치되는 게 아닐까?

반드시 그렇지는 않다. 기독교는 이 세계를 전적으로 부정하는 전통 또한 가지고 있다. 가톨릭 신비주의의 전통이 특히 그렇다. 물론 가톨릭 신비주의 안에도 여러 입장들이 있겠지만 말이다.

하지만 가톨릭 신비주의의 흐름들도 『성경』의 창조론을 완전히 부정할 수는 없지 않을까? 예컨대 "신 바깥에는 아무것도 없다"고 말하면서[81] 세계를 단호하게 부정하는 마이스터 에크하르트마저도 다음처럼 말한다.

> "영혼이 세계가 없이도 신을 알 수 있다고 해보자. 그렇다면 세계가 영혼을 위해 창조되는 일은 결코 없었을 것이다. 세계는 영혼을 위해서 창조되었다. 영혼의 눈이 신적 빛을 견뎌내도록 훈련되고 강화되기 위해서."[82]

즉 마이스터 에크하르트는 세계를 전적인 무(無)로 여기면서도, 신에게 다가가기 위해 필요한 순례지로 간주한다. 그럼에도 그는 "창조된 모든 것은 무"라고 하지만 말이다.[83] 어쩌면 많은 가톨릭 신비주의자들이 에크하르트의 애매한 입장을 공유하지 않을까? 세계는 "전적으로 무가치"[84]함에도 불구하고 순례를 위해 창조되었다는 입장 말이다. 그리하여 세계에 대한 부정과 창조론이 공존할 수 있도록.

나는 아빌라의 데레사의 책들을 읽다가 두어 군데서 "신에 의한 세계 창조"를 언급한 것을 본 기억이 있다. 그러나 그런 언급들은 그녀의 확고한 입장을 건드리지 않는다. 이 세계에서 "모든 것을 잃더라도 그것은 아무것도 아니라는" 입장, 이 세계에서 살아가느니 "생수에 풍덩 빠져 죽었으면 오죽 좋겠습니까"라고 말하는 입장이 그것이다.[85] 사실 가톨릭 신비주의

---

81. 『마이스터 에크하르트 독일어 설교 1』, 누멘, 2010, 179쪽(설교 22).
82. 같은 책, 251쪽(설교 30). 불어판(GF Flammarion, 설교 32)을 참조해서 문장을 약간 다듬었다.
83. 같은 책, 119쪽(설교 13).
84. 「신적인 위로의 책」, 『마이스터 에크하르트 독일어논고』, 누멘, 2009, 195쪽.
85. 예수의 성데레사, 『완덕의 길』, 바오로딸, 2014, 108쪽과 160쪽(10장 3절과 19장 8절).

안에서 '순례'와 '유배'의 차이는 단순한 표현의 차이일 수도 있다. 중요한 이론적 함의를 갖기보다는 수사(修辭)에 불과할 수 있기 때문이다.

하지만 십자가의 요한의 신학은 좀 더 확고하게 유배 이론의 성격을 지니는 듯하다. 물론 십자가의 요한의 신학은 그의 스승인 아빌라의 데레사의 신학과 많이 겹쳐진다. 그러나 나는 십자가의 요한의 신학이 내게 훨씬 쉽고 명확하기 때문에, 그의 이론만을 다루려 한다. 십자가의 요한의 입장은 마이스터 에크하르트의 입장과도 많이 겹친다. 또한 그의 입장은 붓다의 입장과도 무척 유사한데, 이 말은 마이스터 에크하르트도 붓다의 입장을 일정하게 공유함을 뜻한다.

***

십자가의 요한에게 세계는 유배지다. 그는 "영혼에게 지상에서의 삶이란 죽음과 같은 것이라서 영적인 삶을 빼앗긴다"고 하고,[86] "영혼에게 죽음이 혹독하거나 괴로운 것이 아니다. 오히려 죽음은 영혼의 괴로움과 고통에 종지부를 찍어주면서 영혼에게 모든 선익의 시작이 되기 때문이다. 영혼은 죽음을 친구와 애인처럼 생각한다"고 한다.[87]

즉 세계는 죽음의 장소, 괴로움과 고통의 장소인 유배지라는 것이다. 그는 또 "하느님을 사랑하는 영혼은 이승의 삶보다는 저승의 삶을 산다"고 하는데,[88] 이 말은 이 세계의 삶이 완전히 의미 없음을 뜻한다.

이 세계가 순례지가 아닌 유배지임이 확실한 것은, 이 세계에선 아무것도 배울 것이 없기 때문이다. 이는 다시 다음의 것을 뜻한다. 세계에서 우리가 행하고 성취하는 모든 일들이 아무런 가치도 의미도 없다는 것. 그뿐

---

86. 십자가의 요한, 『영가』, 기쁜소식, 2009 83쪽(노래 8, 3절).
87. 같은 책, 105쪽(노래 11, 10절).
88. 같은 책, 106쪽(노래 11, 10절).

만이 아니다. 우리는 세계에서 무엇을 행하고 성취하면 할수록 신에게서 멀어진다. 따라서 세계에서의 여행은, 붓다의 유배 이론에서 보았듯, '—의 여행'일 뿐인 것이다.

십자가의 요한은 "우리들의 일과 수고가 비록 대단한 것이라 할지라도 하느님의 눈에는 아무것도 아니[…]다. 우리의 일과 수고를 통해서는 하느님께 아무런 보탬이 되지 않"는다고 한다.[89] 이 세계에서 우리의 모든 움직임은 아무런 가치도 없을 뿐 아니라 우리를 신에게서 떨어뜨려놓는 "죽음의 움직임"이다.[90] 그래서 그는 말한다. "너는 너의 감관의 능력이 이해할 수 있는 그 어떤 것에도 머물지 말라"고.[91] 즉 유배지인 이 세계를 온전히 내려놓으라는 것이다.

우리가 세계에 유배를 당한 것은 육체라는 감옥에 갇혀서다. 십자가의 요한은 육체라는 "대단히 불쌍한 감옥의 주인"인 우리의 처지를 "자신의 영토를 빼앗겼기 때문에 자신의 주권은 물론 재산도 다 날려버린" 상태와 같다고 한다.[92] 결국 우리는 이 "어두운 감옥의 창들을 통해서"만 세계를 보기 때문에,[93] 오직 뒤집혀진 세계만을 볼 수 있다. 붓다가 말했듯, 우리가

89. 같은 책, 257쪽(노래 28, 1절).
90. 십자가의 요한, 『사랑의 산 불꽃』, 기쁜소식, 2009, 87쪽(둘째 노래, 33절).
91. 『영가』, 34쪽(노래 1, 12절).
92. 같은 책, 175쪽(노래 18, 1절).
93. 십자가의 요한, 『가르멜의 산길』, 기쁜소식, 2012, 33쪽(1권 3장 3절).

육체를 통해 접하는 이 세계엔 모든 게 뒤집혀 있다는 것이다.

십자가의 요한은 그런 뒤집힘들을 다음처럼 열거한다. "피조물들의 모든 아름다움은 […] 최고의 추잡함, […] 피조물들의 우아함과 매력은 […] 극도로 천박하고 혐오스런 것, […] 피조물들의 착함은 […] 최고의 교활함, […] 세계의 모든 지혜와 인간적 재능은 […] 전적이고 극단적인 무지, […] 세계의 모든 자유와 주권은 […] 깊은 예속이고 불안이며 노예생활, […] 세계의 모든 달콤함과 부드러움은 […] 고통이고 고문이며 쓰라림, […] 피조물의 부귀영화는 […] 절대적 가난과 깊은 비참"이라고.[94]

이 열거가 뜻하는 것은 다음과 같다. 진정한 아름다움, 선함, 지혜, 자유, 기쁨은 오직 신에게만 속한다는 것. 아름다움, 선함, 지혜, 자유가 모두 기쁨으로 귀착된다고 해보자. 그렇다면 우리는 기쁨의 두 형태를 다음 도식처럼 나눌 수 있다.

기쁨 1 ◄————————► 기쁨 2

기쁨 1은 세계에서 얻는 기쁨이고, 기쁨 2는 신적인 기쁨이다.[95] 십자가의 요한은, 기쁨 1은 "매우 초라한 것"이고,[96] 기쁨 2는 영적 평화를 통해 얻어지는 것이라고 한다.[97] 기쁨 1과 기쁨 2의 이런 대립은 삶의 두 형태의 대립이다.

삶 1 ◄————————► 삶 2

---

94. 같은 책, 38~41쪽(1권 4장 4절~7절). 이 인용문을 포함해서 앞으로 『가르멜의 산길』에서의 인용문이 한글판과 다를 경우는 불어판(세이유 출판사의 Livre de vie 문고관)을 참조해서 번역을 수정한 것이다.
95. 십자가의 요한, 『어둔밤』, 기쁜소식, 2012, 54쪽(1권 7장 2절)과 『사랑의 산 불꽃』, 88쪽(둘째 노래, 34절).
96. 『어둔밤』, 190쪽(2권 16장 3절).
97. 같은 책, 66~67쪽(1권 9장 7절).

삶 1은 유배지인 이 세계에서의 삶이다. 이 삶은 죽음과도 같은 육체의 삶이다. 반면, 삶 2는 "이 세상에 대하여 죽은 삶,"[98] 즉 유배를 벗어난 삶이다. 아직 육체라는 감옥을 내려놓진 않았지만, 신과의 일치를 이룬 삶이다. 삶의 두 형태의 대립은 다음처럼 죽음의 두 형태를 함축한다.

1) 죽음 1 — 자연적 죽음
2) 죽음 2 — 이 세계에 대한 죽음, 즉 삶 1의 죽음

십자가의 요한은 죽음 2에 대해 이렇게 말한다. "병이나 수명이 다한 것에 의해서가 아니라 이런 것들보다 한껏 더 탁월하고 훨씬 힘과 가치가 있는 사랑의 만남과 충격 때문이다. 그래서 이런 죽음은 장막을 찢을 수 있었으며 영혼의 보석을 가져갈 수 있었다."[99] 이 말을 다음처럼 해석할 수도 있지 않을까? 즉 유배지인 이 세계엔 진정한 사랑이 없기 때문에, 우리가 진정한 사랑을 만날 때 그 충격으로 이 세계에 대해 죽게 된다는 것이다.

결국 우리는 죽음 2를 통해서만 삶 2에 가닿을 수 있다. 즉 '이 세계의 삶 = 자아의 삶'을 완전히 버려야만 신과의 일치에 이를 수 있다는 것이다. 삶 1을 완전히 '죽여야만' 삶 2에 가닿을 수 있다는 것은 이 세계에서의 삶이 유배지에서의 삶임을 말해준다.

98. 『사랑의 산 불꽃』, 14쪽(첫째 노래, 1절).
99. 같은 책, 44~45쪽(첫째 노래, 30절).

***

결국 십자가의 요한의 근본적 입장은 다음 도식으로 요약된다.

$$\text{세계} \longleftrightarrow \text{신}$$

이 도식이 뜻하는 것은 세계와 신이 완전히 대립한다는 것이다. 하지만 이 도식을 우리의 바깥에 있는 세계와 신이 직접적으로 대립한다는 뜻으로 읽어서는 안 된다. 십자가의 요한은 세계와 신의 대립에 대한 일련의 입장들을 가지고 있다. 그 입장들을 명제 셋으로 나눠 제시해보자.

1) 첫 번째 명제. 세계와 신은 직접적으로 대립할 수 없다. 세계는 신과 완전히 무관하기 때문이다. 세계와 신이 아무런 '관계'도 없다면, '대립의 관계'도 맺을 수 없다. 세계와 신의 이런 비(非)관계의 비밀은 다음 도식 속에 있다.

$$\text{무(無)} \longleftrightarrow \text{전부}$$

즉 신은 전부인 반면, 세계는 무이기 때문에 둘 사이엔 관계가 없다. 무와는 관계를 맺을 수 없기 때문이다. 이 입장은 완전한 일원론이다. 신이 실재하는 것 전부이고 이 세계는 '없는 것'이므로 말이다.

반면, 유물론의 입장은 다음처럼 정반대다.

$$\text{전부(세계)} \longleftrightarrow \text{무(신)}$$

유물론의 입장에선 이 세계가 전부다. 세계는 신과 완전히 무관하다. 신은 존재하지 않기(= 무) 때문이다. 따라서 이 관점은 또 다른 일원론이다. 물질세계의 일원론이 그것이다.

2) 두 번째 명제. 그렇다면 세계와 신은 어디서 대립하는 걸까? 그것은 명확하다. 세계를 완전히 부정하지도 못하고 신을 완전히 부정하지도 못하는 보통 사람들의 마음속에서다. 그들은 신을 믿으면서도 동시에 세계를 믿고, 오직 물질세계만이 존재한다고 주장하면서도 무의식적으로 신을 받아들인다. 즉 세계와 신은 보통의 이원론자들의 마음속에서 이원론적으로 존재하면서 대립한다.

3) 세 번째 명제. 마음속에서 세계와 신의 대립은 두 가지 심리적 경향 사이의 주관적 대립이 아니다. 그 대립은 전적으로 실체적인 대립이다. 즉 두 개의 실체 또는 실체적 힘이 마음을 무대로 전체적으로 대립하는 것이다. 이 대립은 '전부'와 '무'의 대립인데, 무가 마음속에서 실체적 힘을 얻어 진정한 실체인 전부와 대립하는 것이다.

신은 우리 내면에 실체적으로 존재한다. 십자가의 요한은 『영가』에서 이렇게 말한다. "자기 안으로 들어가야 한다. 이때에 세상 것들은 마치 없는 것처럼 여겨져야 한다. [⋯] 하느님께서는 영혼 안에 숨어 계시므로 [⋯]."[100] 그는 또 이렇게 덧붙인다. "너 자신이 바로 그분께서 머무르시는 방이다. 네가 바로 그분이 숨어계신 은밀한 곳이다."[101]

십자가의 요한이 말하는 것은 신의 내재성이다. 마음속에서 그 흔적조차 찾기 힘들더라도 말이다. 십자가의 요한은 "영혼이 비록 대죄 가운데 있을지라도 하느님께서는 떠나가지 않으신다"고 한다.[102] 유일한 실재인 내면의 신은 비(非)실재인 세계의 어떤 것들에 의해서도 저촉 받지 않기 때문이다.

---

100. 『영가』, 29쪽(노래 1, 6절).
101. 같은 책, 30쪽(노래 1, 7절).
102. 같은 책 같은 쪽(노래 1, 8절).

하지만 마음은 '무'인 세계에 사로잡힌다. 그래서 세계는 마음속에서 실체성을 얻고 강렬한 힘이 되어, 신을 마음의 한쪽 귀퉁이로 밀어붙인다. 이 말은 이렇게 받아들여야 한다. 신은 여전히 '전부'이지만, 마음은 자신의 한쪽 귀퉁이를 제외한 모두를 세계에 내어준다는 것. 십자가의 요한은 "마음이 피조물들에 대해 갖는 모든 애착은 신 앞에선 순수한 암흑일 뿐"이라고 한다.[103] 하지만 이 '암흑'은 마음이 세계에 사로잡혀서 신을 잊어버렸음을 뜻한다. 즉 세계가 마음속에서 실체적 힘을 얻어 신과 대립한다는 것이다.

이것이 세계와 신의 대립에 대한 십자가의 요한의 입장들이다. 그렇다면 유배는 마음이 세계(= 무)에, 또는 세계의 원천이 된 어떤 이탈적인 관념에, 스스로를 내어주었다는 것에서 비롯된 것이 아닐까? 즉 우리의 영혼이 '무'를 실체처럼 받아들임으로써 유배가 시작되었다는 것이다. 그렇다면 유배로부터의 해방은 우리의 마음속에서 그 '무'를 완전히 축출함으로써 가능해진다. 자, 십자가의 요한의 입장을 다음처럼 다시 정리해두자.

1) 신은 전부이고 세계는 무이다.
2) 전부와 무는 마음속에서 대립한다. 마음이 무를 실체화시켰기 때문이다.
3) 무를 축출하면, 전부가 다시 마음속에 회복된다.

***

세계는 마음 바깥이 아닌 마음속에서 신과 대립한다. 그러니 유배에서

---

103. 『가르멜의 산길』, 36쪽(1권 4장 1절과 3절).

벗어나려면 마음 바깥이 아닌 마음속의 세계를 소멸시켜야 한다. "정화(淨化)가 없이는 빛을 받아들일 수 없다"는 것은 바로 그런 뜻이다.[104] 즉 "그리스도의 사랑을 위하여 이 세계의 모든 것들에 대해 철저한 비움, 완전한 초연함, 절대적 가난의 관계를 갖길 원해야 한다."[105]

마음속의 세계를 소멸시킨다는 것은 어떤 것일까? 그것은 내가 나 자신이라고 여기는 것, 즉 나의 자아를 소멸시킨다는 것이다. 자아는 전적으로 세계와의 관계 속에 놓여 있기 때문이다. 세계와 관계하지 않는 자아의 어떤 고독한 부분 같은 것은 없다는 것이다. 이때 세계가 나의 몸을 포괄함은 물론이다. 물질적 존재인 나의 몸은 이 물질세계에 속하는 것이기 때문이다.

십자가의 요한은 마음[106]을 다음처럼 구분한다.

1) 감각적 부분
2) 정신적 부분 — 지성, 기억, 의지
3) 영성적 부분

이 가운데 1), 2)는 마음속에 들어온 세계이다. 즉 1), 2)는 자아를 이룬다. 십자가의 요한은 1)을 육체의 효과로 여긴다. 하지만 1)은, 붓다와 『기적수업』이 강조하고 최면과학이 실증하듯이, 자아의 욕망에 의해 매개된 것이다. 그러니 1)도 2)만큼이나 자아를 구성한다.

십자가의 요한은 2)를 다시 지성, 기억, 의지로 나눈다. 지성, 기억, 의지는 우리의 생각과는 달리, 전적으로 '세계와의 관계'이고, 그래서 모두 자

104. 『어둔밤』, 157쪽(2권 10장 4절).
105. 『가르멜의 산길』, 93쪽(1권 13장 6절).
106. 십자가의 요한은 '영혼'을 일반적으로 '마음'의 뜻으로 사용한다. 따라서 내가 여기서 '마음'이라고 칭한 것은 십자가의 요한이 '영혼'이라고 칭한 것이다.

아를 구성한다. 그는 이 셋을 각각 믿음, 소망, 사랑에 대립시킨다.

믿음, 소망, 사랑은 모두 3) 영성적 부분을 구성하는 것들일까? 사랑은 그렇겠지만 믿음과 소망은 오히려 3)에 이르기 위한 수단이 아닐까? 어쨌거나 지성, 기억, 의지와 믿음, 소망, 사랑의 대립은 우리 마음속에서 세계의 길과 신의 길의 대립을 표현한다. 아래 도식처럼 말이다.

이 도식이 뜻하는 것은 이렇다. 즉 지성과 기억과 의지는 신의 길을 걷는데 전혀 소용이 안 된다는 것. "신에 대한 사랑과 피조물에 대한 사랑은 두 대립물"이기 때문이다.[107] 세계의 길과 신의 길 사이엔 어떤 타협도 없으므로, 세계의 길을 걷는 데 필요한 것은 신의 길을 걷는 데 불필요하다는 것이다.

따라서 신의 길을 걸으려면 마음에서 1)과 2)를 제거해야 한다. 즉 자아를 제거해야 한다. 십자가의 요한은 이렇게 말한다. "이 여정에서 길로 들어선다는 것은 자기 길을 버리면서 목적에 도달한다는 것이다. 자기 방식을 버리는 것은 아무런 방식이 없는 곳, 즉 하느님께로 들어가는 것이다."[108] 결국 세계에서 배운 모든 존재방식을 버리라는 것이다.

1) 감각적 부분에 대해 십자가의 요한은 붓다와 똑같은 것을 말한다. 즉 시각, 청각, 후각, 미각, 촉각을 통해 얻어지는 모든 기쁨을 제거하라는

---

107. 『가르멜의 산길』, 52쪽(1권 6장 1절).
108. 같은 책, 119~120쪽(2권 4장 5절).

것,[109] 다시 말해, '색성향미촉(色聲香味觸)'에 대한 모든 애착을 내려놓으라는 것이다. 신은 눈으로 볼 수도 소리로 들을 수도 없고 향기를 맡거나 맛볼 수도 없으며 촉감으로 느낄 수도 없기 때문이다.[110] 그러니 모든 물질적 감각은 신과 대립하는 세계로 우리를 끌어들이는 것일 뿐이다.

십자가의 요한은 또 "어떤 생각, 느낌이나 상상, 자신의 판단, 자신의 욕망들, 자신의 행동방식, 개인적인 모든 성취나 사물에 애착을 가질 때, 하느님과 일치의 높은 경지에 오르는 데 엄청난 방해를 받는다"고 한다.[111] 이는 붓다가 수상행식(受想行識)을 버리라고 한 것과 일치한다. '수상행식' 은 일정한 패턴을 이루면서 자아의 존재방식을 구성하는 것이고, 그래서 '수상행식'을 버리라는 것은 자기 자신(= 자아)을 버리라는 것이다.

결국 십자가의 요한은 마음의 감각적 부분과 관련해 "모든 것을 버리라"고 하고,[112] "아주 작은 것에 이르기까지도 모두 비워져야 하고 없애야 할 것"이라고 한다.[113] 이유는 그것들이 신의 '공간'을 대신 차지하기 때문이다. 또 마이스터 에크하르트가 말했듯 "가장 사소한 피조물의 상이 신 전부를 빼앗기" 때문이다.[114]

십자가의 요한의 입장은 2) 정신적 부분을 이루는 지성, 기억, 의지에 대해서도 마찬가지다. 그는 지성, 기억, 의지가 믿음, 소망, 사랑에 의해 각각 비워지고 완성되어야 한다고 한다.[115] 신의 자리를 대신 차지하고 있는 자아의 것들이 비워지고, 신의 것(사랑) 또는 신의 수단들(믿음과 소망)로 대체되어야 한다는 것이다.

---

109. 같은 책, 32쪽(1권 3장 2절).
110. 같은 책, 446쪽(3권 24장 2절).
111. 같은 책, 119쪽(2권 4장 4절).
112. 같은 책, 45쪽(1권 5장 3절).
113. 같은 책, 77쪽(1권 11장 2절).
114. 『마이스터 에크하르트의 독일어 설교 1』, 60쪽(설교 6).
115. 『가르멜의 산길』, 132쪽(2권 6장 1절).

우선 십자가의 요한은 "지성이 포착할 수 있는 모든 것"이 신의 길을 가는 데 "장애"라고 하고,[116] 또 "지성은 육체라는 감옥에 있는 한 아무런 능력도 대책도 지니지 못한다"고 한다.[117] 세계가 '무'이듯, 세계에 대한 지성도 '무'라는 것이다.

또 그는 "기억 속에는 마치 아무 일도 없었다는 듯이, 각인된 지식이나 일체의 인상도 남기지 말고 아무것도 없이 깨끗해져야 하고, 모든 것이 잊혀지고 멈춰야 한다. 만일 하느님과 일치를 이뤄야 한다면 기억 속에 있는 모든 형상들을 조금이라도 남기지 말고 모두 없애야 한다"고 한다.[118]

즉 기억은 세계에 대한 기억들일 뿐이므로 완전히 없어져야 한다는 것이다. 영혼의 교감을 통해 신의 사랑을 나눈 기억들이 아니라면 말이다. 물론 애착하고 있는 소중한 기억들이 강제로 없어지진 않는다. 다만 신과의 일치에 따라 그런 기억들은 자연스럽게 불필요해지는 것일 것이다.

의지에 대해선, 그는 "모든 무질서한 감정들," 즉 "기쁨, 희망, 고통, 두려움"으로부터 마음을 정화시키라고 한다.[119] '무'인 세계에 대해서 의지를 가질 필요가 없기 때문이다. 신적 사랑을 제외하고선 말이다.

결국 그는 "영적이고 어둡고 거룩한 빛으로 지성과 의지와 기억에 해당되는 모든 것을 없애야" 한다고 말한다.[120] 이때 '어둡다'는 것은 자아의 눈에 그렇다는 것이다. 결국 그가 말하려는 것은 '마음속의 세계'를 완전히 없애라는 것이다. 마음속에서 세계를 지움으로써 세계는 다시 '무'로

---

116. 같은 책, 148쪽(2권 8장 1절).
117. 같은 책, 151쪽(2권 8장 4절).
118. 같은 책, 355~356쪽(3권 2장 4절).
119. 같은 책, 408쪽(3권 16장 2절).
120. 『어둔밤』, 142쪽(2권 8장 2절). 십자가의 요한은 『어둔밤』과 『영가』에서 세계, 악마, 몸을 "세 가지 원수"라고 한다. 하지만 이 셋은 분리될 수 있는 것이 아니다. 몸은 세계의 일부이고, 세계는 마음속에서 존재하는 것이며, 악마는 세계를 마음속에 담는 그릇, 즉 자아이기 때문이다. 십자가의 요한은 『어둔밤』에서 세계, 악마, 몸을 각각 기억, 지성, 의지에 상응시키는데, 기억은 세계의 형상들에 대한 기억이고, 지성은 악마적인 지성이며, 의지는 몸에 의해 매개된다는 것이다.

돌아간다. 세계를 실체화한 것은 오직 마음이기 때문이다.

십자가의 요한에겐 이것만이 유배를 벗어나는 길이다. 유배지인 이 세계는 마음속에서 신과 대립하기 때문이다.

『기적수업』의 자기유배 이론

『기적수업』의 유배 이론은 자기유배 이론이다. 자기유배란 스스로를 유배시켰다는 것이다. 스스로를 유배시켰음은 다음 두 가지를 함의한다.

1) 유배를 당할 만한 객관적인 잘못은 없었다는 것.

2) 그러나 자신이 보기엔 유배를 당할 만한 잘못이 있었다는 것.

1)이 뜻하는 것은 결국엔 잘못이 없었다는 것이다. 2)가 뜻하는 것은, 그럼에도 자기 자신은 주관적으로 잘못을 느꼈다는 것이다. 그렇다면 우리는 2)의 주관적 잘못을 죄책감으로 간주할 수 있다.

『기적수업』에선 우리가 실질적인 잘못 때문이 아니라 죄책감으로 인해 스스로를 유배시켰다고 한다. 유배의 원인이 '죄'가 아니라 다만 죄책감이라는 것은 한편으론 우리를 안심시킨다. 죄책감을 못 이겨 스스로를 유배시켰다는 것은 우리 내면에 존재하는 어떤 원천적인 순결함을 암시하지 않을까? 『기적수업』의 이런 입장은, "자신의 순결을 믿는 것을 교만으로 여기고 스스로가 죄인임을 믿는 것을 성스러움으로 여기는"[121] 기독교의 바울-아우구스티누스적 전통과 대립한다.

---

121. 이 표현은 *A Course in Miracles*(combined volume), Foundation for Inner Peace, 2007, 「텍스트」, 402쪽(19장 2절-4)에서 따온 것이다.

붓다와 십자가의 요한에 따르면 유배지인 이 세계는 실재하지 않는다. 또한 그들에게 유배는 마음의 과정, 즉 내면의 환상적 과정일 뿐이다. 이를 다음처럼 정리해두자.

1) 유배지의 비(非)실재성
2) 내면의 환상적 과정으로서 유배

그렇다면 유배의 출발점은 어떨까? 유배가 내면의 환상적 과정일 뿐이라면, 유배의 출발점이 되는 원인도 실재가 아닌 환상이 아닐까? 붓다는 유배의 원인이 '무명'이라고 한다. 이 무명은 환상적 과정인 12연기의 출발점이다. 그렇다면 무명은 그 자체가 환상이 아닐까? 하지만 나로선 그처럼 단정 짓기엔 자신이 없다.

나는 또 앞 절에서 다음처럼 말했다. 십자가의 요한에게서 유배의 원인은 '무'일 뿐인 세계를 영혼이 실체처럼 받아들인 것이라고. 하지만 그것은 나의 논리적 추론일 뿐이고, 십자가의 요한이 유배의 원인을 명확히 제시한 곳은 없다. 따라서 다음과 같은 이중성이 생겨난다. 첫째로, '무'인 세계를 실체화한 것은 명백한 환상이다. 둘째로, 그럼에도 십자가의 요한이 유배의 원인을 환상이라고 했다고 말하는 것은 섣부르다.

어쨌거나 『기적수업』은 1) 유배지의 비실재성과 2) 내면의 환상적 과정으로서의 유배를 전적으로 받아들인다. 그리고 다음의 3)을 덧붙인다.

3) 유배의 원인의 비(非)실재성

그래서 『기적수업』에 따르면, 유배의 모든 것이 실재하지 않는 환상이 된다. 즉 유배의 원인인 죄책감이 환상이고, 유배지가 환상이고, 유배의 모든 과정이 다 환상이라는 것이다. 그리하여 틀림없는 실재처럼 여겨지는 이 세계 속의 우리의 삶도 완전한 환상이다.

『기적수업』에선 유배의 출발점이 되는 원인을 다음처럼 말한다.

"모든 것이 하나를 이루고 있는 영원성 속으로 아주 작고 광적인 생각이 스며들었습니다. 신의 아들은 그것을 웃어넘겨야 함을 잊어버렸지요. 이 망각으로 인해 그 생각은 심각한 것이 되어버렸습니다. 그래서 그 생각은 성취되고 실질적 효과들을 갖게 되었지요."[122]

"아주 작고 광적인 생각"이란 "신(= 영적 실재)에게서 분리되면 어떨까?" 하는 생각이다. 『기적수업』의 해설서인 『우주가 사라지다』에서는 이렇게 말한다. "그것은 일종의 '······면 어떨까?' 하는 식의 생각입니다. 의문의 형태를 띤 하나의 순진한 궁금증이지요. [···] 그 의문을 말로 나타내자면, '떨어져 나와서 나 혼자서 놀아보면 어떨까?' 하는 것입니다."[123]

즉 영적 실재의 일부에서 분리에 대한 생각이 어쩌다 생겨나 슬쩍 스쳐갔다는 것이다. 이때 그 생각을 가볍게 떠나보내면 되는데, 그러질 못해 사로잡혔다는 것이다. 반복적으로 되돌아오는 노이로제적(신경증적) 생각에 사로잡히듯 말이다.

『기적수업』에 따르면, 그 다음은 이렇게 전개된다. 우선 그런 생각을 가졌었다는 사실에 대해 죄책감이 생겨난다. 이 죄책감은 다시 징벌에 대한 두려움을 낳는다. 그로 인해 영적 실재의 일부가 세계를 지어내서 도망친다.

이 "아주 작고 광적인 생각"을 붓다가 말했듯이 '무명'이라고 해보자. 그렇다면 12연기의 첫째, 둘째 고리인 1) 무명과 2) 지어냄 사이에 a) 죄책감, b) 징벌에의 두려움, c) 도피처의 필요가 놓이게 된다. 그리고 2) 지어

---

122. *A Course in Miracles*, 「텍스트」, 586~587쪽(27장 8절-6).
123. 개리 레너드, 『우주가 사라지다』, 정신세계사, 2010, 209쪽.

냄은 다시 12연기의 여러 고리들을 거쳐 d) 세계를 만들어낸다. 아래의 도식처럼 말이다.

1) 무명 → a) 죄책감 → b) 징벌에의 두려움 → c) 도피처의 필요 → 2) 지어냄 → ⋯⋯ → d) 세계

즉 "아주 작고 광적인 생각"이 갖는 "실질적인 효과들(real effects)"은 세계로 귀결된다. 『기적수업』에선 이렇게 말한다.

"그 실수[분리라는 생각]는 너무도 엄청나고 믿기지 않는 것이라서, 그로부터 전적인 비(非)실재의 세계가 생겨났습니다. 그 실수로부터 다른 무엇이 나올 수 있었겠습니까? 그 세계의 파편화된 측면들은 슬쩍 보기만 해도 무섭기 짝이 없습니다. 하지만 당신이 본 어떤 것도 원천적 실수의 엄청남을 드러내기 시작조차 못합니다. 그 실수는 당신을 천국 밖으로 내던지고, 앎을 해체된 지각들의 무의미한 조각들로 분해해서, 당신으로 하여금 더 많은 대체물을 만들도록 강제하는 듯합니다. 이러한 것이 그 실수를 최초에 밖으로 투사한 귀결입니다. 세계는 그 실수를 감추려고 탄생했습니다. 세계는 그 실수가 투사되는 스크린이 되어 당신과 진실 사이에 드리워집니다."[124]

이 세계 자체 그리고 세계의 "파편화된 측면들"은 '분리의 생각'이 구현된 것이다. "더 많은 대체물을 만든다"는 것은 신적인 앎을 분리된 사물들에 대한 지각으로 대체한다는 것이고, 그래서 '세계'라는 환상 속에 완전히 빠져든다는 것이다. 세계가 "당신과 진실 사이에 드리워진다"는 것은 이 세계가 신에 대한 망각의 장소가 된다는 것이다.

---

124. *A Course in Miracles*, 「텍스트」, 373쪽(18장 1절-5~6).

또 "세계는 그 실수를 감추려고 탄생"했다는 것은 이 세계가 신의 징벌로부터의 도피처임을 뜻한다. 『우주가 사라지다』에서 "이 우주, 세상, 그리고 당신의 육신은 당신이 상상하는 죄와, 그에 수반하는 신의 처벌에 대한 두려움으로부터 몸을 숨길 은신처가 되어줍니다"라고 하듯이 말이다.[125]

하지만 이것이 어떻게 가능할까? 어떻게 신으로부터 이탈하려는 신의 일부가 세계를 '창조'할 수 있을까? 『기적수업』에선 신의 그러한 일부를 '자아'라고 부른다. 즉 몸에 깃들어 수많은 자아들로 분열되기 이전의 '원천적 자아'가 바로 그것이다. 어쩌면 그런 원천적 자아를 신의 일부를 잠식한 '분리의 생각'으로 여길 수도 있겠다. 그래서 자아가 잠식한 신의 일부가 신의 능력을 사용해서 세계를 만들어냈다는 것이다.

물론 『기적수업』에 따르면, 신만이 유일한 실재다. 그렇다면 유일한 실재인 신에게서 이탈한 원천적 자아는 비(非)실재인 환각적인 생각(= 관념 덩어리)이다. 또 그런 자아가 지어낸 세계도 비(非)실재인 환상의 세계일 수밖에 없다.

어쨌거나 중요한 것은 마음(= 생각)의 힘이다. 그 마음이 신의 마음의 일부인 한에서 말이다. 『기적수업』에선 그런 힘에 대해 다음처럼 말한다.

"마음은 매우 강력하고, 결코 창조적인 힘을 잃지 않습니다. 마음은 결코 잠들지 않습니다. 매순간 마음은 창조를 합니다. 생각과 믿음이 하나의 힘으로 결합해서 문자 그대로 산을 움직일 수 있음을 인정하긴 참 힘듭니다. […] 쓸데없는 생각이란 없습니다. 모든 생각은 어떤 수준에서건 형태를 만들어냅니다."[126]

"모든 생각은 어떤 수준에서건 형태를 만들어낸다"는 것은 자아의 생각

----

125. 개리 레너드, 앞의 책, 239쪽.
126. A Course in Miracles, 「텍스트」, 31쪽(2장 6절-9).

이 비(非)실재의 수준에서 세계를 만들어낼 수 있음을 함축한다.

최면 현상의 예를 들어보자. 최면 상태에서 피최면자들은 환각을 본다. 이 최면 환각은 현실과 똑같이 또는 현실보다 더욱 생생하다. 피최면자들은 환각을 현실로 착각하고, 깨어난 다음에도 환각의 생생한 현실성을 증언한다. 그래서 다음 같은 의문이 제기된다. 즉 '환각 = 현실'이라면, '현실 = 환각'일 수도 있지 않겠느냐, 하는 것이 그것이다. 그리고 이로부터 다음과 같은 등식이 성립한다.

$$\text{자아의 지각}(知覺) = \text{관념에 따른 환각} = \text{세계}$$

자아가 관념의 덩어리라면, 그리고 자아의 지각이 그 관념 덩어리가 보려는 것만을 보는 것(= 환각)이라면, 자아의 지각은 관념에 따른 환각이다. 자아가 지각하는 것을 세계라고 해보자. 세계는 자아의 지각을 통해서만 존재한다. 자아가 지각하지 않는다면 세계는 존재하지 않기 때문이다. 그래서 위의 등식이 성립한다. 즉 세계는 관념에 따른 환각이라는 것이다.[127]

**

이제 자아가 만들어낸 세계가 어떻게 지옥을 이루는지 간략하게 살펴보자. 이미 보았듯 『기적수업』에 따르면 세계는 다음의 과정을 통해 만들어진다.

a) 분리의 생각을 가졌었다는 것에 대한 죄책감 → b) 징벌에 대한 두려움 → c) 도피를 위해 세계를 지어냄

---

127. 보다 상세한 논의를 위해서는 이종영, 『내면으로』, 울력, 2012, 325~334쪽을 참조할 것.

하지만 이 b)와 c) 사이에 또 다른 과정들이 존재한다. 그것들은 다음과 같다.

b) → b1) 분리의 생각의 (상상적) 실현 → b2) 분리의 트라우마 → b3) 분리의 트라우마에 따른 또 다른 두려움의 성립 → b4) 사랑의 능력의 상실 → b5) 자아의 악(惡)들 → c)

b1)에서 분리의 생각이 실현되었다는 것은, 비록 환상 속에서 일지라도, 분리가 일어났다는 것이다. 이런 분리는 주객분열과 의식(意識)의 성립을 동반한다. 붓다가 말한 12연기에서 3) 식별부터 6) 감각접촉까지의 과정이 이러한 동반에 상응한다.

이 분리는 b2) 분리의 엄청난 트라우마를 동반하고, 이 트라우마는 평생 '분리의 불안'을 통해 반복되는 b3)의 두려움을 성립시킨다. b) 죄책감에 따른 두려움은 이 b3)의 두려움과 결합해서, "나의 잘못으로 인해 사랑을 상실하면 어떻게 하나"라는 중층결정된 두려움을 만들어낸다.

어쨌거나 이런 두려움들은 b4) 사랑에의 무능력을 성립시킨다. 두려움으로 인해 스스로를 지키려하고, 그래서 '나'로부터 분열된 다른 존재들과 대립하기 때문이다. 사랑에의 이러한 무능력은 b5) 자아의 악들로 이어진다.

이 자아의 악들은 붓다의 12연기에서 10) 존재에 상응하는 것이 아닐까? c) 세계를 지어내는 관념적이고도 질료적인 경향성으로서의 '존재' 말이다. 그렇다면 12연기에서 7) 느낌으로부터 9) 애착까지의 과정은 b5) 자아의 악들을 형성해가는 과정일 것이다.

자, 자아는 신의 징벌로부터 도피하기 위해 세계를 지어낸다. 이 세계에서 자아는 자신의 악들을 감추고, 스스로 신의 역할을 떠맡으려 한다. 그 방법은 자신의 악들을 다른 존재들에게 전가하는 것이다. 『기적수업』에 따르면, 내가 내 바깥에서 보는 모든 악들은 바로 나 자신의 악들일 뿐이듯이. 그리하여 내 바깥의 모든 악들에 대한 용서는 바로 나 자신의 악에 대한 용서일 뿐이듯이 말이다.[128]

나의 악을 다른 사람들에게 떠넘기는 이런 전가는 세계를 지옥으로 만드는 가장 중요한 메커니즘이다. 하지만 그런 떠넘김은 또 다른 형태로도 존재한다. 즉 "신이 이 세계를 창조했다"는 떠넘김이 그것이다. 이 떠넘김을 통해 자아는 지옥으로서의 "이 세계의 기원과 성격에 대한 책임을 신에게 돌린다."[129]

떠넘김 1 — 자신의 '악'을 다른 사람들에게 떠넘김
떠넘김 2 — 세계의 '창조'를 신에게 떠넘김

결국 떠넘김 2는 떠넘김 1의 한 형태일 뿐이다. 하지만 지옥과 같은 이 세계를 신이 창조했다는 것은 있을 수 없다. 완전한 신은 완전한 것만을, 그리하여 자신과 완전히 동일한 것만을 창조하기 때문이다.

『기적수업』에선 이렇게 말한다. "이 세계는 천국[신]의 대립물입니다. 천국에 대립하도록 만들어졌기 때문이지요. 이 세계의 모든 것은 진실인 것에 정확히 반대되는 방향을 취합니다."[130]

천국은 영적 실재고, 영적 실재는 신 자체이다. 신의 창조는 신 자체인 영적 실재의 확장을 뜻할 뿐이다.[131] 반면 신에 대한 대립물은 신에 대립하는 힘으로 성립한 자아가 만드는 것일 뿐이다. 『기적수업』에서 "자아는 분리를 믿는 마음의 부분입니다. 신의 일부가, 신을 공격하지 않고선, 어떻게

---

128. *A Course in Miracles*, 「기도의 노래」, 10쪽.
129. Gloria et kenneth Wapnick, *S'éveiller du rêve*(꿈에서 깨어나기), Octave, 2012, 93쪽.
130. *A Course in Miracles*, 「텍스트」, 341쪽(16장 5절-3).
131. 같은 책, 「텍스트」, 16장 9절과 「워크북」 461쪽(2부 11 "창조란 무엇인가?")를 참조할 것.

신으로부터 떨어져 나올 수 있겠습니까?"라고 말하듯이 말이다.[132] 『기적수업』에선 또 다음처럼 말하기도 한다.

> "당신이 만든 왕국을 생각해보고, 그 가치를 공정하게 평가해보세요. 그곳은 신의 어린이가 거주할 만한 곳일까요? 그곳은 그[신의 어린이]의 평화를 보호하고, 그에게 사랑의 빛을 비춰주나요? 그의 가슴이 두려움에 휩싸이지 않게 해주고, 상실감 없이도 언제나 줄 수 있게 해주나요? 오직 그런 곳에서만 당신은 행복할 수 있습니다. 하지만 당신은 그런 곳을 만들지 못합니다. 당신 자신을 만들어내지 못하듯 말입니다."[133]

한마디로 이 세계는 신이 만든 곳일 수 없다는 것, 다시 말해 지옥이라는 것이다. 하지만 당신은 이 사실로부터 등을 돌린다. 이런 외면으로 인해, 세계의 모든 것이 전도된다. 붓다와 십자가의 요한도 이를 강조했듯이, 『기적수업』에서도 다음처럼 말한다.

> "당신은 무엇이 고통스런 건지 무엇이 기쁜 건지 모릅니다. 당신은 실제로 그 둘을 혼동하는 강한 경향이 있습니다. 성령의 주된 역할은 그 둘을 구별할 수 있게 당신을 가르치는 겁니다. 당신에게 기쁜 것은 자아에게 고통스런 것입니다."[134]

이런 전도는 자아가 영혼(= 영성)에 대립함으로써 성립한다. 신에 다가가려는 영혼이 기뻐하는 것을, 신을 두려워하는 자아는 고통스러워한다. 또 거꾸로, 영혼이 받아들일 수 없는 것을 자아는 기뻐한다. 이런 전도는 지옥인 이 세계를 유지시킨다.

---

132. 같은 책, 「텍스트」, 84쪽(5장 5절-3).
133. 같은 책, 「텍스트」, 136쪽(7장 11절-3).
134. 같은 책, 「텍스트」, 134쪽(7장 10절-3).

이와 관련해서 『기적수업』은 미움과 사랑의 예를 들어 이렇게 말한다. "솔직히 말해 당신에겐 '사랑한다'고 말하는 것이 '미워한다'고 말하는 것보다 훨씬 어렵지 않습니까? 당신은 사랑을 약함과 연결시키고 미움을 강함과 연결시킵니다."[135] 이유는 간단하다. 당신의 마음을 지배하는 자아가 다른 사람보다 약한 위치에 서는 것을 싫어하기 때문이다. 즉 약함과 연결되는 사랑은 굴복을 연상시키기 때문이다. 그래서 세계의 지옥은 계속된다.

***

하지만 지옥으로서의 이 세계는 환상이다. 우리는 지옥 속에 있지만, 그것은 환상일 뿐이라는 것이다. 자아가 잠식한 신적 마음의 일부는 세계를 만들어낼 능력을 가졌다. 하지만 그 세계는 유일한 실재인 신 바깥의 세계라서, 비(非)실재인 환상이다.

이 세계는 환상이므로, 우리는 실제로는 신의 품속에 계속 머무른다. 즉 신의 품속에 머물면서, 단지 세계의 꿈을 꿀 뿐이라는 것이다. 『기적수업』의 골격을 떠받치고 있는 다음 두 명제를 숙고해보자.

1) 오직 신만이 실재한다.
2) 신 안에는 어떤 차이도 없다.

여기서 2)는 1)의 조건이다. 안에 어떤 차이도 없기 때문에 유일한 실재일 수 있다는 것이다. 차이가 존재하면, 차이를 가진 것들이 결국은 대립해서, 유일한 실재가 파괴되기 때문이다.

---

135. 같은 책, 「텍스트」, 242쪽(13장 3절-3).

그렇다면 신은 어떻게 아무런 내적 차이도 균열도 없는 유일한 실재로 존재할 수 있을까? 그것은 신이 완전한 사랑이기 때문이다. 오직 완전한 사랑만이 어떤 내적 균열도 없는 '하나'를 이루기 때문이다. 물론 이는 인간들의 '사랑'이 실제로는 사랑과 아무 관계도 없는 '애착'일 뿐임을 전제한다. 즉 『기적수업』에 따르면 오직 신적인 사랑만이 사랑이라고 이름붙일 수 있는 유일한 사랑인 것이다.

『기적수업』에서 신(= 영적 실재)은 1) '원천'으로서의 신과 2) '신의 확장'으로서의 그리스도(= 신의 아들)로 형식적으로 구별된다. '그리스도'라는 기독교적 용어가 독자들에게 불편할 수도 있겠지만 말이다. 어쨌거나 사랑으로서의 신은 계속 확장되는데, 그처럼 확장된 것을 '원천'과 형식적으로 구별해서 '그리스도' 또는 '신의 아들'로 칭한다는 것이다.

하지만 그 둘 사이엔 어떤 차이도 없다. 그 둘은 실질적인 단일성을 이룬다. 즉 '그리스도'는 '원천적인' 신과 아무런 차이도 없는 똑같은 신이라는 것이다. 『기적수업』에선 "신의 모든 램프는 똑같은 불꽃으로 켜진다"고 한다.[136] 즉 신의 모든 아들들 사이엔 완벽한 일체성(oneness)이 존재하고, 그래서 신은 실질적으론 단 하나의 아들만을 가지며,[137] 또 신과 단 하나의 아들 사이에도 완벽한 일체성이 존재한다는 것이다.

결국 『기적수업』에선 우리가 "신의 일부"이고, "신과 실재를 공유"한다고 한다.[138] 즉 우리가 자아에 의한 오염에도 불구하고 여전히 '신의 아들'이라는 것이다. 이는 우리 내면에 신적 사랑이 있고, 그 신적 사랑을 신과 공유함을 뜻한다.

그렇다면, 우리가 만일 진정한 영적(= 신적) 사랑들을 경험한다면, 그 모든 진정한 사랑들을 신에게 가져가지 않을까? 그렇다면 신은 그 사무치는

---

136. 같은 책, 「텍스트」, 189쪽(10장 4절-7).
137. 같은 책, 「텍스트」, 33쪽(2장 7절-5~6).
138. 같은 책, 「텍스트」, 76쪽(5장 2절-5)과 186쪽(10장 3절-10).

사랑들의 전체가 아닐까? 물론 세계 속의 '절실한' 사랑들이란 많은 장애물이 앞에 놓여 있어 도달이 불가능해 보이는 상대에 대한 강렬한 애착일 뿐이지만 말이다.

하지만 우리는 환상 속에서 신으로부터 분리되어 '―의 여행'을 한다. 즉 이 환상적 세계에선 뭔가를 하면 할수록 점점 더 신에게서 멀어진다는 것이다. 환상 속에 있다는 것은 무(無 = 없는 것) 속에 있다는 것이다. 이 말은 다음의 것을 뜻한다. 우리는 실제로는 여기('환상 속')에 있지 않다는 것. 즉 우리는 여전히 신적 실재 속에서, 신적 실재의 일부로 머무르고 있다는 것이다. 이것이 붓다와 십자가의 요한의 뒤를 잇는 『기적수업』의 일원론이다.

***

짧게 정리를 해보자. 순례의 이론들은 다음과 같은 특징들을 갖는다.

1) 이 세계에 일정한 실재성을 부여한다.
2) 영혼들 사이에 차이를 설정한다.
3) 자아와 영혼(= 영성) 사이에 연속성을 설정한다.

1)의 이유는 순례의 이론들이 순례의 장소로서의 이 세계를 영혼들의 성숙을 위해 필요한 장소로 여기기 때문이다. 2)의 이유는 영혼들 사이에 차이가 있어야만, 영혼의 성숙을 위한 순례가 필요해지기 때문이다. 3)의 이유는 무엇보다 이 세계에 대한 애착, 그리고 이 세계 속에 존재하는 자기 자신에 대한 애착 때문이 아닐까? 즉 자아와 영혼(= 영성) 사이의 완전한 단절성을 설정하려면, 자신의 자아를 완전히 포기해야 하는데, 그것을 할 수 없어서가 아닐까?

어쨌거나 내가 보기엔, 3)으로 인해 2)가 가능해지는 듯하다. 즉 자아들 사이의 차이를 영혼들 사이의 차이로 여겨, 2)가 성립한다는 것이다.

유배의 이론들 가운데 붓다와 『기적수업』의 이론은 다음과 같은 특징들을 갖는다. 십자가의 요한도 이 특징들을 공유하는 듯이 여겨지지만, 다소 불명확하다.

1) 이 세계를 비(非)실재로 여긴다.
2) 영혼(= 영성)들 사이의 완전한 동등성을 설정한다.
3) 자아와 영혼(= 영성) 사이의 완전한 단절성을 설정한다.

1)의 이유는 오직 영적 실재(= 신)만을 실재로 여기기 때문이다. 2)의 이유는 영혼(= 영성)들은 그 자체가 완전한 것이어서, 서로 간에 차이가 날 수 없기 때문이다. 물론 자아에 의한 오염의 강도에 따라서 외적 차이가 존재하지만, 그것은 영혼 자체와는 완전히 무관하다는 것이다. 3)의 이유는, 유배의 원인인 자아가 영혼과 내적인 연관성을 갖는 것은 완전히 불가능하기 때문이다.

나는 순례의 이론들을 매우 성급한 것들로 여긴다. 다시 말해, 나는 유배의 이론들만을 받아들인다. 첫째로는, 『기적수업』에서 말하듯이, 완전한 신이 창조한 영혼(= 영성)은 신과 똑같이 완전할 수밖에 없다고 생각하기 때문이다. 둘째로는, 나 자신의 잔혹하고도 치졸한 자아를 돌이켜볼 때, 세계의 모든 악들의 원천임이 확실한 자아가 영혼과 그 어떤 연결성도 가질 수 없다고 생각하기 때문이다.

그렇다면 나는 유배 이론의 특징들 가운데 2)와 3)을 먼저 지지했고, 그 다음에 논리적 추론에 따라 1)을 받아들인 셈이 된다. 반드시 그런 순서로 생각들이 전개되었다는 것은 아니고, 이제 와서 정리를 해보니 그렇다는 것이다.

나는 유배의 이론들 가운데서도 특히 『기적수업』의 이론이 많은 설득력을 갖는다고 여긴다. 그 이유들을 두서없이 들어보자면 다음과 같다. 첫째로는, 죄가 아니라 죄책감을 유배의 원인으로 제시함으로써, 자아의 악들의 성립을 해명하면서도 영혼의 완전함을 제시하기 때문이다. 『기적수업』은 그럼으로써, a) '영혼의 선'을 무시하고 '자아의 악'만을 보는 입장(바울과 아우구스티누스)과 b) 실제로는 보다 원천적인 악일 뿐인 '자아의 선'을 '영혼의 선'으로 착각하는 입장(펠라기우스) 사이의 대립을 피해나간다. 둘째로는, 영적 실재의 의미—그리고 그와 더불어 영성(= 불성)의 의미—를 명확하게 해명해주기 때문이다. 셋째로는, 그래서, 종교적 권력의 토대를 이루는 인간적인 신 관념을 완전히 제거해주기 때문이다.

이제 제2장에서 세계의 비(非)실재성에 대한 몇 가지 징후들을 최면과학의 성취들을 통해 살펴보자. 그 징후들은 논거라고 하기엔 부족한 것들이다. 하지만 그것들이 이 세계의 실상에 대한 작은 통로를 제공해줄지도 모르겠다.

제2장

최면과학을 통해 본 세계의 비(非)실재

우리는 이 세계에서 기꺼이 '아무것도 아닐' 수 있을 때, '아무것도 아니'어서 행복할 수 있을 때, 신에 가닿을 수 있다. 세계와 신이 마음속에서 대립해서, 세계가 마음을 차지하고 있는 만큼 신에게서 빠져나오기 때문이다. 우리가 세계에서 '무엇'이라면, 그 '무엇'인 만큼 신에게서 빠져나온다는 것이다.

이 세계에서의 여행은 '―(마이너스)의 여행'이어서, 세계에 빠져들수록 신에게서 멀어진다. 하지만 우리가 이 세계를 '실재하는 것'으로 여기는 한에선, 세계에 빠져드는 것은 필연적이다. 즉 우리는 이 세계가 환상적 비(非)실재임을 깨달았을 때에만, 세계에서 기꺼이 '아무것도 아님'을 선택할 수 있다.

이제 최면과학의 기여들[1] 속에서 이 세계가 비실재임을 암시하는 징후들

---

1. 내가 여기서 말하는 '최면과학의 기여들'은 기본적으로 현대 최면과학을 성립시킨 밀턴 에릭슨(Milton H. Erickson)의 기여다. 그의 기여에 따라 최면 유도의 새로운 방식들이 도입되고, 최면 감수성과 상관없이 모든 사람의 최면 유도가 가능해지고, 새로운 최면현상들이 생산되고 체계적으로 정리된다. 그의 기여에 대한 나의 준거는 그의 전집의 불어판인 *L'intégrale des articles de Milton H. Erickson sur l'hypnose*(밀턴 에릭슨의 최면 관련 논문들 전집), 1~4권, Satas, 1999~2001에 따른다. 앞으로 이 책에서의 인용은 본문 내에서 '불어판 전집'이라

을 찾아보자. 최면 유도의 기술은 우리를 이 세계에서 놓아주는 기술이다. 하지만 최면 유도는 신에 가닿음으로써 세계에서 빠져나오는 것과는 다른 방식으로, 우리를 세계에서 놓아준다.

최면 유도는 우리를 몸에서, 공간에서, 시간에서, 그리고 더 나아가서는 정체성에서 벗어나게 함으로써, 세계에서 놓아준다. 하지만 우리가 몸, 시간, 공간 그리고 정체성에서 벗어나는 건, 우리의 마음 상태가 변했기 때문이다. 즉 벗어남들은 결과이고, 마음 상태의 변화가 원인이다.

우리는 일상생활 속에서 세계에 깊이 연루되어 있다. 하지만 최면 유도는 우리를 이런 연루 또는 개입에서 풀어준다. 즉 우리는 최면 유도를 통해, 세계에 깊이 개입해있는 마음 상태(= 마음 1)에서 빠져나와 세계를 벗어난 마음 상태(= 마음 2)로 이동한다. 하지만 최면 유도를 통해 도달한 마음 2가 우리를 신에 가닿게 해주는 건 아니다. 마음 2에는 아직 세계에 대한 애착이 강렬하게 남아 있기 때문이다.

자, 인간들의 세계를 '몸 + 이름'들로 이루어진 세계라고 해보자. 즉 이름이 붙여진 몸들이 서로 관계를 맺는 장소가 세계라는 것이다.[2] '몸 + 이름'들이 세계에 있다는 것은 그것들이 시간과 공간 속에 위치해 있다는 것이다.

'몸 + 이름'들이 위치해 있는 시간과 공간은 특정한 짜임새를 갖는다. 내가 보기에 그 짜임새의 가장 기본적인 직조(織造)는 '사랑의 사회적 분

고 표기하고 권수와 쪽수를 적는다. 또 불필요한 경우는 '불어판 전집'이란 표기를 생략한다.

2. 알랭 바디우는 『세계들의 논리들(*Logiques des mondes*)』(Seuil, 2006) 「서문」에서 그가 비판하려는 '민주적 유물론'이 "오직 몸들과 언어들만 존재한다"는 입장을 취한다는 통찰을 제시한다. 또 그 자신이 지지하는 유물론적 변증법은 "만일 진리들이 없다면, 몸들과 언어들만 있을 것"이란 입장을 취한다고 한다. 이 입장은 "은총만이 중력으로부터 예외"라는 시몬 베유의 발언만큼이나 아름답다. 하지만 바디우의 진리이론은 불행히도 도그마틱한 선악이론으로 귀결한다. 어쨌거나 내가 여기서 세계가 '몸 + 이름'들로 이루어진다고 한 것은 알랭 바디우가 말하는 것들과 아무 관련이 없다. 내가 말하려는 것은 단지 이것이다. 사람들은 '이름이 붙여진 몸'을 자기 자신이라고 여긴다는 것.

배구조'에 의한 것이다.[3] '몸 + 이름'들은 '사랑의 사회적 분배구조'로 직조된 시간과 공간의 짜임새 속에서 사랑—인정(認定)은 그 자체로 '사랑받음'을 이루고 또 사랑받기 위한 자원(資源)이기도 하다—을 쟁취하기 위한 투쟁을 벌인다. 세계 속의 모든 성취들이 그런 성격을 함축하듯이 말이다. 그런 투쟁이 벌어지는 구체적 상황들을 우리는 '사랑의 국지적 정세'라고도 칭할 수 있다.

최면 유도는 우리를 바로 그런 '정세'에서 끄집어 내준다. 마음 1이 세계의 그런 '정세'에 개입해 있는 마음이라고 한다면, 마음 2는 그런 '정세'에서 완전히 빠져나온 마음이다. 앞서 말했듯, 최면 유도는 마음 1에서 마음 2로의 이동이다. 하지만 하나의 짜임새 또는 경향성으로서의 마음 2가 세계 자체에 대한 애착 또는 끌림에서 완전히 벗어난 것은 아니다. 마음 2는 단지 '정세'에서—그것도 일정하게— 빠져나온 것일 뿐이다.

세계는 서로 관계를 맺는 '몸 + 이름'들로 이루어진다. 우리의 내면은 '자아 + 영성(= 영혼)'으로 이루어진다. 물론 '자아 + 영성'의 짜임새에서 영성은 자아의 지배로 인해 한쪽 귀퉁이로 밀려나 있다. 이는 다음의 것을 뜻한다. 내면이 영성과 연결된 영적 실재(= 신)에 대해 강력한 차단벽을 치고 있다는 것. 영적 실재는 그 안에 어떤 차이도 없는 영적 단일성(= 통일성)으로 이루어진 신 자체다. 이를 다음처럼 제시해보자.

1) 세계 = '몸 + 마음'들
2) 내면 = 자아 + 영성
3) 실재 = 영적 단일성

마음 1은 세계에 깊숙이 연루되어 있는 마음이다.

---

3. '사랑의 사회적 분배구조'의 개념과 관련해선 이종영, 『사랑에서 악으로』(새물결, 2004)의 제4장을 참조할 것.

마음 2는 세계에 깊숙이 연루된 마음(= 자아의 활동적 부분)을 제외한 '자아 + 영성'이다. 즉 자아 가운데 활동적 부분을 제거했지만, 기억과 정동(情動)들로 이루어진 자아의 토대를 여전히 간직하고 있는 마음이 마음 2다.

반면, 마음 3은 자아를 온전히 제거해서 영성만이 남은 마음이다. 그렇다면 마음 3은 1) 세계보다는 3) 영적 실재에 속할 것이다. 하지만 세계에 속하지 않는 그런 마음이 세계 속에 존재할 때를 설정한 것이 마음 3이다.

최면을 통해 드러나는 사실은 마음 1과 마음 2의 완전한 단절성이다. 마음 1과 마음 2의 완전한 단절을 실증해주는 건 그 둘 사이의 상호 망각이다. 즉 마음 2의 층위로 이동하면 마음 1에서 벌어진 것들을 망각하고, 다시 마음 1의 층위로 이동하면 마음 2에서 벌어진 것들을 망각한다는 것이다.

이것이 뜻하는 것은 기억의 연속성이 각각의 마음 층위 내부에서만 존재한다는 것이다. 최면 현상에만 국한시킨다면, 이는 다음처럼 정리된다(불어판 전집, 3권 87쪽).

1) 트랜스(= 최면) 상태들에서 기억의 연속성 = 마음 2의 연속성
2) 각성 상태들에서 기억의 연속성 = 마음 1의 연속성
3) 트랜스 상태와 각성 상태의 상호 망각 = 마음 1과 마음 2의 단절성

1)이 뜻하는 것은 현재의 트랜스 상태에서 과거의 트랜스 경험을 완전히 기억한다는 것이다. 예컨대 각성 상태에서 완전히 망각하고 있던 15년 전의 트랜스 경험을 다시 최면에 유도되었을 때 완전히 기억한다는 것이다(불어판 전집, 1권 100쪽).

하지만 마음 2의 연속성이 트랜스 상태의 연속성에만 국한되는 건 아니다. 마음 2의 연속성은 꿈들 사이의 연속성, 꿈과 트랜스 상태 사이의 연속

성(불어판 전집, 3권 90~92쪽), 심지어 만취한 상태들 사이의 연속성(3권 105쪽)을 통해서도 드러난다. 즉 꿈 그리고 만취에 따른 무의식 상태도 마음 2에 속한다는 것이다.

최면 유도는 의식적 수준의 활동적인 자아(= 마음 1)를 해제해서 무의식적 마음(= 마음 2)에 가닿는 기술이다. 의식적 수준에서 활동하는 자아는 굳어진 패턴들로 인해 무의식적 마음을 온전히 듣지 못하고 오히려 억압한다. 이것이 의식적 패턴과 무의식적 마음의 괴리다. 바로 이 괴리로 인해 온갖 심리적 문제들이 발생한다.

최면 치료는 무의식적 마음과의 소통을 통해 의식적 패턴을 교정하는 것이다. 최면과학의 관점에서 문제를 일으키는 것은 무의식이 아니라 의식적 패턴이다. 무의식적 마음(= 마음 2)은 여전히 자아에 각인되어 있지만, 마음 1이 연루되어 있는 상황(= 정세)과 거리를 간직함으로써, 보다 현명한 판단력을 지닌다는 것이다.

밀턴 에릭슨은 "최면은 상호소통의 과학처럼 여겨져야 한다"고 한다(4권 99쪽). 이때 소통은 두 단계의 것이다. 첫째 단계는 최면사가 피최면자의 마음 2와 소통을 하는 것이고, 둘째 단계는, 그처럼 해서 활성화된 피최면자의 마음 2가 피최면자의 마음 1과 소통하는 것이다. 결국 마음 2와 마음 1의 소통이란 피최면자의 활동적인 자아로 하여금 자신의 마음을 올바로 알게 하는 것이다.

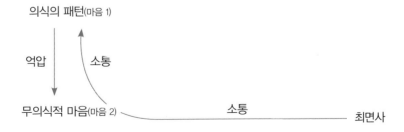

하지만 우리가 최면 유도에 따라 곧바로 마음 2에 가닿는 것은 아니다. 최면 상태(트랜스)에는 단계들이 있다. 밀턴 에릭슨은 그 단계들을 셋으로 나눈다. 낮은 트랜스, 중간 단계의 트랜스, 깊은 트랜스가 그것이다.

낮은 단계와 중간 단계의 트랜스에선 아직 활동적인 자아가 남아 있다. 반면, 깊은 트랜스에서는 활동적인 자아가 거의 완전하게 축출된다. 에릭슨은 트랜스의 "가장 깊은 단계들에서 피최면자는 전적으로 무의식적인 방식으로 움직인다"고 한다(1권 184~185쪽). 그래서 그는 '깊은 최면'을 "대상자로 하여금, 의식적 정신의 개입 없이, 무의식적 수준에서 직접적으로, 적절하게 기능하게 하는 최면의 수준"으로 정의한다(1권 186쪽).

우리가 몸, 공간, 시간에서 그리고 정체성에서 벗어나는 것은 이처럼 마음 1에서 온전한 마음 2로 이동하면서 벌어지는 일이다.

세계의 사라짐

이제 최면 상태에서 세계의 사라짐을 몸, 공간, 시간, 정체성으로부터의 벗어남을 통해 제시해보자.[4] 우선 몸에서의 벗어남을 실증해주는 대표적인 최면 현상은 강직증 · 무통각(無痛覺) · 마취 · 긍정적-부정적 환각이다.

강직증은 최면 유도에 따라 몸이 고정된 자세에서 그대로 굳어버리는 현상이다. 예컨대 팔을 들어 올린 자세에서 오랫동안 피곤함을 느끼지 않고 그대로 있다는 것이다(3권 18쪽). 이 현상의 특징들은 다음과 같다. 직

---

4. 앞으로 제시될 최면현상의 사례들은 대부분 나의 앞선 연구인 『내면으로』(울력, 2012)의 제3장과 『영혼의 슬픔』(울력, 2014)의 제3장에서 이미 제시되었던 것들이다. 하지만 나는 그 사례들을 하나하나 새롭게 숙고했고, 또 앞서 본 '마음 1 - 마음 2 - 마음 3'이라는, 내가 보기엔 좀 더 정합적인 해석의 틀 속에서 제시한다. 즉 나는 앞선 연구들에서의 해석 틀이 일정하게 부적절했다고 느낀다.

접적으로 암시하지 않아도 벌어지는 현상이라는 것, 어떤 자세에서도 굳어져버린다는 것(3권 10쪽), "예외적으로 긴 시간 동안 어떤 피로도 느끼지 않고 같은 자세를 유지한다"는 것(3권 25쪽).

이 가운데 특히 "예외적으로 긴 시간 동안 어떤 피로도 느끼지 않고 똑같은 자세를 유지한다"는 것은 이 현상이 몸을 벗어나는 현상임을 실증해준다. 이런 강직증은 최면에만 국한되는 현상이 아니다. 피곤에 지쳐 잠에 곯아떨어진 참호 속의 병사에게서도 이런 일이 벌어지지 않을까? 또 신비체험에서도 이런 일이 벌어진다. 아빌라의 데레사는 이렇게 말한다.

"가끔 내 몸이 무척 가벼워져서 무게가 온전히 없어진 것 같이 생각되고, 때로는 발이 땅에 닿아 있는 것을 통 느끼지 못할 정도입니다. 사실 황홀경이 닥칠 때 육신은 마치 죽은 것 같이 되며, 아무것도 할 수 없게 되고, 언제나 황홀경에 사로잡혔을 때 그대로의 자세로 있습니다. 앉아 있든가 손을 벌리고 있든가 모으고 있든가, 하여간 황홀에 빠질 때의 모양 그대로 있습니다."[5]

또 그녀는 다른 글에선 "손이 얼음장처럼 차게 되고 때로는 막대기처럼 빳빳해집니다. 그리고 몸은 서 있거나 또는 무릎을 꿇었거나, 있는 그대로 있습니다"라고 한다.[6] 신비체험에서의 이런 현상도 최면에서와 똑같은 강직증이다.

강직증의 이런 일반성은 다음의 것을 말해준다. 우리의 마음이 특정한 몰두의 상태에 이르면 몸에서 손쉽게 빠져나올 수 있다는 것. 공부에 몰두할 때 켜놓은 음악을 듣지 못하는 그 흔한 현상은 몸에서부터의 이런 벗어남의 원리적 출발점을 이루는 게 아닐까?

결국 강직증은 마음이 무엇인가에 몰두해 있어서 몸을 잊어버리는 현상

---

5. 아빌라의 성녀 예수의 데레사, 『천주 자비의 글』, 분도출판사, 2011, 186쪽.
6. 『아빌라의 성녀 데레사 소품집』, 분도출판사, 2009, 72쪽.

이다. 그런데 이 '잊어버림'은 결국 '빠져나옴'으로 귀결된다. 예외적으로 긴 시간 동안 어떤 피로도 느끼지 않고 같은 자세를 유지하는 것이 '빠져나옴'으로 이해될 수 있다면 말이다. 그렇다면 '몸'이란 것은 우리가 그것에 신경을 씀으로써만 존재하는 게 아닐까? 적어도 원리적으론 그렇다.

최면에서의 무통각과 마취도 이러한 '잊어버림 = 빠져나옴'의 원리에 입각해 있다. 무통각이란 최면상태에서 아무런 통증도 느끼지 못하거나 통증이 축소되는 것이다. 이를테면 최면상태에서 팔을 바늘로 찔러도 아무 통증도 느끼지 못한다는 것이다. 마취는 무통각의 연장선상에 있다. 최면을 통한 마취는 특히 치과와 산부인과에서 많이 사용되지만(4권 289~294쪽), 외과 수술에서도 활용된다.

밀턴 에릭슨이 무통각이나 마취 상태를 도출해내려고 사용하는 대표적인 최면기법들은 주의를 전환시키기, 통증을 몸의 다른 곳에서 느끼게 하기, 통증을 다른 형태나 방식으로 받아들이게 하기, 통증이 약했던 과거의 시점으로 옮겨가기, 해리(解離), 시간수축 등이다.[7] 이 가운데 특히 주의 전환, 통증 장소의 이동, 해리는 마음을 다른 것에 빠져들게 함으로써 몸의 고통을 망각하게 하는 것이다. 그리고 중요한 것은 이런 망각이 '빠져나옴'으로 이어져서 외과 수술마저도 가능하게 한다는 것이다.

이것은 무엇을 뜻할까? 그것은 이 '빠져나옴'이 갖는 거의 완전한 성격이다. 이처럼 우리가 마음을 다른 무언가에 뺏김으로써 몸을 완전히 빠져나올 수 있다면, 우리가 몸에 빠져드는 방식도 똑같은 식으로 생각할 수 있지 않을까? 우리가 몸에 마음을 뺏김으로써 영적 실재에서 빠져나와 몸으로 '들어간다'는 식으로 말이다.

긍정적 환각과 부정적 환각은 몸으로부터의 빠져나옴을 실증하는 또 다른 최면현상들이다. 긍정적 환각은 없는 것을 보는 것이고, 부정적 환각은

---

7. 이와 관련해선 『내면으로』의 301~302쪽을 참조할 것.

있는 것을 보지 못하는 것이다. 즉 최면사가 눈앞에 놓인 χ가 존재하지 않는다고 암시하면 피최면자가 χ를 보지 못하는 것이 부정적 환각이다. 또 존재하지 않는 χ를 존재한다고 최면사가 암시하면, 그에 따라 피최면자가 χ를 보는 것이 긍정적 환각이다.

피최면자가 눈을 뜨고서도 눈앞에 놓인 χ를 보지 못하는 것은, 육체의 눈으로 보지 않기 때문이다. 이 사실은 피최면자가 몸을 벗어났음을 함축한다. 또 피최면자가 눈을 뜨고서도 존재하지 않는 χ를 보는 것은, 마음의 눈으로 보기 때문이다. 마음의 눈이 육체의 눈을 대체했다는 것이다.

결국 긍정적 환각과 부정적 환각은 '마음에 빠져듦 = 몸에서 빠져나옴'의 등식을 구현한다. 에릭슨의 실험최면의 한 사례를 보자(2권 56~58쪽). 에릭슨은 피최면자에게 방 안에 있는 모든 사람들을 일일이 확인시킨다. 그런 다음 A와 B가 방을 나갔다고 반복적으로 암시한다. 그 후 A와 B가 피최면자에게 다가가 그의 팔을 들어 올리고 악수를 한다. 하지만 피최면자는 이들과 악수를 했음에도 A와 B를 전혀 인지하지 못한다. 최면 유도 경험이 많았던 이 피최면자는 악수하는 시늉을 하라는 후최면암시를 받은 것으로 생각했다고 나중에 진술한다.

이 사례가 말해주는 것은 '관념(마음에 빠져듦)'의 강렬함이다. A와 B가 '없다'는 '관념'에 따라 피최면자는 눈을 뜨고서도 눈앞의 A와 B를 인지하지 못했기 때문이다. 피최면자는 '없다'는 '관념'을 본 것이지, 육체의 눈 앞에 놓인 물질적 현실을 본 것이 아니다. 이 사실이 실증해주는 것은 몸의 구속으로부터의 마음의 완전한 자율성이다.

이처럼 몸을 빠져나왔다는 것은 몸 앞에 놓인 세계에서도 동시에 빠져나왔음을 함의한다. 즉 A와 B가 존재하는 세계로부터 빠져나왔다는 것이다. 몸은 마음과 세계 사이에 놓인다. 우리의 마음은 몸을 거쳐서 세계 속으로 들어간다. 그래서 몸이 없으면 세계도 없다.

공간에서의 벗어남을 실증해주는 대표적인 최면 현상은 '시야의 제한'

이다. 시야의 제한이란 피최면자가 최면 상태(트랜스)에 빠져들면서, 제한된 시야 바깥의 것을 보지 못하는 현상이다.

이때 일반적으로 시야의 한계는 피최면자와 최면사 단 두 사람이라는 한계다. 즉 피최면자는 자기 눈앞의 최면사를 넘어서는 모든 걸 보지 못한다. 에릭슨의 피최면자인 루시(Lucy)가 "당신[최면사]을 제외한 모든 게 증발했다"고 말하듯 말이다(1권 44쪽).

이 '증발' 현상은 피최면자가 최면사와의 관계를 제외한 모든 것에 관심을 잃기 때문에 벌어지는 것이다. 루시는 "당신에게서 온 게 아닌 그 어떤 자극에도 의미를 두지 않은 것 같다"고 회고한다(1권 45쪽). 마음이 최면사의 지시에만 집중함으로써, 외적 세계에서 빠져나왔다는 것이다.

하지만 최면의 단계가 깊어지면서, 피최면자와 최면사라는 이 '한계'마저도 점점 더 좁혀지는 듯하다. 에릭슨은 "트랜스의 수준이 깊어질수록 외부 현실은 점점 더 비현실적으로 되고 부재하게 되고 망각된다"고 한다(1권 78쪽). 에릭슨의 유도로 깊은 최면에 빠진 올더스 헉슬리(Aldous Huxley)가 "어디 있는지 쳐다보지 않는 한, 내 발의 위치를 알 수 없다"고 했듯이 말이다(1권 121쪽).

시야의 이런 제한은 공간으로부터의 벗어남을 함축한다. 즉 시야의 제한은 시각 기능의 약화에 따른 것이 아니다. 아무런 암시도 없었는데 최면 상태에서 갑자기 시각 기능이 떨어지는 것은 아니므로 말이다. 그렇다면 시야의 제한은 공간에서의 이탈에 따른 결과이다. 공간이 사라졌기 때문에 볼 수가 없다는 것이다.

어떤 관점에서 보면 시야의 제한은 "내가 어디 있는지를 알지 못하는" 망각 현상에 상관적이다. 즉 내가 어디에 있는지를 보지만 못하는 게 아니라, 알지도 못한다는 것이다. 하지만 이 망각 현상의 원인은 공간에서의 이탈이다.

루시는 이처럼 공간에서 빠져나오는 과정에 대해 다음처럼 말한다.

"아직 모든 청중들이 보입니다. 그러나 벽들은 사라졌고 모든 게 더욱 고요해집니다. 청중들은 점점 작아집니다. 어떻게 이런 일이 일어나는지 모르겠지만, 매우 천천히 모든 게 증발합니다. 당신과 나를 빼놓고 말입니다. 당신의 목소리와 내 목소리를 빼놓고는 말입니다. 이제 우리는 여기 의자들 위에 앉아 있습니다. 땅 위의 이 의자들과 더불어…… 우리뿐입니다. 어느 정도는 나는 현실이 이렇지 않다는 걸 압니다. 하지만 나는 사물들을 그렇게 지각하는 걸요. 공중에 내 손이 있어요. 나는 그게 내 손인 줄 알지만, 그 손을 그렇게 들고 있는 건 내가 아닙니다." (1권 46쪽)

이렇게 루시는 공간에서 빠져나오고 세계에서 빠져나와, 자신의 마음속에 빠져든다. 그래서 루시는 "당신은 어디에 있나요?"라고 묻는 에릭슨에게 "여기요"라고 답한다. 에릭슨이 다시 "여기가 어딘가요?"라고 물으면, 그녀는 "당신 왼쪽에, 당신 앞에"라고 답한다. 에릭슨이 또다시 물으면, 그녀는 "여기, 의자 위에"라고 한다. 다시 "의자는 어디에 있나요? 여기는 어딘가요?"라고 물으면, "음…… 나는 의자 위에 있고, 의자는 땅 위에 있어요"라고 한다. 다시 "땅은 어딘가요?"라고 물으면 그저 "몰라요"라고 답할 뿐이다(1권 42쪽).

즉 루시는 시야가 제한되었기보다, 공간을 떠난 것이다. 이처럼 공간을 떠나 마음속으로 빠져든다는 것은 공간과 더불어 세계를 떠났음을 뜻한다. 그렇다면 마음은 세계와 공액적(共軛的)인 것이 아니라 세계와 대립할 수도 있지 않을까? 아래의 도식을 보자.

자, 최면 유도에 따라 자아의 활동적 부분이 해제된다. 이는 다음 것을 뜻한다. 자아의 활동적 부분이 개입해있던 세계의 구체적 상황(정세)에서 마음(영성 + 자아)이 잠시 빠져나왔다는 것. 하지만 마음(마음 2)속에 토대적인 자아가 굳건히 존재하는 한, 세계에 대한 끌림은 여전히 존재한다.

이것이 마음 2의 상황이다. 세계의 구체적 정세에선 떠났지만, 세계에 대한 끌림은 여전히 존재하는 것 말이다. 그렇다면 마음 2는 여전히 세계와 일정하게 상관적일 수밖에 없다. 결국 세계와 대립하는 건 자아의 토대마저 제거한 마음 3일뿐이다.

시간으로부터의 벗어남을 실증하는 대표적인 최면 현상은 '시간의 비틀림'이다. 시간의 비틀림이란 최면 상태에서 객관적 시간과 주관적 시간이 엄청나게 차이가 나는 현상이다. 즉 시간의 흐름에 대한 주관적 느낌과 객관적 측정이 큰 차이가 나는 현상이 그것이다.

에릭슨과 그의 동료 린 쿠퍼(Linn F. Cooper)는 많은 노력을 들인 최면 실험들을 통해 시간의 비틀림을 생산해낸다. 가장 간단한 실험은 다음처럼 메트로놈을 이용하는 것이다.

즉 메트로놈을 1초 간격으로 맞춰놓고선 피최면자에겐 1분 간격으로 맞췄다고 암시한다. 그러고선 10분 동안, 즉 메트로놈이 10번 똑딱거릴 동안, 2학년 때의 교실을 안에서 관찰하라고 한다. 하지만 이때 실제로 흐른 시간은 10초다. 피최면자는 최면에서 깨어난 뒤, "많은 시간"이 있었고 학교와 반 친구들을 아주 선명하게 보았다고 진술한다. 하지만 실제로는 시간이 10초밖에 안 흘렀다고 얘기해주면, 피최면자는 깜작 놀란다(2권 299쪽).

이것이 시간의 비틀림 가운데서 '시간의 늘어남'이다. 즉 10초가 10분으로 늘어났다는 것이다. 시간이 늘어나는 폭은 피최면자를 훈련시킬수록 더욱 커진다. 이를테면 피최면자에게 할당하는 객관적 시간을 점점 줄여나가면, 그처럼 줄어든 시간에 피최면자가 적응해나간다는 것이다(2권 340~343쪽).

그리하여 3초가 30분이 되고, 130초가 9시간으로 늘어난다. 즉 3초의 객관적 시간을 '할당'하고선 30분을 줄 테니 풀밭의 소를 세라고 암시하면, 피최면자는 최면 환각 속에서 풀밭 위를 천천히 걸어 다니면서 137마리의 소를 세고선 30분이 지났다고 한다는 것이다(2권 300쪽). 3초 동안 소 137마리를 천천히 하나하나씩 센다는 것은 불가능하다. 피최면자의 내면의 흐름 속에선 137마리의 소를 세면서 30분이 천천히 흘렀고, 그사이 시계의 시간은 3초밖에 안 흐른 것이다.

또 어떤 피최면자는 최면 실험 속에서 9시간으로 '가늠'되는 시간 동안 피크닉을 다녀온다. 하지만 그사이에 흐른 시계의 시간은 단지 130초다(2권 304~305쪽). 즉 약 2분의 객관적 시간 동안, 9시간이 내면에서 흐른 것이다.

이것이 단순히 '시간의 늘어남'일까? 단순히 130초가 9시간으로 '늘어난' 것일까? 그것은 오히려 층위의 이동이 아닐까? 즉 객관적 시간이 흐르는 층위를 빠져나와, 시간이 다른 방식으로 가늠되는 층위로 이동했다는 것이다. 다음처럼 시간의 층위들을 설정해보자.

1) 객관적 시간이 흐르는 층위
2) 마음의 상태에 따라 시간이 흐르는 층위 = 시간이 마음대로 늘어났다 줄어드는 층위
3) 시간을 완전히 벗어나서, 시간의 바깥에서 시간을 바라보는 층위

1) 층위의 시간은 마음 1의 시간이다. 즉 자아의 활동적 부분이 개입하는 세계의 시간이다. 2) 층위의 시간은 마음 2의 시간이다. 즉 '자아의 토대 + 영성'인 마음 2 가운데 '토대적 자아'의 부분이 내면에서 느끼는 시간이다.

3) 층위의 시간은 마음 2에 속할 수도 있고 마음 3에 속할 수도 있다. 앞

으로 살펴볼 최면 퇴행에서 3) 층위의 시간은 마음 2에 속한다. 시간의 흐름 자체가 마음 2의 '자아의 토대'에 속하기 때문이다. 하지만 그 흐름을 바라보는 주체가 토대적인 자아인지 영성인지는 나로선 잘 판단할 수 없다. 반면 3) 층위에서 자아가 작동을 완전히 멈추고 영성이 시간 속의 세계 자체를 바라보는 경우가 성립한다면, 3) 층위는 예외적으로 마음 3에 속할 것이다.

어쨌거나 2)의 층위로 이동했다는 것은 객관적 시간에서 빠져나왔다는 것이다. 자아의 개입 활동이 제거되고 마음의 흐름만 남았기 때문이다. 내가 보기엔 130초의 객관적 시간 동안 9시간의 주관적 흐름을 경험한 위의 경우는 1)의 층위에서 2)의 층위로 이동한 경우처럼 여겨진다. 또 다른 해석의 여지가 남아있지만 말이다.

하지만 방금 본 최면 실험들에서와는 달리, 최면치료에서 퇴행 현상들이 시간의 늘어남과 결합할 때면, 1)의 층위에서 3)의 층위로 이동하는 듯한 성격을 자주 드러낸다.

에릭슨은 일련의 트라우마적 경험들로 인해 기억상실증에 걸린 30세 여성을 시간의 비틀림을 사용해 퇴행시킨다. 이 여성은 어떤 기법을 사용해도 8년 전으론 퇴행이 되지 않는다. 그래서 에릭슨은 이 여성에게 시간의 비틀림 기법에 흥미를 느끼게 한다. 그 뒤 이 기법을 실험한다고 하면서, 20초를 부여하고선, 어릴 적부터 현재까지를 기억하라고 급작스럽게 암시한다.

20초 뒤 에릭슨은 그녀를 깨우고, 몇 시간에 걸쳐 그녀의 얘기를 듣는다. 아주 어릴 적 기억에서부터 아버지의 죽음, 어머니의 병, 성폭행 경험, 아이의 사산(死産) 같은 일련의 트라우마적 경험들까지 말이다(2권 358~365쪽).

놀라운 건 그녀가 20초의 객관적 시간 동안 전 생애를 기억했다는 것이다. 에릭슨은 이렇게 말한다. "그녀는 그것들을 아주 놀라운 방식으로 얘기했다. 그녀는 모든 게 마치 눈앞에서 벌어지는 듯이, 또는 마치 최근의 일인 듯이, 세밀하게 묘사했다"(2권 363쪽). 어쩌면 그녀는 시간의 바깥으로 나가서 그 시간들을 외부로부터 바라본 게 아닐까?

공간과 시간을 벗어난다는 것은 이 세계를 성립시키는 가장 근본적인 조건들로부터 빠져나온다는 것이다. 공간이 없으면 세계는 존재할 수 없고, 시간이 없으면 세계는 움직이지 않는다. 따라서 공간과 시간을 벗어난다는 것은 세계 자체를 벗어난다는 것이다.

물론 몸에서의 벗어남도 몸에 상관적인 '주변의 세계'로부터만 벗어나는 것은 아니다. 몸의 매개가 없이는 '세계 자체'와 관계조차 할 수 없기 때문이다. 그렇다면 다음의 등식이 성립한다.

공간과 시간에서 벗어남 = 세계 자체에서 벗어남 = 몸에서 벗어남

이제 정체성에서의 벗어남을 실증해주는 대표적인 최면 현상들을 살펴보자. 이름의 망각, 정체성 교환, 자동글쓰기 독해가 그것들이다.

정체성에서 벗어난다는 것은 자신의 이름을 비롯해 내가 누구인지를 잊는 것이다. 우리는 스스로를 '몸 + 이름'으로 여긴다. xyz라고 이름 붙인 몸을 자기 자신으로 여긴다는 것이다. 하지만 내가 영성적 존재라면, 나는 '몸 + 이름'일 수 없다. 어쨌거나 정체성에서 벗어나는 것은, '자신'의 한 구성요소인 몸에서 벗어나는 것에서 더 나아가, '자신'의 또 다른 구성요소인 이름에서마저 벗어나는 것이기도 하다.

최면 상태에서 피최면자는 자신의 이름을 망각할 수 있다(2권 215~216쪽, 3권 37쪽[8]과 63쪽). 물론 이름의 망각은 나이의 망각처럼 자연스럽게 벌어지는 게 아니라, 최면사가 공들여 유도함으로써만 가능한 것이다. 이처

---

8. 나의 선행 연구인 『내면으로』 310쪽 밑에서 여섯 번째 줄의 '(Ⅲ-290)'은 (Ⅲ-37)을 잘못 적은 것이다. 연구노트의 쪽수(290)를 책의 쪽수(37)와 혼동해서 이런 일이 벌어졌다. 사과를 드린다.

럼 공들여 유도해서만 이름을 망각한다는 사실은 이름이 정체성의 토대를 이룸을 함의한다.

하지만 이름을 망각할 수 있다는 사실은 이름이 진정한 나 자신과 무관할 수 있음을 암시해준다. 내가 나 자신의 이름을 잊을 수 있다는 사실은 나에게 두려움을 가져다준다. 하지만 이 두려움을 벗어나서 이처럼 이름 없는 상태의 나 자신을 고요히 관조하면, 내가 그 이름과 무관하게 존재할 수 있는 어떤 실체임을 깨달을 수 있지 않을까?

즉 '몸 + 이름'은 자아의 활동적 부분이 관여하는 이 세계의 것이고, 이 세계 바깥에선 '몸 + 이름'은 아무 의미가 없는 게 아닐까?

하지만 정체성으로부터의 벗어남을 완전히 실증해주는 것은 의미가 여전히 모호한 이름의 망각이 아니라 정체성의 교환이다. 정체성의 교환이란 문자 그대로 서로의 정체성이 뒤바뀌는 것이다. 즉 철수와 영희의 정체성이 뒤바뀌어 철수가 자신을 영희로 알고 영희도 자신을 철수로 아는 것이다.

에릭슨 전집에는 정체성 교환의 네 가지 사례가 나온다.[9] 이들 가운데 하나만을 소개해보자. 이 사례는 1960년경에 써놓은 미발표 논문에 실려 있는 것이다. 에릭슨이 이 논문을 발표하지 않은 것은 내용이 다소 충격적이어서가 아니었을까? 최면을 의학에 통합시키려고 평생 노력해 왔던 에릭슨에게 이 논문은 그런 노력에 방해가 되는 것으로 여겨지지 않았을까?

그 사례는 이렇다. 에릭슨은 피실험자들인 A와 B에게 서로의 눈을 계속 쳐다보게 하고, 모든 걸 서로 보조를 맞춰 똑같이 행하게 한다. 이것은 서로 간에 심리적 연결성이 생겨나게 하기 위한 것이다. 그 뒤 에릭슨은 상대의 정체성을 자신의 것으로 하라고 A와 B에게 암시한다. 그런 다음 A와 B는 깊은 트랜스에 머무른다.

잠시 후 B를 불러 깨우자, B가 아니라 A가 깨어난다. B에 동일시한 A가

---

9. 이 네 가지 사례는 『내면으로』 312~316쪽에서 소개되어 있다.

자기를 B라고 생각하기 때문이다. 깨어난 A는 곤혹스럽고도 의문에 찬 표정으로 B를 바라본다. 또 연구실의 탁자와 의자를 주저하는 눈빛으로 바라본다. 상황을 이해하지 못한 것이다.

에릭슨은 A에게 "뭔가 얘기할 게 있나요, 아니면 질문할 거라도"라고 묻는다. A는 답한다. "물론이죠. 왜 잭(진짜 B)이 제 옷을 입고 있죠? 또 제가 그의 옷을 입고 있는 건 어찌 된 일이죠? 뭐 그래도 괜찮지만, 저는 그걸 원치 않아요." 그리고 A는 입고 있던 상의를 벗어 의자 위에 올려놓는다. 에릭슨은 A에게 그 문제는 내버려두고 어떻게 느끼는지를 말해달라고 한다. A는 무슨 생각을 하기엔 너무 당혹스럽다고 말한 뒤, 끊임없이 진짜 B와 의자 위에 벗어놓은 윗도리와 입고 있는 바지를 번갈아 바라본다. 다른 무언가를 생각할 수가 없었던 것이다. 그 후 에릭슨은 조금 다른 조건 속에서 진짜 B를 깨운다. B도 자신을 A라고 생각하고, 상황은 유사하게 전개된다(1권 460~468쪽).

전집에 실린 다른 세 사례에선 정체성의 교환이 좀 더 직접적으로 드러나고, 피최면자들은 상대방의 태도 또는 관점을 거의 완벽하게 재현한다.

이처럼 정체성이 서로 간에 뒤바뀔 수 있음은 다음의 두 가지를 말해준다.

첫째로, 우리의 정체성은 자아의 활동적 부분이 개입해 있는 이 세계(= 마음 1의 세계) 안에서만 의미를 갖는다는 것. 즉 이 세계를 벗어나면 정체성은 아무런 중요성도 갖지 않는다는 것이다. 이것은 내가 생각하는 '나'가 나의 실재(= 자아를 완전히 벗어난 마음 3)와는 전혀 다른 것임을 함축한다.

둘째로, 이 세계를 벗어난 마음 2(자아 + 영성)의 단계에서 정체성들은 서로 완전하게 소통되고 그래서 공유될 수 있다는 것. 정체성들이 서로 뒤바뀔 수 있다는 것이 완전한 소통과 공유를 전제한다면 말이다. 이것은 마음 2의 수준에서 마음들이 서로 연결되어 있음을 함축한다.

자동글쓰기 독해는 마음 2들의 이런 연결성을 좀 더 뚜렷이 암시해주는 최면 현상이다. 자동글쓰기란 최면 상태에서 피최면자의 무의식이 글을 쓰는 것이다. 피최면자는 이때 제3자가 자신의 손을 움직여 글을 쓰는 것처럼, 또는 자신의 손이 저절로 움직여 글을 쓰는 것처럼 느끼기도 한다(3권 173~188쪽).

이런 자동글쓰기는 일반인들이 알아보기가 무척 힘들다. 하지만 최면 상태의 사람들은 "다른 사람들이 쓴 신비하고도 수수께끼 같은 자동글쓰기를 정확하게 해독하고 번역할 수 있는 능력"을 갖게 된다(3권 211쪽). 그래서 그들은 그것을 "최면사가 조금이라도 잘못 해석을 하면 세밀하게 바로 잡아준다"(3권 213쪽). 즉 그들은 다른 사람들의 자동글쓰기를 마치 자기가 쓴 것처럼 완벽하게 이해를 한다는 것이다. 하지만 최면 상태에서 벗어나면, 자동글쓰기를 전혀 해독하지 못하는 상태로 되돌아간다(3권 221쪽).

자동글쓰기의 이러한 독해가 말해주는 것은 최면 상태(트랜스)와 최면 상태의 연속성이 한 개인에게서만이 아니라 사람과 사람 사이에도 존재한다는 것이다. 즉 최면 상태의 A는 최면 상태의 B의 마음을 완전히 이해한다는 것이다. 이것이 말해주는 것은 마음 2들 사이의 내적인 연결성이다.

자, 이 세계에서의 삶이란 이름 붙여진 몸들(몸 + 이름)이 시간과 공간을 두 축으로 하는 세계 속에서 살아가는 것이다. 하지만 깊은 최면 속에서 우리는 세계에서의 삶의 네 가지 조건이라 할 수 있을 몸, 이름(정체성), 공간, 시간에서 완전히 벗어난다. 이처럼 세계에서 완전히 벗어날 수 있는 이유는 자아의 활동적 부분이 해제되었기 때문이다. 그래서 다음의 등식이 성립한다.

$$\text{자아의 활동적 부분의 완전한 해제} = \text{세계에서 벗어남}$$

물론 자아의 활동적 부분이 제거된 마음 2(자아 + 영성)는 세계를 벗어난 상태에 있으면서도, 이 세계에 이끌리는 것이지만 말이다. 그렇다면 마음

2의 자아 부분의 가장 심층은 이 세계를 만들어낸 원천을 이루는 것이 아 닐까?

최면을 통해 우리는 세계의 조건들로부터 벗어나고, 그래서 세계 자체를 벗어난다. 하지만 이 사실만으로 세계의 비실재를 말할 수는 없다. 내가 세 계의 비실재를 추정하는 이유는 다만 다음과 같은 것이다. 세계 속의 나 자 신보다 세계를 벗어나 세계 바깥에서 세계를 바라보는 나 자신—우선은 마 음 2 그러나 그보다 더 나아가선 마음 3—이 보다 실재에 가깝게 있다고 여 겨진다는 것. 우리는 이것을 최면을 통한 퇴행을 통해 확인할 수 있다.

세계의 비실재성의 가능성

최면을 통한 퇴행은 이미 지나간 과거를 '기억'하는 것과는 성격이 다르 다. 에릭슨은 최면 퇴행에 대해 다음처럼 말한다.

"마치 그 경험이 진짜로 처음 펼쳐지듯이 다시 산다." (3권 62쪽).

"재등장한 과거의 직접적 현재를 산다." (3권 126쪽).

"오래된 과거의 사건을 마치 현재의 경험인 것처럼 다시 산다. [⋯] 지금 이 시점 에서 펼쳐지고 있는 것처럼 과거의 경험을 다시 산다." (4권 26쪽)

"그 나이 이후에 경험한 것과 배운 것을 모두 망각하고, 퇴행한 나이의 행동들, 반 응들, 생각들을 다시 산다." (3권 27쪽).

이 발언들 속에서 계속 강조되는 것은 '다시 산다'는 것이다. '다시 산다'는 것은 '기억'하는 것과는 전혀 다르다. 에릭슨은 '과거가 재등장'한다고 한다. 이미 사라진 과거의 기억을 힘겹게 되살리는 게 아니라, 과거가 우리 눈앞에 다시 등장해서, '현재의 직접성'을 가지고 다시 펼쳐진다는 것이다.

'현재의 직접성'을 갖는다는 것은 무엇을 뜻할까? 그것은 '과거'가 다시 '현재'처럼 눈앞에서(= 직접적으로) 펼쳐진다는 것이다. 한마디로, 과거가 현재가 되었다(= 직접성)는 것이다. 그래서 우리는 과거를 현재처럼 '다시 산다.'

이처럼 재등장한 과거의 직접적 현재성을 다시 사는 것은 이미 사라진 과거를 다시 기억하는 것과는 완전히 다르다.

흔히들 최면의 원리 가운데 하나가 '집중'이라고 한다. 보통 때 우리가 의식하지 못한 채로 열 가지 정도의 일을 동시에 생각한다고 해보자. '집중'은 그 가운데 한 가지에만 초점을 맞춰 그 한 가지를 선명하게 떠올리는 것이다. 우리가 이처럼 '집중'해서 과거의 기억을 떠올린다고 해보자. 그 경우 보통 때보단 훨씬 선명히 기억을 되살릴 수 있을 것이다. 하지만 이처럼 기억을 되살린다고 해서, 사라진 과거가 눈앞에서 다시 펼쳐지진 않는다.

최면 퇴행은 결코 '집중'에 따른 것이 아니다. 최면 퇴행은 오히려 마음 상태의 이동에 따른 것이다. 즉 마음 1에서 빠져나와 마음 2로 이동하면, 과거가 현재의 직접성을 가지고 재등장할 수 있는 조건하에 놓인다는 것이다.

과거가 재등장한다는 것은 과거가 사라지지 않았음을 암시한다. 그렇다면 과거가 사라진 것은 마음 1에서일 뿐이다. 자아의 활동적 부분인 마음 1은 눈앞에 펼쳐진 직접적 현재에만 몰두함으로써 과거를 떠나보낸다. 이처럼 과거를 떠나보내면, 과거는 사라진다.

하지만 우리는 문득 마음 1을 빠져나옴으로써, 과거가 사라지지 않고 거기에 그대로 있었음을 발견할 수 있다. 최면을 통한 경우에 그렇고, 또 신비체험에서도 그럴 수 있지 않을까? 하지만 과거가 그대로 머물러 있었던 '거기'는 어디일까? 우리가 마음 1에서 빠져나와 마음 2로 들어간다고 한다면, '거기'는 마음 2의 자아의 부분일 수밖에 없지 않을까? 마음 2의 영성적 부분은 신과 일치를 이뤄, 그 안엔 어떤 차이도 없는 사랑의 단일성밖에 없다면 말이다.

에릭슨이 올더스 헉슬리와 최면 실험을 할 때의 얘기다. 그들은 헉슬리의 책장에서 헉슬리가 무척 오래전에 읽었고 그 후 적어도 20년 동안은 펼쳐보지 않은 책 여섯 권을 고른다. 에릭슨은 헉슬리를 깊은 최면으로 유도한 뒤, 아무데나 펼치고선 그 책들을 읽는다. 그러면 헉슬리는 놀랍게도 거의 곧바로 그 쪽수를 맞추고선, 그 쪽이 눈앞에 펼쳐져 있는 것을 환각으로 보고, 에릭슨이 멈춘 지점부터 다시 읽어내려 간다. 두 권에 대해선 그러지 못했지만 말이다(1권 123쪽).

이 사례가 말해주는 것은 20년 전의 과거가 현재적 직접성을 갖고 헉슬리에게 재등장했다는 것이다. 그래서 헉슬리는 20년 전의 시점 속으로 들어가 그 책들을 눈앞에 두고 다시 읽었다는 것이다. 헉슬리가 아무리 기억력이 좋다고 해도 20년 전에 읽었던 책의 쪽수를 알아맞히고 그 문장들을 고스란히 다시 읽는 것은 불가능하므로 말이다. 즉 과거가 그대로 있었고, 헉슬리는 그 과거 속으로 다시 들어갔다는 것이다.

그 과거는 어디에 있었을까? 헉슬리는 오직 자신의 마음속으로만 여행했을 뿐이므로, 그 과거가 헉슬리의 내면, 즉 마음 2에 있었다는 건 분명하지 않을까?

최면 퇴행에 관심이 많았던 에릭슨의 큰 아들 앨런(Allan)은 자신이 퇴행을 유도한 피최면자들에게 퇴행해 있는 그 날의 날짜를 묻는다. 그러자 피최면자들은 곧바로 날짜를 대답한다. 앨런은 다시 요일을 묻는다. 다시 피최면자들은 곧바로 대답하고, 그 대답들은 대부분이 정확한 것으로 확인된다.

그래서 에릭슨은 정상 상태(비최면 상태)의 학생들에게 물어본다. "작년의 당신 생일은 무슨 요일이었어요?," "2년 전의 크리스마스는 무슨 요일이었죠?"라는 식으로. 그러면 정확한 대답을 하는 학생들은 매우 드물다. 보통의 대답은 "잘 모르겠는데요." "생각을 좀 해봐야겠어요" 등등이다.

최면 상태와 비최면 상태의 이처럼 명확한 대조는 최면 퇴행에서 과거가 직접적 현재성을 갖고 재등장한다는 것을 간접적으로 암시해준다. 이를 증명하기 위해 앨런은 10명을 과거의 특정한 날로 퇴행시켜 요일을 물어보는 실험을 한다. 그 결과는 이렇다.

1) 12살보다 더 많은 나이로 퇴행한 경우엔 a) 너무 바빠서 요일에 신경 쓸 겨를이 없다고 하거나 b) 무슨 요일인지 곧바로 대답한다.
2) 더 어린 나이로 퇴행한 경우에는 a) 요일을 기억하거나 b) 날짜를 기억한다.
3) 너무 어린 나이로 퇴행한 경우에는 요일을 잘 몰라서 "오늘은 그림 그리는 날"이라는 식으로 대답한다. 요일을 알지 못할 뿐이지 어떤 날인지는 정확히 안다는 것이다.
4) 나이가 든 다음으로 퇴행한 경우에는 요일을 맞추지 못하는 경우가 많다. 요일에 신경을 쓰지 않기 때문이다.

퇴행한 나이에 따른 이런 차이는 오히려 이 실험의 신뢰성을 높여준다. 피최면자들의 대답이 기계적이 아니라, 퇴행한 나이에 적절히 부합하는 성격을 갖기 때문이다. 피실험자들은 세 번에 두 번 정도 요일 또는 그에 상응하는 것을 정확히 제시한다(3권 134~139쪽).

이 실험은 최면 퇴행에서 과거의 재등장이 갖는 온전한 성격을 드러내준다. 즉 최면 퇴행은 사라진 과거를 다시 기억하는 게 결코 아니다. 최면 퇴행은 온전하게 보존되어 있던 과거가 다시 등장해서, 그 과거 속으로 다시 들어가는 것이다.

퇴행을 통한 최면치료 속에서 피최면자들은 과거의 경험을 다시 산다. 이런 최면 퇴행이 치료 효과를 갖는 것은 아마도 과거를 다른 마음 상태에서 다시 살기 때문일 것이다. 즉 과거에 마음 1을 통해 살았던 것을 이제는 마음 2를 통해서 일정한 거리를 유지한 채 다시 산다는 것이다. 그래서 그 '일정한 거리'가 과거의 트라우마적 경험을 보다 객관적으로 정리할 수 있게 해줘서, 치료 효과를 갖는다는 것이다.

자, 다시 한 번 정리를 해두자.

1) 최면을 통해 우리는 마음 1(자아의 활동적 부분)에서 빠져나와 마음 2(자아의 토대 + 영성)로 들어간다.
2) 최면 퇴행을 통해 온전히 보전되어 있던 과거가 재등장한다.
3) 최면 퇴행은 마음 2 속으로 들어가는 것이므로, 과거가 보존되어 있던 장소는 마음 2일 수밖에 없다.
4) 마음 2의 영성적 부분에선 신과의 일치 속에서 자아의 과거가 지워졌다면, 과거가 보존된 장소는 마음 2의 자아의 부분(자아의 토대)일 수밖에 없다.

과거의 이러한 '존재'가 말해주는 것은 무엇일까? 우리의 의식 속에서 과거는 사라진다. 하지만 그 과거는 진짜로 사라진 게 아니라, 어떤 다른 곳에 고스란히 보존되어 있다가, 최면 퇴행 속에서 우리에게 다시 나타난다. 다시 말해 과거는 우리의 직접적인 의식 속에서만 사라졌을 뿐, 고스란히 존재하고 있었던 것이다.

혹시 세계도 그렇지 않을까? 우리가 바라보고 있고 또 참여하고 있는 이 세계는 우리의 눈앞에서 흘러 지나간다. 즉 세계는 시간적 존재다. 세계가 시간적 존재임은 다음의 것을 뜻한다. 즉 세계의 시간에 시작과 끝이 있다는 것. 세계는 시간 속에서 성립해서, 그 시간이 끝나면 사라지리라는 것이다.

이는 '영원'이 시간과는 아예 다른 층위에 속함을 전제한다. 흔히 말해지는 '영원한 사랑'처럼 시간 속에 영원한 어떤 것이 존재하는 게 아니라, 오직 시간의 바깥에만 영원이 있다는 것이다. 그리하여 영원과는 다른 층위에 속하는 시간에는 필연적으로 시작과 끝이 있다는 것이다.

어쨌거나 세계의 시간이 끝나면, 세계는 마치 과거가 사라지듯 우리의 의식 속에서 사라질 것이다. 하지만 우리의 의식에서 사라진 과거가 어딘가에 보존되어 있듯이, 우리의 의식에서 사라진 세계도 어딘가에 고스란히 보존되어 있지 않을까?

만일 세계가 보존되어 있는 그 '어딘가'가 마음 2라면, 세계는 마음 2가 존속하는 한 계속 '존재'할 것이다. 또 마음 2가 소멸하면 같이 소멸할 것이다.

이런 생각은 과거의 속성과 세계의 속성이 동일할 수밖에 없다는 추론에 입각한다. 즉 과거가 '과거의 세계'라면, 과거와 세계의 속성은 같을 수밖에 없는 것이다. 아래의 등식에서처럼 말이다.

과거 = 과거의 세계 = 세계

만일 이 등식이 뭔가 석연치 않다면, 다음의 등식을 떠올리면 된다.

세계 = 과거의 세계 + 현재의 세계 + 미래의 세계

이 등식은 세계가 시간적 존재임에 입각한 것이다. 만일 세계가 시간적 존재임을 받아들이기 힘들면, 이 세계가 항상 시간 속에 있는 존재임을 단순하게 떠올리면 된다. 위 등식에서 흥미로운 것은 다음 사실이다. '현재

의 세계'는 곧바로 '과거의 세계'가 되고, '미래의 세계'도 언젠가는 '과거
의 세계'가 된다는 사실.

그래서 '세계의 시간'이 끝나면 모든 세계는 과거의 세계가 된다. 그 결
과 다시 다음의 등식이 성립한다.

세계 = 과거의 세계 + 현재의 세계 + 미래의 세계 = 과거의 세계 = 과거

이제 우리는 다음의 사실들을 완전히 이해할 수 있다. 즉 과거의 속성
과 세계의 속성이 똑같다는 것, 그리고 과거 자체와 세계 자체도 똑같다는
것. 그렇다면, 여태껏 논의해 왔듯 과거가 마음 2 속에 있는 것이라면, 세
계도 마음 2 속에 있을 수밖에 없지 않을까?

자, 우리가 마음 1에서 빠져나와 마음 2에 머물 때, 최면 상태에서 과거
를 다시 바라보고 다시 살듯, 시간적 존재로서의 세계의 전체성을 관조할
수 있다고 해보자. 그처럼 관조되는 세계는 이미 그 시작과 끝이 정해진
픽션과 같은 세계가 아닐까? 그 세계를 바라다보는 마음 2(자아 + 영성) 가
운데, 영성적 부분만이 실재라면 말이다.

***

이미 보았듯, 시간 속에선 '미래의 세계 = 과거의 세계'라는 등식이 성립
한다. 그렇다면 우리는 다음처럼 생각할 수 있다. 즉 과거가 정해져 있듯
미래도 이미 일정하게 정해져 있다고. 이것은 다시 다음의 것을 암시한다.
우리는 이미 정해져 있는 '시간적 세계'의 흘러감을 바라보고 있을 뿐이라
는 것. 내가 이 세계의 흐름에 대한 나 자신(몸 + 이름)의 반작용마저도 바
라보고 있다면 말이다.

자, 미래인 모든 것은 시간 속에서 지나가 모두 과거가 될 것이다. 그리

고 이 과거는 모두 마음 2에 보존된다. 그래서 우리는 마음 1에서 빠져나오는 한, 최면 속에서처럼 과거를 되찾을 수 있다. 그렇다면 이제 다음 두 사실을 관조해보자.

1) 모든 과거는 마음 2에 존재한다.
2) 모든 미래는 과거가 된다.

이 두 사실은 다음의 것을 함축한다. 즉 미래가 과거와 똑같이, 이미 지난 과거로서, 우리의 마음 2에 있다는 것이다. 이 말은 미래가 이미 일정하게 정해져 있다는 것이 아닐까? 여기서 '일정하게'는 미래가 우리의 선택에 따라 '일정하게' 달라질 수 있음을 뜻한다. 즉 자아 + 영성으로 이루어진 마음 2에서 자아를 택하느냐 영성을 택하느냐에 따라 달라진다는 것이다.[10] 보르헤스가 말했듯 "영원히 두 갈래로 갈라지는" 선택의 여정에서처럼 말이다.

이렇게 생각해보면 된다. 즉 이미 과거가 된 두 시점 A와 B가 있다. 시점 A의 관점에서 시점 B는 열려있는 미래다. 하지만 현재의 관점에서 시점 B는 이미 정해진 과거다. 그리하여 모든 미래는 최종적 현재의 관점에선 이미 끝난 과거에 불과하다는 것이다. 다만 시간 속에 있는 우리의 마음 1만이 '모든 미래 = 이미 정해진 과거'임을 모를 뿐이다.

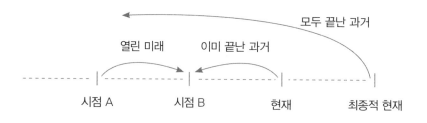

밀턴 에릭슨은 1954년에 발표한 「시간 속으로의 허위적 정향성(定向性)에 따른 최면치료방식」에서 그가 15년 동안 활용했던 '미래를 내다보는' 기법의 몇몇 사례를 소개한다. 물론 이 기법은 진짜로 미래를 예견하는 기법이 아니라, 자기암시를 통해 욕망을 미래에 실현할 수 있도록 돕는 기법이다.

에릭슨은 "무의식은 이 심리적 구축물을 현실에 통합시키기 위한 준비가 되어있다"고 말한다(4권 536쪽). 이때 '심리적 구축물'이란 욕망이 실현되는 장면에 대한 자기암시일 뿐이다.

하지만 에릭슨의 사례들 가운데는 단순히 자기암시 또는 후최면암시의 실현으로 설명하기엔 곤란한 것들이 있다. 예컨대, 어떤 피최면자는 친구가 세 달 뒤에 예기치 않게 결혼하고 또 그 피로연에서 자신이 남자들과 춤추는 장면을 본다. 그리고 실제로 세 달 뒤에 모든 게 똑같이 벌어진다(4권 524~525쪽). 이것은 혹시 이미 정해진 미래를 내다본 것이 아닐까?

브라이언 와이스는 최면 퇴행을 하는 도중, 우발적으로 미래를 내다본 —달리 표현하면 미래 속으로 들어간— 피최면자들을 만난다. 그 후 그는 인위적으로 피최면자들을 미래로 유도하기도 한다.[11]

물론 이처럼 유도되어 들여다본 미래가 진짜의 것인지는 입증할 수 있는 방법이 없다. 게다가 브라이언 와이스는 그처럼 유도된 '미래'에는 깊이 묻혀있던 욕망들과 온갖 상상들이 뒤섞여있기 마련임을 강조한다.[12] 하지만 그는 미래로 유도된 피최면자들의 진술에서의 공통성을 일정한 진실성에의 가능성으로 여기기도 한다.[13]

브라이언 와이스는 미래로의 최면 유도에서 특히 갈림길의 존재를 강조

11. Brian Weiss, *Une même âme, de nombreux corps*(동일한 영혼, 많은 몸들), Véga, 2006, 9~14쪽.
12. 같은 책, 51쪽과 209쪽.
13. 같은 책, 211쪽.

한다. 그는 이렇게 말한다. "그것은 꼭 나무들을 기어오르는 것과 같다. 수많은 가지들이 있고, 수많은 선택들이 있다."[14] 즉 우리들이 어떤 길을 선택하느냐에 따라 운명이 달라진다는 것이다. 이것은 미래가 이미 완성되어 존재하지만, 수많은 시나리오를 가진 가변적 형태로 존재한다는 것을 뜻하는 것일까?

어쨌거나 중요한 것은 다음 사실이다. 마음 1을 빠져나오면 세계로부터도 빠져나온다는 것. 그리고 그때 우리는 세계 바깥에서 세계를 관조할 수 있다는 것. 그 세계가 과거의 세계에 국한되는 것이든 세계의 모든 시간적 존재를 포괄하는 것이든 말이다.

자, 어떤 세계가 있다. 우리는 여태껏 그 세계에 빠져 있다가 문득 그로부터 빠져나와 바깥에서부터 그것을 관조한다. 그처럼 빠져나올 수 있다는 사실, 그처럼 바깥에서 관조할 수 있다는 사실은 무얼 뜻하는 것일까?

그것은 그 세계가 우리가 빠져나올 수 있는 환상적 존재, 즉 비실재임을 뜻하는 것이 아닐까? 그리고 그 세계에서 빠져나온다는 것은 우리가 실재에 조금 더 가깝게 다가섰다는 걸 뜻하는 것이 아닐까? 마음 1보다 마음 2가 마음 3에 더 가깝다는 뜻에서.

----

14. 같은 책, 152쪽.

제2부

마음에 대하여

제3장
자아의 삶에 대하여

　유배의 이론들에 따르면, 우리가 이곳에 유배를 온 것은 자아에게 마음을 내주었기 때문이다. 마음을 장악한 자아는 영혼(= 영성)을 마음의 한쪽 귀퉁이로 밀어내고, 우리의 생각과 행동을 지배한다.

　우리가 자신의 생각과 행동을 이끄는 자아를 진정한 나 자신이라고 여기는 것은 당연하다. 하지만 유배 이론들은 자아는 진정한 자신이 아니라고 한다. 즉 우리 내면의 영성(= 영혼)만이 '진정한 나'라는 것이다.

　정신분석의 전통에서도 자아는 우리가 나 자신이라고 착각하고 있는 '그 무엇'을 뜻한다. 실제로는 나 자신이 아닌데 나 자신이라고 오해하고 있는 바로 '그것'이 자아라는 것이다. 다시 말해 정신분석적 의미에서 자아는 내가 나 자신이라고 오해하는 '어떤 것'이다.

　물론 프로이트와 융에게서 자아는 진정한 자기 자신은 아니지만, 그럼에도 자신의 무시할 수 없는 일부를 이룬다. 프로이트에게서 자아는 자기 자신을 조절하는 역할을 맡은 것이다. 융에 따르면 진정한 자신인 '자기(Selbst)'는 의식의 주체인 자아를 무시하지 말고 껴안아야 한다. 하지만 라깡에 이르면 자아는 나 자신에 대한 완전한 오해에 불과한 것으로 여겨진다. 자아는 내가 나 자신에 대해 갖는 잘못된 이미지들일 뿐이라는 것이다. 그래서 자아는 나 자신과 완전히 무관한 허상이다.

그렇다면 정신분석에선 무엇을 진정한 나 자신으로 여길까? 그것은 물론 무의식이다. 나의 생각과 행동을 진정으로 지배하는 무의식이 진정한 나 자신이라는 것이다.

하지만 유배 이론의 전통에선 무의식마저도 자아의 지배를 받는 것이다. 붓다가 '아이비설신의(眼耳鼻舌身意)'와 '색수상행식(色受想行識)'을 온전히 자아의 지배를 받는 것으로 여기고, 십자가의 요한이 감각 · 욕망 · 지성 · 기억 · 의지를 온전히 자아의 지배를 받는 것으로 여겼듯이 말이다.

따라서 정신분석과 유배 이론은 무엇이 진정한 나 자신인지에 대해 생각이 갈린다. 다음의 셋을 구분해보자.

1) 자아
2) 무의식
3) 영성

정신분석의 전통에선, 1)이 허구이고 2)가 진정한 나 자신이다. 반면, 유배 이론들에선 1)과 2)가 모두 허구이고, 3)만이 진정한 나 자신이다. 오히려 2)야말로 1)의 장소이므로, 1)과 2)의 구분이 불가능하기 때문이다.[1] 따라서 유배 이론에선 다음과 같은 대립구도가 성립한다.

$$\left(\text{1) 자아 = 2) 무의식}\right) \dashleftarrow\dashrightarrow \text{3) 영성}$$

나는 이 장에서 '자아'라는 용어를 1) 정신분석적 용법을 포괄하면서도, 2) 유배 이론들의 용법에 따라 사용할 것이다. 즉 '자아 = 무의식'의 뜻으

---

1. 물론 프로이트에겐 '자아의 무의식'이란 중요한 개념이 있다. 하지만 그것은 무의식의 상대적으로 표층적인 일부를 이룬다. 반면, 융은 영적 무의식의 존재를 암시한다.

로 사용할 것이다. 이 자아는 스스로를 '몸 + 이름'으로 여기는 존재이기도 하다.

우리의 마음이 자아(= 무의식)와 영성의 대립구도로 짜여있다면, 여기 이곳(= 유배지)에서 우리의 삶은 자아와 영성 사이의 갈림길을 부단히 마주하는 삶일 수밖에 없다.

물론 자아의 삶은 자아와 영성의 갈림길에서 부단히 자아를 선택하는 삶이다. 스스로를 자아라고 착각하면서 사는 삶이고, 마음을 장악한 자아가 이끄는 삶이기 때문이다. 하지만 우리의 삶이 자아의 삶으로 완전히 귀착되지는 않는다. 만일 그랬다면 세계는 자아들의 투쟁 속에서 이미 파괴되고 소멸했을 것이다. 즉 영성적 삶이 자아가 지배하는 삶에 적절하게 개입했기 때문에, 지상의 삶이 겨우겨우 유지되었으리라는 것이다.

자아의 삶과 유배지에서의 삶은 어떤 관계일까? 1) 유배지가 먼저 있고, 그 속에서 자아가 삶을 영위하는 것일까, 2) 아니면 자아의 삶 자체가 유배지의 삶을 이루는 것일까?

언뜻 생각하기엔 1)이 올바르게 여겨진다. 이 세계가 먼저 있고, 우리가 거기에 태어났기 때문이다. 그러니 유배지가 먼저 있고, 거기에 자아가 오염시킨 영혼이 유배를 온다는 것이 자연스러워 보인다.

하지만 그런 설정에 따르면 유배지는 신이 미리 만들어놓은 곳일 수밖에 없다. 그것이 가능할까? 사랑 자체인 신이, 어떤 이유에서건, 이처럼 폭력적인 유배지를 스스로 만들 수 있을까? 그것은 신이 그런 폭력을 자기 안에 담고 있어야만 가능하다. 하지만 폭력을 내포한 '신'은 악마에 가까운 존재이지 진정한 신(= 사랑 자체)일 수 없다.

"폭력적인 사랑의 신"이라는 모순적 설정은 유배지의 논리를 투사함으로써만 가능하다. 온갖 폭력을 거짓된 사랑으로 정당화하는 논리가 그것이다. 또 사랑을 배워서 자아를 지우려면 폭력적인 유배지에서 폭력을 경험하고 반성해야만 한다는 논리도 유배지의 논리이다.

만일 유배가 오염에 대한 '징벌'이라면, 사랑 자체인 신이 영혼을 징벌하는 것이 가능할까? 징벌이 사랑의 신의 속성일 수 있을까? 그럴 수 없다. 그런 '징벌'은 판단과 정죄의 논리에 따라 움직이는 자아가 자신의 모습을 투사해서 만들어낸 환상적인 설정이다.

그러고 보면, 붓다와 십자가의 요한의 유배 이론도 다분히 자기유배 이론의 성격을 지니는 듯하다. 붓다에 따르면 자아의 원천이라 할 수 있을 '무명'이 먼저 생겨나 세계의 질료를 만들어낸다(12연기의 둘째 단계인 지어냄). 그러고선 자아의 원천과 세계의 질료 사이의 일련의 상호작용(12연기의 셋째 단계부터 아홉 번째 단계까지)을 거쳐, '나'의 모태인 '존재'(12연기의 열 번째 단계)가 생겨난다. 그런 다음 그 '존재'가 깃들 세계가 지금의 모습처럼 성립하는 것이다.

십자가의 요한에게선 이론의 짜임새로부터 그런 추정을 할 수 있지만, 그가 직접 유배의 발생을 설명하지는 않으므로 자신 있게 말할 순 없다.

어쨌거나 『기적수업』이 대변하는 자기유배의 이론에 따르면, 신으로부터 분리된 원천적 자아가 '징벌'에 대한 상상적 두려움으로 인해 도피처인 세계를 만들어낸다. 그리고 '분리의 생각' 자체인 원천적 자아는 그런 생각에 따라 분열을 계속해서, 수많은 몸에 깃들어 이 세계로 들어온다.

그렇다면 세계를 유배지로 만드는 것은 서로 분열되어 대립하는 자아들이 아닐까? 원천적 자아가 이 세계를 만들어내었지만, 그 세계에 지금과 같은 지옥(= 유배지)의 성격을 부여하는 것은 자아들의 관계라는 것이다.

시몬 베유는 「신의 사랑에 관련한 무질서한 생각들」에서 이렇게 말한다.

"인간에게 주어진 유일한 선택은 여기 이곳에 대해 애착을 갖느냐 아니냐 하는 것이다. 만일 그가 여기 이곳에 대해 애착을 갖길 거부한다면, 그래서 태연자약하게, 아무것도 추구하지 않고, 움직이지 않고, 기다린다면, 심지어 무얼 기다리는지 알려고도 하지 않는다면, 신이 그에게 다가가는 여정을 몸소 행할 것임은 절대적으로 확실하다."[2]

하지만 사람들은 '여기 이곳'의 세계에 빠져든다. 그들의 자아가 다른 자아들과 맺는 관계로 인해서다. 그래서 신은 그들에게 다가가지 않고, 그들은 세계를 유배지로 만든다. 베유는 또 「조에 부스께에게 보낸 편지」에서 이렇게 말한다.

"모든 인간 존재에겐 특정한 시점이 있습니다. 모두들 그 시점을 모르지요. 본인 자신은 더더욱 그렇습니다. 하지만 그 시점은 이미 정해져 있습니다. 그 시점을 넘어서면 마음은 더 이상 처녀성을 가질 수 없습니다. 영원토록 표시된 그 정확한 시점 안에 마음이 선(善)에 사로잡히기를 동의하지 않으면, 그 이후 마음은 자신의 뜻과 상관없이 곧바로 악에 사로잡힙니다."[3]

모든 삶에는 미리 정해진 특정한 시점이 있는데, 그 시점 안에 선을 선택하기로 결단하지 않으면, 곧바로 악에 말려든다는 것이다. 그렇다면 그 시점은 다음과 같은 시점이다. 즉 우리가 모든 걸 고요하게 관조할 수 있는 평화를 놓치고, 마음의 준동(蠢動)에 따라 자아의 관계들 속에 공연히 끼어들기 시작하는 시점.

자, 내가 이 장에서 말하려는 것은 '빠져듦'이다. 우리가 이 세계에 왜 그리고 어떻게 빠져들어, 이 세계를 유배지로 만들어내는가, 하는 것이 그것이다.

---

2. Simone Weil, "Pensées sans ordre concernant l'amour de Dieu," *Pensées sans ordre concernant l'amour de Dieu*, 폴리오 문고관, 2015, 33~34쪽. 책 제목과 같은 제목의 논문이다.
3. Simone Weil, "Lettre à Joë Bousquet," 같은 책, 43~44쪽. 이 텍스트에서 베유는 흔히 영혼을 뜻하는 'âme(암므)'를 마음의 의미로 사용한다. 따라서 '마음'으로 옮겨주었다.

올바름에 대하여

이미 말했듯 이 세계에서 우리의 삶이 자아의 삶으로 완전히 귀착되는 것은 아니다. 하지만 기본적으로 이 세계는 스스로를 '몸 + 이름'이라 여기는 자아들 사이의 관계로 이루어진다. 중요한 것은 자아들이 스스로 신적인 존재가 되려 한다는 것이다. 그 근거는 자신의 올바름에 대한 확신이다.

물론 자아는 잘못을 뉘우치기도 하고 무능력을 한탄하기도 한다. 하지만 그것들에 현혹되어선 안 된다. 그런 자책들에도 불구하고 자아들은 언제나 자신이 올바르다고 믿는다. 그 증거는 우리가 언제나 자신의 올바름에 입각해 다른 사람들을 판단하고 있다는 사실이다. 즉 다른 사람들에 대한 자신의 판단의 올바름을 결코 의심하지 않는다는 것은 자신의 올바름을 근원적으로 믿는다는 것을 뜻한다.

서로 올바르다고 믿는 자아들의 관계는 결국엔 '지옥의 관계'로 귀착되지 않을까? 그래서 '나의 올바름'을 확신하는 자아의 삶은 '지옥의 삶'을 이루지 않을까? 이를 원천적인 죄책감의 귀결로부터 생각해보자. 프로이트에 따르면 우리의 원천적인 죄책감은 다음 두 과정을 통해 펼쳐진다.

1) 원천적인 죄책감 → 자기정죄 → 고통
2) 원천적인 죄책감 → 바깥으로 투사(投射) → 공격

이 두 과정은 실제론 동일한 과정의 두 측면이다. 즉 원천적 죄책감이 안으로 자기 자신에게 향하는 것이 1)의 과정이고, 바깥으로 다른 사람에게 향하는 것이 2)의 과정이다.

프로이트는 죄책감을 "처벌에 대한 욕구" 또는 "자기징벌의 욕구"라고

개념화한다.[4] 나는 죄를 진 존재이고, 따라서 징벌 받아 마땅한 존재라는 것이다. 자기징벌의 이 필요는 일종의 빚의 성격을 갖는다. 죄를 지었다는 것은 '빚'을 진 것이고, 그래서 죗값을 치러야 한다는 것이다.

그런 죗값이 바로 스스로에게 가하는 고통이다. "나는 죗값을 치러 마땅하다"는 무의식적 생각이 자기징벌의 무의식적 과정을 통해 스스로에게 고통을 부과한다는 것이다. 프로이트는 그 대표적 사례로 a) 부정적 치료 반응, b) 욕망의 성취를 앞두고서 포기하는 것, c) 스스로를 처벌하기 위한 범죄행위 등을 든다.[5]

하지만 원천적 죄책감에 따른 자기징벌은 프로이트가 생각한 것보다 더욱 일반적이어서, 훨씬 다양한 형태로 드러나는 듯하다. 즉 사람들이 감내하거나 향유하는 다양한 형태의 고통들은 자기징벌의 형태일 수 있고, 또 많은 질병들도 일종의 죗값의 형태로 초래된다는 것이다.

2)의 과정은 이런 자기징벌이 바깥으로 향한 것일 뿐이다. 자기 안에 있는 악을 다른 사람에게 투사해서, 자기를 징벌하는 대신 그 사람을 징벌한다는 것이다. 그럼으로써 나는 마땅히 내가 받아야 하는 징벌을 피해나간다.

그리고 이런 '투사 → 공격'의 과정을 동반하는 제3의 과정이 있다. 다음 과정이 그것이다.

3) 원천적인 죄책감 → 자기기만 → 올바름의 확신

이 3)의 과정은 2)의 과정에 상관적이다. 자신의 악들을 바깥으로 내보

---

4. 프로이트, 「마조히즘의 경제적 문제」, 『쾌락원칙을 넘어서』, 열린책들, 1997, 178쪽과 「문명 속의 불만」, 『문명 속의 불만』, 열린책들, 1997, 330쪽.
5. 프로이트, 「자아와 이드」, 『쾌락원칙을 넘어서』, 143~144쪽. 「마조히즘의 경제적 문제」, 177쪽. 「정신분석에 드러난 몇 가지 인물 유형」, 『예술과 정신분석』, 열린책들, 1997, 233~250쪽과 260쪽.

내야지만, 스스로의 '올바름'을 자기기만적으로 확보할 수 있기 때문이다.

또 이 3)의 과정은 1)의 과정의 이면을 이룬다. 1)의 과정만으론 살아갈 수 없기 때문에, 1)의 과정을 3)의 과정으로 보완한다는 것이다. 1)의 과정이 아주 깊숙이 무의식적이라면, 그에 비해 3)의 과정은 아주 깊숙이 무의식적은 아닐 것이다. 상대적으로 말이다.

3)의 과정은 2)의 과정의 원인이자 결과다. 2)의 투사의 과정은 결코 완전할 수 없다. 따라서 3)의 과정에 대립하는 1)의 과정이 지속된다. 마찬가지로 3)의 과정은 1)의 과정을 부인하고 억압하겠지만, 그것 또한 완전할 수 없다.

결국 3)의 과정을 통해 스스로를 기만하고, 2)의 과정을 통해 바깥으로 쫓아내도, 1)의 과정은 소멸하지 않는다.

어쨌거나 2)와 3)의 과정은 우리를 세계에 대한 심판관으로 만들어준다. 자신의 악을 다른 사람들에게서 보고, 또 자신의 올바름을 확신하기 때문이다. 그래서 나는 다른 사람들을 판단할 자격을 갖는다. 언제나 올바르기 때문이다. 반면 다른 사람들은 언제나 악을 드러내기 때문에, 언제나 판단되어야 한다. 물론 나의 올바름은 자기기만적 믿음에 불과하고, 다른 사람들의 악은 나의 악이 투사된 것이지만 말이다.

어쨌거나 자신의 올바름을 확신하는 나는 언제나 다른 사람들의 '악'을 준엄하게 판단한다. 그리고 이 판단들이 내 눈앞의 이 세계를 만들어낸다. 즉 이미 거기 있는 세계를 우리가 판단하는 게 아니라, 우리가 먼저 판단을 해서 세계가 생겨난다는 것이다. 이것이 올바른 순서다. 이를 좀 더 안쪽에서 들여다보자.

나는 앞선 연구들인 『내면으로』와 『영혼의 슬픔』에서 다음의 세 가지 인간적 사실을 제시했다.

1) 자아의 동일성

2) 조건의 차이

3) 영혼(= 영성)의 동일성

1) 자아의 동일성은 겉으로 드러나는 모든 차이들에도 불구하고 개별적 자아들의 근저에서 발견되는 동일성이다. 이 동일성은 모든 자아들이 동일한 법칙과 논리의 지배를 받고 있음을 뜻한다. 이 동일성의 원천을 설정한다면, 신으로부터 이탈한 원천적 자아일 수밖에 없다. 이 원천적 자아는 단일한 존재여서, 그로부터 모든 자아들의 운동법칙의 동일성이 도출된다. 운동법칙의 이 동일성은 모든 자아들의 실질적 동일성을 입증한다. 처한 조건에 따라 개별적 자아들이 어떤 차이들을 드러내든지 간에 말이다.

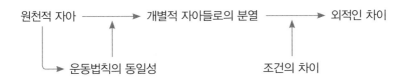

내가 바라보는 '나'는 다른 사람들과 구별되는 고유한 존재다. 차이 나는 수많은 조건들을 거치면서 고유하고 특별한 존재로 성립했기 때문이다. 이 고유하고 특별한 존재, 이것이 내가 생각하는 나의 '자아'다. 하지만 모든 자아의 동일성은 '고유하고 특별한 나'가 허상임을 함축한다.

즉 자아의 동일성은 '나'의 부재(= 죽음)를 뜻한다. 내가 나를 고유한 존재로 생각하는 한에서 말이다. 사람들이 죽음을 두려워하는 것은 고유한 존재인 '나'가 소멸되는 것이 두려워서다. 그러나 자아의 동일성은 나의 소멸을 전제한다. 그래서 자아의 동일성을 관념적으로 받아들이긴 쉬워도 진정으로 받아들이긴 어렵다.

우리에게 경험적으로 주어지는 첫 번째 사실은 자아들 사이의 너무도 뚜렷한 차이다. 너와 나는 너무도 다르다. 두말할 것이 없다. 두 번째 경험적 사실은 이 자아들이 서로 맞서 자신을 지키려 하고 서로 싸운다는 것이다. 하지만 자아의 동일성은 다음의 것을 전제한다. 자신을 지키고 싸우는 '방식'까지도 모든 자아에게서 완전히 동일하다는 것.

결국 자아의 동일성은 다음의 것을 뜻한다. a) 모든 자아는 똑같은 법칙과 논리에 따라 움직이고, b) 그 외의 모든 경험적 사실은 조건의 차이로 귀착되는 허상들이라는 것. 즉 내가 그토록 귀중하게 여기는 나의 개별적 삶이 실제론 꿈에 불과하다는 것이다.

3) 영혼(= 영성)의 동일성은 서로 대립하는 것들의 동일성인 자아의 동일성과 성격이 다르다. 영혼의 동일성은 하나로 연결되어 있는 것들의 동일성, 실제로 하나를 이루는 것들의 동일성이다. 영혼들은 분리된 몸들에 나뉘어 있지만, 모두 영적 실재의 일부를 이루기 때문에 동일하다.

영혼의 이런 동일성은 자아가 완전히 제거되면 온전히 드러날 것이다. 하지만 영혼들은 자아에 의한 외적 오염으로 인해 몸들 사이에 나뉘어 있을 때도 서로 연결되어 있다. 이 연결성은 하나를 이루는 것의 연결성이다. 이것은 사무치는 사랑에 시달려 자신을 버리는 그러한 사랑들 사이의 연결성과 같은 게 아닐까?

라깡은 『세미나』 20집에서 "존재로 하여금 이 세계에서 감내할 수 없는 것을 견디게 해주는 것"이 영혼이라고 한다.[6] "이 세계에서 감내할 수 없는 것"이란 자아들이 만들어내는 지옥의 삶이다. 그래서 라깡에게서 영혼은 "이런 치명적 운명에 맞서서, 내가 일종의 시를 통해 용기라 부른 것을 실천할 수밖에 없는 사랑"이기도 하다.[7] 즉 치명적인 자아의 삶에 맞서서 용기를 주는 사랑이 영혼이라는 것이다.

---

6. J. Lacan, *Le séminaire*, XX, Seuil, 1975, 78쪽.
7. 같은 책, 131쪽.

라깡은 "영혼이 영혼을 영혼한다"고 말한다.[8] 그 뜻은 자아가 오염시켜 나누어진 신적 사랑들이 그럼에도 서로를 신적으로 사랑한다는 것이다. 즉 "사랑이 사랑을 사랑한다"는 것. 이것이 영혼의 동일성이다. 자아를 초월해 하나를 이루는 사랑들의 동일성이 그것이다.

1) 자아의 동일성은 조건의 차이들이 규정하는 경험적 현실 속에서 자취를 감춘다. 반면 3) 영혼의 동일성은 조건의 차이들에 의해 저촉받지 않는다. 신적인 사랑으로서 영혼은 항상성에 의해 특징지어지기 때문이다.

여기서 우리의 관건은 2) 조건의 차이다. 조건의 차이가 올바름의 차이를 만들기 때문이다. 올바름은 언제나 정당한 이유들을 갖는데, 조건의 차이는 그런 이유들의 차이를 만들기 때문이다.

조건의 차이 ──→ 이유들의 차이 ──→ 올바름의 차이

사람들은 차이 나는 무수한 조건들을 거쳐서 살아간다. 그래서 항상 이유의 차이들을 갖고, 그 결과 상이한 올바름들을 갖는다. 상이한 올바름들을 갖는다는 것은 그 올바름들이 공존할 수 없음을 뜻한다. 즉 특정한 올바름에게 자기의 이유들이 아닌 다른 이유들은 정당하지 않은 것들이고, 그래서 그런 이유들에 입각한 다른 올바름들은 가짜 올바름들로 여겨진다.

이처럼 말하는 것이 과장일까? 그렇지 않다. 우리의 내면엔 다른 올바름들을 가짜 올바름으로 여기는 확고한 태도가 존재한다. 레비나스는 『전체성과 무한』에서 "소크라테스적 전통에서 이상적으로 여기는 진리는 동일자의 근본적인 충분함에 입각하는 것"이라고 한다.[9]

소크라테스적 전통이란 오늘날까지 지배적 영향력을 행사하는 서양 철학의 주된 전통이다. "동일자의 근본적인 충분함"이란 나 자신의 입장에

---

8. 같은 책, 78쪽.
9. Emmanuel Lévinas, *Totalité et infini*, Livre de poche, 1994, 35쪽.

입각한(= 동일자의) 진리만으로 충분하다는 것이다. 예컨대 내가 남성 자유인이라면 여성의 진리나 노예의 진리는 가짜라는 것이다.

하지만 '동일자의 근본적인 충분함'이 다른 이유들에 대한 도식적 배척에만 입각한 것은 아니다. 동일자가 그 존재를 몰라 도식적으로 배척조차 할 수 없는 또 다른 이유들이 있기 때문이다. 그 이유들은 지각조차 되지 않아서 '부재'하는 이유들이기 때문에, 자연스럽게 무시된다. 즉 그 이유들은 서로 부딪치는 논리적 이유들이 아니라, 서로의 지각 망을 빠져나가는 결이 다른 이유들인 것이다.

자, 조건의 차이를 다음 두 형태로 나눠보자.

a) 위치의 차이
b) 감각의 차이

a) 위치의 차이는 사람들이 사회 속에서 차지하는 위치의 차이다. 남녀의 차이, 빈부의 차이, 인종 · 신분 · 직업의 차이, 가족관계의 차이 같은 것들이 그것들이다. 이런 차이들에서 비롯되는 올바름의 차이들은 종종 구조적 대립 또는 적대의 관계를 갖는다.

하지만 a)에 따른 올바름의 차이들은 확연한 규정성들에 따른 차이들이기 때문에, 도식적 배척만 제거된다면 오히려 손쉽게 소통될 수도 있다. 조건의 차이에서 올바름의 차이로 이어지는 인과성이 상대적으로 명확하기 때문이다.

반면, b) 감각의 차이에 따른 올바름의 차이들은 소통이 훨씬 어려울 수 있다. b) 감각의 차이는 수많은 조건들이 축적되어 형성된, 느끼고 생각하고 행동하는 스타일의 차이이기 때문이다. 즉 감각의 차이는 논리의 망을 벗어나는 섬세한 결의 차이다. 따라서 그에 따른 올바름의 차이들도 결을 섬세하게 달리하는 차이들이다.

그런 올바름들 사이에선 소통이 불가능에 가까울 수 있다. 평생을 같이 살아온 부부 사이에 소통이 될 듯 말듯 하면서도 결코 이루어지지 않듯이. 또는 소통이 전혀 되지 않는데도 잘 이루어진다고 믿고 살듯이 말이다. 이 경우 상대의 올바름들은 나의 지각 망을 교묘하게 빠져나간다. 서로 간에 올바름의 결들이 어긋나기 때문이다.

바츨라빅과 그의 동료들에 따르면, 우리는 관계에서의 '문제'를 풀기 위해 언제나 '해결책'을 제시한다. 하지만 진짜 문제는 나의 '해결책'이 상대의 '작용'에 대한 나 자신의 악순환적 '반작용'에 불과하다는 것이다. 그래서 그 '반작용'이 오히려 문제적 관계의 항상성을 재생산한다는 것이다. 이는 곧 다음의 사실을 뜻한다. 나의 '해결책' 자체가 '문제'의 일부를 이루고 있다는 것.[10]

바츨라빅과 그의 동료들의 이 통찰은 다음 사실을 함축한다. 즉 나는 나의 올바름 속에 갇혀 있어서, 상대의 올바름의 이유들을 짐작조차 못한다는 것. 그래서 우리가 앞서 제시했던 다음의 등식과 같은 귀결이 생겨나지 않을까?

나의 올바름 = 나의 불행

나는 나의 올바름만을 본다. 상대의 올바름은 나를 빠져나간다. 올바름의 결이 달라서다. 다른 어떤 게 아니라 바로 이것이 나의 불행이다. 나는 상대를 받아들이지 않고, 나도 상대에게 받아들여지지 않는다. 그래서 진정한 관계가 맺어지지 않는다. 더 나아가선, 수많은 올바름들 가운데 나의 '올바름'만이 진짜라고 하는 나의 독선(獨善)으로 인해, 관계가 파탄에 이른다.

---

10. P. 바츨라비크(외), 『변화』, 동문선, 1995, 51, 80, 106, 107쪽.

이 불행은 내가 상대의 마음(= 조건에 따른 이유들 = 올바름들)을 보지 못해서 생겨난다. 상대의 마음은 내 마음의 그물망을 빠져나간다. 그렇다면 내가 보는 건 무엇일까? 내가 보는 건 나의 기준들과 판단들일 뿐이다. 결국 나는 바깥에서 나의 마음만을 본다.

ᴘᴘᴘ

구성주의 학파를 대표하는 학자인 움베르또 마뚜라나는 이렇게 말한다. "자신의 주장이 절대적으로 옳다고 생각하는 사람들은 모두가 하나의 근본적인 잘못을 범하고 있는 것입니다. 그들은 믿기와 알기를 혼동합니다."[11] 즉 올바름은 단지 믿음일 뿐이라는 것이다. 마뚜라나에 따르면, 그 이유는 우리가 보고 있는 '현실' 자체가 객관적인 것이 아니라 우리의 믿음일 뿐이기 때문이다. 즉 우리는 우리의 마음이 믿는 대로만 본다는 것이다.

그래서 마뚜라나는 객관성에 '괄호'를 친다. 객관적 진리는 없다는 것이다. 또 그는 이렇게 말한다. "그것[괄호 친 객관성]의 감정적 기초는 다른 인간들과의 교제를 즐기는 것입니다."[12] 즉 객관적 진리는 부재하기 때문에, 시시비비를 가릴 필요가 없고, 서로를 존중하면서 교제를 즐기면 된다는 것이다.

우리가 자신의 마음만을 볼 뿐임은 구성주의에서 말하는 '자기 순환적 준거성' 때문이다. 즉 우리의 마음 안에서 믿음들이 서로에 준거해서 서로를 확인시켜준다는 것이다. 이를테면 이전의 믿음에 부합하는 것만이 새로운 믿음으로 받아들여지고, 또 이전의 믿음이 이 새로운 믿음에 의해 다시 확인되는 식이다. 또 그것은, 바츨라빅이 편집한 어떤 책에 나오듯, 어

---

11. 움베르또 마뚜라나, 『있음에서 함으로』, 갈무리, 2006, 40쪽.
12. 같은 책, 65쪽.

떤 사실을 다시금 확인하려고 아침에 읽었던 똑같은 신문기사를 반복적으로 읽는 것과 마찬가지인 것이다.

이처럼 서로를 지탱하는 믿음들 사이를 순환한다는 것은 다음의 사실을 뜻한다. 우리가 자신의 마음 안에 갇혀 있다는 것. 다시 말해, 자신의 마음 바깥으로 나오질 못한다는 것. 똑같은 신문기사를 다시 읽으며 사실을 확인하듯, 실질적으로 똑같은 마음이 반복된다는 것이다. 다음처럼 정리를 해보자.

1) 나는 내 마음속에 갇혀 있다.
2) 나는 내 마음속에만 갇혀 있으므로, 항상 올바르다.
3) 그러나 또한 나는 내 마음속에만 갇혀 있을 뿐이므로, 항상 틀리다.
4) 나의 올바른 판단은 항상 틀리다.

나는 외적 세계를 지각하고, 그 세계에 개입하며, 또 그 세계의 반작용에 대해 다시 반작용한다. 하지만 나는 이 모든 것을 내 마음을 통해서, 내 마음속에서만 행한다. 즉 나는 내 마음속에 갇힌 채로 이 세계에서 활동한다. 그리하여 나는 이 세계 속에서 활동하는 듯이 보이지만 실제로는 오직 마음속에 갇혀 있다.

그래서 나는 항상 올바르다. 이것은 당연하다. 나는 언제나 내 마음속에서만 존재하므로 말이다. 내 마음은 언제나 정당한 이유들을 갖고 있고, 그런 정당한 이유들에 따른 나의 판단과 행동은 언제나 올바를 수밖에 없기 때문이다.

하지만 똑같은 이유로 인해 나는 항상 틀리다. 당연하지 않을까? 언제나 자신의 마음속에만 갇혀 있는데, 어떻게 올바를 수 있을까?

'올바름'은 단지 내 생각 속에서의 올바름일 뿐이다. 실제론 나는 항상 틀리다. 다른 마음들이 내 마음의 그물망을 빠져나가기 때문이다. 나는 단지 내 마음속에 갇혀 있을 뿐이므로, 언제나 내 마음만을 듣는다. 그래서 레비나스가 '동일성'을 벗어나는 '타자성'이라고 말한 다른 마음들은 내 마음을 빠져나간다. 그처럼 빠져나간 다른 마음들의 관점에서 볼 때, 내 마음은 항상 틀리다.

바츨라빅은 변화 1과 변화 2를 나눈다. 변화 1은 마음의 짜임새 안에서의 변화고, 변화 2는 미음의 짜임새 자체를 변화시키는 것이다.[13] 변화 2를 시도하는 것은 마음의 기존 짜임새가 문제를 일으키기 때문이다. 즉 마음의 기존 짜임새가 '항상 틀렸음'이 드러나기 때문이다.

하지만 변화 2를 통해 마음의 짜임새를 바꾸더라도, 항상 틀렸던 마음이 올바르게 되는 건 아니다. 다만 다른 마음들의 빠져나감이 다소 줄어들어서, '문제'를 수습할 수 있게 되었다는 정도다. 결국 세계의 조건들을 통해 형성된 자아의 마음의 짜임새 자체가 소멸되지 않는 한, 나는 항상 틀릴 수밖에 없다.

내가 항상 틀리다는 사실은 나의 정확하고 올바른 판단들이 항상 틀리다는 것이다. 마음의 자기 순환적 준거성에 따라 마음 안에서만 뱅뱅 돌 뿐인 내 판단이 어떻게 올바를 수 있을까? 나는 언제나 마음의 안쪽 벽만 따라서 걸을 뿐이다. 내가 마음속에 갇혀 있으니 어쩔 수 없는 일이다. 내가 마음의 안쪽 벽만 따라 걷는다는 사실은 다음의 것을 함의한다. 즉 외부의 물질세계는 내 마음의 운동을 위한 '재료'에 불과하다는 것.

그렇다면 이 '재료'는 실재하는 것일까? 여기서 다음의 두 가지 사이의 관계를 생각해보자.

1) 마음속에 갇혀 있음
2) 세계의 존재

---

13. P. 바츨라비크(외), 앞의 책, 28~29쪽.

1)과 2)가 양립할 수 있을까? 나는 내 마음속에 갇혀만 있을 뿐인데, 내 마음 바깥의 세계는 왜 존재하는 것일까? 마음이 자기 자신 속에만 있으면, 세계와 관계할 수 있을까?

유배 이론들에선 2)를 부정한다. 그러나 세상 사람들은 모두 2)를 인정한다. 만일 세계가 없다면 우리는 어디에 있다는 것일까? 그 대답은 이렇다. 우리는 '없는 것'과 관계를 맺고 있으므로, 오직 환각 속에 있다는 것이다.

마뚜라나는 이렇게 말한다. "'관찰자와 독립적인' 실재와 관련하여, 그것이 존재한다는, 게다가 명백하게 주어진 것으로 간주된다는 주장을 타당한 것으로 만들어줄 가능성은 없습니다. 그 누구도 외부의 실재 또는 진리에 접근할 특권을 가지고 있다고 주장할 수 없습니다."[14]

자, 나 자신과 세계를 차분하게 관찰해보자. 지금 내 마음이 존재한다. 내 마음은 지각을 하고 생각을 한다. 하지만 내가 지각하는 내 마음 바깥의 세계가 진짜로 존재하는지는 알 수 없다. 확실한 건 내 마음의 지각 행위뿐이기 때문이다. 바깥 세계는 환각일 수도 있고 꿈일 수도 있다.

하지만 우리의 마음 가운데 이 세계와 관계하는 것은 영성이 아니라 자아다. 그러니 만일 내가 내 마음을 지배하는 자아를 온전히 제거할 수 있다면, 나는 이 세계에서와는 전혀 다른 것들을 보고 들을 수 있을 것이다. 그렇다면 이제 이 세계라는 전제로부터 좀 더 자유로워지도록 하자. 자아가 세계에 빠져드는 환각적 과정에 가닿기 위해서.

14. 움베르또 마뚜라나, 앞의 책, 39~40쪽.

빠져듦의 의미

자, 우리가 '세계'라는 전제에 대해 의심을 가지면, 여태껏 우리가 논의한 것 가운데 모순이 생겨난다. 다음 두 가지의 상반된 성격이 그것이다.

첫째로, 조건의 차이에 따라 올바름들의 차이가 생긴다는 것은 세계가 마음을 규정한다는 것이다. 하지만 둘째로, 마음은 다시 믿음을 통해 '객관적'이라 여겨지는 세계를 만들어낸다는 것.

이를 다음처럼 정리를 해보자. 화살표(→)는 규정을 뜻한다.

1) '조건의 차이 → 올바름들의 차이'는 '세계 → 마음'을 뜻한다.
2) 내가 바깥에서 나의 마음만을 본다는 것은 '마음 → 세계'를 뜻한다.

1)과 2)의 관계는 어떨까? 1)이 앞설까, 2)가 앞설까? 1)이 앞서면, '세계 → 마음 → 세계'의 관계가 성립한다. 반면 2)가 앞서면 '마음 → 세계 → 마음'이 성립한다.

나는 앞선 연구인 『영혼의 슬픔』의 제3장 「자아가 만드는 세상」에서 2)가 1)에 앞선다는 입장을 제시했다. 그 논거들은 a) 마뚜라나에 의해 대변되는 생물학적 구성주의, b) 바츨라빅의 심리학적 구성주의, c) 최면과학의 성과들, d) 『기적수업』의 입장이었다.

d) 『기적수업』에 따르면, 이 세계는 신으로부터 이탈한 관념인 원천적인 자아가 신에게서 도피하기 위해 만들어낸 것이다. c) 최면과학은 '관념-운동 현상'의 입증을 통해, 마음의 '형성력'이 세계를 만들어낼 수 있음을 실증해준다. b) 바츨라빅은 이 세계가 우리의 마음이 만들어가는 하나의 과정임을 논증해낸다. 즉 우리의 관점에 대해 반작용해오는 세계에 대해 우리가 다시 반작용함으로써 과정으로서의 세계가 만들어진다는 것이다. a)

생물학적 구성주의는 우리의 지각이 세계를 만들어냄을 논증한다.

어쨌거나 이 논거들이 지지하는 것은 마음이 세계를 만들어낸다는 것이다. 하지만 이때 마음이 만들어낸 세계는 실재가 아니라 환상이다. 신의 마음이 '창조'한 실재가 아니라, 원천적인 환상인 자아가 '만들어낸' 2차적인 환상이기 때문이다.[15] 그 관계는 다음처럼 그려볼 수 있다.

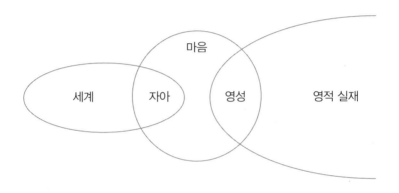

이 도식에서 마음은 자아와 영성(= 영혼)이 작용하는 무대다. 영성은 마음속에 현존하는 영적 실재(= 신)의 부분이다. 자아는 영성에 맞서 마음을 잠식하고 있는 환상적 관념이다. 환상적 관념인 자아는 세계를 만들어내고 세계를 통해 스스로를 지탱한다. 이 도식에서 세계는 유한성으로 인해 닫혀 있다. 반면, 무한한 영적 실재는 열려 있다.

자, 다시 앞으로 돌아가자. 2)가 1)보다 앞서면, '마음 → 세계 → 마음'의 관계가 성립한다. 이때 '마음'은 자아의 마음, 즉 자아에 의해 잠식된 마음이다.

---

15. 신에 의한 것으로서의 '창조'와 자아에 의한 것으로서의 '만듦' 사이의 이 구분은 『기적수업』(*A Course in Miracles*, Foundation for Inner Peace, combined volume, 2007)에 따른 것이다.

'마음 → 세계 → 마음'의 관계에서 두 번째 고리인 '세계 → 마음'은 다음의 것을 뜻한다. 즉 마음이 자신이 만들어낸 세계가 환상인 줄 모르고 오히려 그것에 의해 규정되고 그것에 종속된다는 것. 이는 올바름들의 차이(= 마음들의 차이)를 규정한 조건의 차이(= 세계)가 실제로는 환상에 불과함을 함의한다. 그래서 이 관계는 다음처럼 제시해야 더 명확하다.

자아의 마음 ⟶ 환상으로서의 세계 ⟶ 자아의 마음(올바름들의 차이)

자아가 만들어낸 환상인 이 세계는 유일한 실재인 영적 실재에 대립하는 것이다. 아래처럼. 이 대립은 우리의 마음속에 있는 어둠과 빛의 대립이다.

환상으로서의 세계 ⟵⟶ 영적 실재

문제는 자아의 마음이 자신이 만들어낸 세계가 실재인 줄 알고 빠져든다는 것이다. 그리고 이 세계에 빠져드는 만큼 영적 실재는 마음으로부터 멀어진다.

　　　　　　빠져듦　　　　　　　멀어짐
세계 ⟵———— 마음 ————⟶ 실재

자, 세계에 빠져듦은 실재가 아닌 환상에 빠져드는 것이다. 그리하여 세계에 의해 규정되는 것도 실재가 아닌 환상에 의해 규정되는 것이다.

물론 자아는 마음속에 갇혀 있고, 그래서 세계라는 환상을 오직 마음의 그물망을 통해서만 받아들인다. 즉 세계와 자아의 관계는 세계에 대한 자아의 '내적인' 관계일 뿐이다. 그래서 나는 내가 보기에는 항상 올바르고, 실제로는 항상 틀리다.

그렇다면 마음으로부터 멀어지는 것은 영적 실재만이 아니다. 첫째로는, 다른 사람들의 마음(자아의 패턴 + 영성)이 멀어진다. 나는 내 마음의 안쪽 벽만을 따라 걸으므로, 다른 사람의 마음은 온전히 전달될 수 있는 통로를 잃는다. 둘째로는, 나 자신의 마음이 멀어진다. 마음의 안쪽 벽만을 맹목적으로 따라 걸어서, 마음 자체를 바라볼 수 없기 때문이다.

이제 우리가 세계에 어떻게 빠져드는지를 가장 단순한 형태 속에서 생각해보기로 하자.

빠져듦의 기본 형식 ─ 원하지 않는 것을 욕망하기

우리는 세계에 빠져들어 있다. 뿌리의 밑둥까지 통째로 삼켜진 것처럼. 그런 우리는 당연히 세계가 실재한다고 믿고, 또 이 세계가 '전부'라고 생각한다. 세계 바깥엔 아무것도 없다는 것이다. 대부분의 유신론자들도 자아의 신을 믿는 한에서 그렇게 생각하지 않을까?

세계에 빠져든 우리는 그처럼 빠져든 과정을 생각하려 하지 않는다. '깊이 빠져있음'은 빠져든 상태 자체에 대해서는 '생각하지 않음'이기 때문이다. '생각'은 깊이 빠져있음을 교란하기 때문이다. '깊이 빠져있음'은 몰두 또는 침잠의 성격을 가지기 때문에, 거리를 둔 성찰을 허용하지 않는다.

늪에 빠져 허우적거리는 사람은 거기서 빠져나오겠다는 일념으로 혼신의 힘을 다한다. 하지만 세계에 깊이 빠져든 우리는 세계를 사랑한다. 세계에서 빠져나오는 것을 끔찍한 공포로 여기면서 말이다.

빠져듦에 대해 생각하기는 빠져나옴의 통로를 열어줄 수 있다. 빠져듦의 순서를 거꾸로 밟아 가면 빠져나옴의 길이 되기 때문이다. 그래서 빠져듦을 생각하는 건 두려움을 가져다준다. 우리가 사랑하는 세계를 떠나는 두려움이 그것이다.

하지만 나의 능력으론 세계에 빠져드는 과정을 온전히 재구성하는 것은 불가능하다. 내가 여기서 행할 수 있는 것은 그저 내가 존경하는 몇몇 학자들의 기여를 특정한 관점에서 한데 묶어주는 것일 뿐이다. 그 결과, 아마도 나는 '전체성'으로서의 빠져듦의 과정을 그저 조각난 단편들을 하나하나씩 깁듯이 대략적으로 제시할 수 있을 듯하다. 우선 빠져듦의 가장 단순한 형식을 제시해보기로 하자.

이 세계에 빠져드는 것은 영성이 아니라 자아의 마음이다. 영성은 이 세계가 아닌 영적 실재(= 신)에 속하기 때문이다. 자아의 마음은 어떤 계기들을 통해 세계에 빠져들까? 우선 자아의 능동적 계기인 욕망에서 출발해보자. 자아의 욕망에서 빠져나오는 길이야말로 세계로부터 빠져나가는 성스러움의 길이므로 말이다.

이때 '성스러움'이란, 다음 장에서 다룰 것이듯, '신성함'에 대립하는 것이다. 김민기 선생님이 「봉우리」란 노래에서 말하듯이 신성함이란 '뾰족한 봉우리'처럼 높은 곳에만 존재한다. 반면, 성스러움은 "낮은 데로만 흘러 고인 바다" 같은 게 아닐까?

신성함은 스스로를 높여 세계에서 추앙받으려는 자아의 욕망을 투사하고 구현한 것이다. 반면, 성스러움은 자아의 욕망을 완전히 제거해서 이 세계에선 '아무것도 아닌 것'이 되는 것이다. 어쩌면 우리는 자아의 욕망이 달성된 뒤 오직 공허만을 느끼는 경험을 반복하면서, 비록 멀리서나마 성스러움을 동경하게 되는 게 아닐까? 그러나 어쩌면 우리가 원래부터 내면의 깊은 곳에서 욕망하던 것이 성스러움이었다면, 자아의 욕망은 '원하지 않는 것을 욕망하는 것'일 수 있다. 이를 먼저 생각해보자.

이를테면 이런 것이다. 어떤 여성이 한 남성에게 별다른 생각 없이, 별로 큰 열정 없이 그저 한 번 그래볼까 하는 생각에서 "섹스를 하자"고 한다. 남성이 그걸 거절한다. 그랬더니 별로 큰 열정도 없던 여성에게서 강렬한 욕망이 생겨난다. 거절을 당해서 자존심에 상처를 받았기 때문이다. 이때 생겨나는 욕망은 그 남성과 성관계를 맺으려는 욕망(= 욕망 1)이 아니다. 그것은 자존심을 만회하려는 욕망(= 욕망 2), 거절을 한 그 남성을 종속시키려는 욕망이다.

이런 것이 자아의 욕망의 근본적 성격이다. 진정으로 자신이 원하는 걸 욕망(= 욕망 1)하는 게 아니라, 다른 사람과의 관계 때문에 원하지도 않는 것을 욕망(= 욕망 2)하는 것.

아니 에르노는 자전적 소설 『집착』에서 다음과 같은 얘기를 전한다. 즉 그녀는 육 년간 사귀던 W와 몇 달 전에 관계를 끝낸다. W가 원했던 동거를 받아들일 수 없어서고, 또 싫증이 나서이기도 하다. 하지만 W가 다른 여자와 동거할 거란 소식을 듣고 그녀는 다시 강렬한 욕망에 사로잡힌다. "모든 것이 와르르 무너져내리는 듯한 감각 속에서도 나는 새로운 무언가가 솟아올랐음을 깨달았다."[16] 소설 제목처럼 '집착'이 시작되었다는 것이다.

하지만 아니 에르노가 W 자신을 원한 것(= 욕망 1)은 아니다. 그녀는 그에게 '싫증'을 느꼈으므로. 그렇다면 그녀가 다시 욕망한 것은 W와의 어떤 '관계'다(= 욕망 2). W가 자신만을 바라보는 관계, W가 자신의 정신적 노예가 되는 관계가 그것이다. 결국 그녀는 자신이 원하는 걸 욕망하는 게 아니라, 자신의 특정한 위치를 유지하기 위해 원하지 않는 것(W)을 욕망한다.

그렇다면 자아의 욕망은 아래의 도식 같은 과정을 거칠 것이다. 이 도식은 프랑스 구조주의 전통에 입각한 도식이다. 즉 프랑스 구조주의 전통은 앞으로 살펴볼 가치의 허무를 이미 간파하고 있었던 것이다.

---

16. 아니 에르노, 『집착』, 문학동네, 2005, 11~12쪽.

내가 원래 가치를 전혀 두지 않던 어떤 것, 예컨대 A가 있다. 그런데 세계의 관계 속에서 어떤 위치를 유지하려면 A가 필요하다. 그래서 A는 새롭게 가치를 지니게 되고, 나는 열렬히 A를 욕망하게 된다(욕망 2). 중요한 건 내가 원래 A를 욕망하지 않았다는 것이다. 원하지 않는 걸 욕망하는 자아의 욕망은 이런 과정에 따라 성립한다.

장 보드리야르에 따르면, 소외된 인간은 "자신에 대해 악이 되고 적(敵)으로 변한 인간"이다. 그는 소외를 "악마와의 거래 구조 자체"라 하고, 소외 상태에선 "존재로부터 떨어져 나와 객체화된 힘들이 끊임없이 존재를 대신해 존재가 되면서 존재를 죽음으로 내몬다"고 한다.[17] 보드리야르의 이런 말들은 좀 지나칠까?

만일 진정한 자신이 '영혼 = 영성'이라면, 소외된 인간은 자신의 영혼에 대해 등을 돌린 인간이다. 그렇다면 자아의 욕망으로 인해 영혼을 배반한 모든 인간은 자신으로부터 소외된 인간일 것이다. 세계의 관계에 말려들어, 영혼이 원하지 않는 엉뚱한 걸 욕망하기 때문이다. 관계 속의 어떤 위치를 확보하려고, 원래 원하지 않던 A를 새롭게 열렬히 욕망하는 것처럼. 그래서 자아의 욕망은 "자기 자신(= 영혼)에 대해 악이자 적"이다.

보드리야르가 말하듯, 이런 자기 소외를 "악마와의 거래"라고 할 수 있을까? 그처럼 말하는 것은 지나친 과장이 아닐까?

아니다. 그렇게 말할 수 있다. 자기 소외가 자신의 영혼에 등을 돌리고

17. 장 보드리야르, 『소비의 사회』, 문예출판사, 1999, 322~323쪽. 불어판(갈리마르의 '이데' 문고판)을 참고해 번역을 약간 수정했다.

'세계의 관계'에 말려드는 것이라면 말이다. 그런 말려듦의 파장이 생각보다 훨씬 더 크기 때문이다. 즉 그런 말려듦은 영혼에서 떨어져 나온 자아의 욕망으로 하여금 "존재를 대신해 존재가 되면서 존재를 죽음으로 내몰게" 하기 때문이다. 자아의 그런 욕망은 다음과 같은 과정을 밟지 않을까?

말려듦 ⟶ 사로잡힘 ⟶ 자기파괴

앞서 보았듯 시몬 베유는 삶에는 미리 정해진 시점이 있어서, 그 시점 안에 선을 선택하기로 결단하지 않으면 곧바로 악에 말려든다고 한다. 아마도 그 시점은 여태껏 속성을 감추었던 자아가 세계의 관계가 부과하는 악순환적 대립 속에서 스스로를 서서히 드러내기 시작하는 시점일 것이다. 우리는 세계의 결백을 믿고 관계 속에 끼어든다. 하지만 이내 그 관계 속에서 나를 부정하는 대립적 힘들과 마주친다. 그리고 그 힘들에 반작용하면서, 그 힘들을 이기고 싶어 하면서, 악순환의 수렁에 첫발을 내디딘다.

이것은 '수렁'이다. 스스로의 힘으로 거기서 빠져나오기가 무척이나 힘들기 때문이다. 그 이유는 나의 자아가 그 수렁의 유혹을 물리치려 하기는커녕 오히려 사랑하기 때문이다. 자아는 그 대립적 악순환의 열정적인 한 축을 이룬다. 나의 마음은 그런 자아를 통제하지 못한다.

이것이 말려듦이다. 말려듦 다음에는 당연히 '사로잡힘'이다. 관계 속에 한 번 말려든 나는 이내 자아들의 투쟁에 사로잡힌다. 앞으로 살펴볼 것이듯, 그 투쟁의 배경에는 사랑의 국지적 정세에서의 가치관계가 있다. 즉 우리는 상대를 물리치고 '가치'—자기를 확인하고 사랑을 받는 수단—를 획득하기 위한 투쟁에 사로잡힌다. 사로잡혔다는 것은 우리가 마음을 그 투쟁에 온전히 내주었다는 것이다. 일시적인 관계가 부여한 어떤 가치가 절대적인 것이 되도록.

이런 사로잡힘은 '자기파괴'로 이어질 수 있다. 원하지 않는 걸 욕망(=

욕망 2)하면서 원하는 것들(= 욕망 1)을 떠나보내기 때문이다. 즉 사랑의 빛들이 떠나가면서 피폐화되는 것이다. 더욱이 나는 다른 자아들을 공격하면서 나 자신을 파괴한다. 첫째로는, 그들에게서 본 나 자신의 모습을 공격하면서, 내 마음속에서 나 자신을 파괴하기 때문이다. 둘째로는, 내가 맞서 싸우는 그들이 영성적으로 나 자신과 연결된 또 다른 나 자신들이기 때문이다.

***

그런데 시몬 베유는 '원하지 않는 것을 욕망하기'의 원인을 보다 근원적인 곳에서 찾는다. 즉 그녀는 우리 삶의 근저에 놓인 거짓말로부터 그것을 설명한다. 그녀는 이렇게 말한다.

"우리는 잘 알고 있다. 지금 가지고 있는 물건들, 부, 권력, 명성, 지식, 내가 사랑하는 사람들이 되돌려주는 사랑 그리고 그들의 유복함이 아직 충분한 만족을 주지 못한다는 것을. 하지만 우리는 생각한다. 그것들이 조금 더 많아지면 만족할 텐데 하고. 우리가 그처럼 믿는 것은 스스로를 속이기 때문이다. 만일 그것에 대해 잠시만이라도 진정으로 생각해본다면, 그것이 거짓임을 알 수 있다."[18]

시몬 베유가 여기서 말하는 것은 우리가 삶의 공허를 직면할 용기가 없어서 부단히 엉뚱한 것들을 추구하면서 한눈을 판다는 것이다. 결국 우리가 삶에 거짓된 의미를 두기 위해 자신을 속인다는 것이다. 그녀는 또 이렇게 말한다.

---

18. Simone Weil, "Pensées sans ordre concernant l'amour de Dieu," 앞의 책, 11쪽.

"우리는 항상 다른 것을 원한다. 우리는 무엇인가를 위해 살고 싶어 한다. 하지만 우리가 그것을 위해 살아야 하는 그 무엇은 여기 이곳엔 아무것도 없다. 이를 알려면 스스로에게 거짓말하기를 멈추는 것으로 충분하다."[19]

우리는 십자가의 요한이 말한 것과 같은 '어둔 밤'을 피하려고 부단히 엉뚱한 것들을 추구하고 또 만들어낸다. 즉 자아는 삶의 공허로부터 도피하려고 무엇인가를 욕망한다. 이것은 근원적인 자기기만이다. 1) 여기 이곳에 아무것도 없음을 알면서도, 2) 무엇인가가 있으니 그것을 추구해야한다고 부단히 스스로를 속인다는 것이다. 그래서 이번엔 다음과 같은 도식이 성립한다.

물론 앞의 인용문에서 베유가 열거한 것들, 즉 "물건들, 부, 권력, 명성, 지식, 내가 사랑하는 사람들이 되돌려주는 사랑" 등등은 관계에 말려듦에 따라, 원하지 않던 것을 욕망하게 된 것들(= 욕망 2)일 수도 있다. "내가 사랑하는 사람들이 되돌려주는 사랑"도 그럴까? 그럴 수 있다. 내면 깊은 곳에 있는 상실에의 두려움으로 인해 자아의 애착들이 서로를 확인하는 것이 그것의 내용이라면 말이다.

하지만 그렇다고 해서 베유의 통찰이 틀린 것은 아니다. 베유는 우리가 "잠시만이라도 진정으로 생각해본다면, 그것이 거짓임을 알 수 있다"고 한다. 베유의 생각들을 정리해보면 이렇다.

---

19. 같은 글, 12쪽.

1) 우리는 그것들을 진정으로 원하지 않는다.
2) 그 증거는 다음 사실에 있다. 그것들을 가졌을 때 우리에겐 만족보다 공허가 돌아오고, 그래서 그것들을 더 많이 갖기를 원해보지만, 결코 만족은 오지 않는다는 사실.
3) 우리가 진정으로 원하지 않는 것을 욕망하는 것은 삶의 공허로부터 도피하기 위해서다.

시몬 베유가 이런 통찰이 담긴 「신의 사랑에 관련한 무질서한 생각들」을 쓴 것은 1942년이다. 즉 그녀는 죽기 1년 전에 이런 통찰을 얻는다. 그녀는 1938년엔 신비체험을 하는데, 그 체험을 「조에 부스께에게 보낸 편지」에서 다음처럼 적는다.

"그 모든 시기 동안, 제 생각들 속엔 신이라는 말조차도 존재하지 않았습니다. 하지만 3년 반 전의 어느 날부터 저는 신을 거부할 수 없게 되었습니다. 그때 저는 강한 육체적 고통을 느끼고 있었고, 그럼에도 사랑하려고 하고 있었습니다. 그 사랑에 이름을 붙일 자격이 제게 있다고 생각하지도 않은 채로 말입니다. 그때까지 저는 신비주의자들의 글을 읽은 적이 없습니다. 그래서 저는 전혀 준비되지 않은 채로 느꼈습니다. 인간 존재의 현존보다 더욱 친밀하고 더욱 확실하며 더욱 현실적인 어떤 현존을 말입니다. 그것은 감각이나 상상을 통해 가닿을 수 있는 게 아닙니다. 사랑하는 상대의 너무도 부드러운 미소를 통해 드러나는 사랑과 유사한 현존이 그것입니다. 그 순간 이후로 신의 이름과 그리스도의 이름은 점점 더 거부할 수 없게 제 생각 속에 스며들었습니다."[20]

아마도 베유는 이런 신비체험에 입각해서 그런 통찰들을 얻게 되었을 것

20. Simone Weil, "Lettre à Joë Bousquet," 48쪽.

이다. 즉 세계에서 빠져나오는 체험을 하고서 세계의 삶을 바라보았더니, 우리가 욕망하던 모든 것이 우리가 진정으로 원하는 것들이 아니고 삶의 공허로부터 도피하기 위한 것들이었음을 깨우쳤다는 것이다.

자, 가치 '없는' 것을 가치 '있는' 것으로 만드는 것은 환상 속으로 들어가는 것이다. 무(無)를 유(有)로, 없는 것을 있는 것으로 만들기 때문이다. 이 '있는 것'은 바로 '환상 속에 있는 것'이다. 결국 예쁘다, 맛있다는 것도 그처럼 만들어지는 환상들이 아닐까?

하지만 우리는 다만 거기서 그치지 않는다. 우리는 그 환상 속에 말려들고 사로잡히고 스스로를 파괴한다. 이제 '말려듦 → 사로잡힘 → 자기파괴'의 과정을 프로이트와 라깡을 통해 구조적으로 이해해보자.

프로이트와 라깡도 또한 가치 없는 것이 가치 있는 것으로 상승하는 과정을 다룬다. 하지만 그들은,

1) 시몬 베유처럼 삶의 공허로부터 출발하지도 않고,
2) 일상의 관계들 속에 자신의 위치를 유지하기 위한 어긋남들을 서술하지도 않는다.

그들이 택한 길은 2)의 원천을 우리의 어린 시절 속에서 찾아내는 길이다.

빠져듦의 구조적 과정 — 비교에서 박탈까지

자, 다음의 도식을 숙고해보자. 이 도식은 앞으로 살펴볼 프로이트와 라깡의 생각들에 따라 꾸며본 것이다.

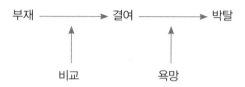

제일 앞이 '부재'는 나에게 무엇인가가 '없음'을 뜻한다. 하지만 다른 사람과 비교를 하기 전에는 나는 그것이 나에게 없음을 모른다. 그것이 '없음'은 나에겐 다만 '자연'일 뿐이다. 라깡은 이에 대해 이렇게 말한다.

> "[…] 박탈의 개념 자체는 실재 속에서 어떤 대상이 상징화되었음을 함축합니다. 왜냐하면 실재 속에선 그 어떤 것도 결코 무언가를 박탈당해 있지 않기 때문이지요. 실재인 모든 것은 그 자체로 충분합니다. 그 정의에 따르면, 실재는 가득 차 있습니다."[21]

여기서 '실재'는 영적 실재를 뜻하는 것이 아니라, 주관적 의식이 개입하기 이전의 상태. "실재 속에서 어떤 대상이 상징화"되었다는 것은 언어를 통해(= 상징적으로) 사고하는 주관적 의식이 그 대상을 규정했다는 것이다. 그 대상은 그처럼 규정됨으로써 실재에서 빠져나온다. 언어적으로 오염되었기 때문이다.

그 대상이 언어적으로 오염되어 실재에서 빠져나온 것은 다른 무엇과 비교 대상이 되어서다. 시니피앙들의 체계인 언어는 언제나 비교 관계에 있기 때문에, 언어적으로 규정되었다는 것은 비교되었다는 것이다. 하지만 '실재'는 비교 이전의 상태이다. 이는 다음의 것을 뜻한다. 어떤 것의 '있음'과 비교되어 '없음'으로 규정되지 않았다는 것. 그래서 라깡이 말하는

21. J. Lacan, *Le séminaire*(세미나), IV, Seuil, 1994, 218쪽.

'실재'는 가득 찬 것이다.

그 '실재'는 "절대적인 빈곤함에도 불구하고 진정한 풍부함을 알고 있었던" 수렵채취자들의 사회적 상태와 같다. 즉 수렵채취자들의 사회에선 경제적 재화들 가운데 그 어떤 것도 '있음'과 비교해서 '없음'으로 규정되지 않는다는 것이다. '있음'만 존재하고 '없음'은 없기 때문에 실제로 '풍부한 사회'였다는 것이다.[22]

다른 사람이나 집단과 비교되기 이전의 부재는 '없음'으로 여겨지지 않는다. 그것은 다만 자연이고 가득 찬 것이다. 하지만 무엇인가가 '있는' 사람과 비교되어 자신에게 그것이 '없음'을 깨달을 때, 그 부재는 '결여'로 이동한다. 즉 자연스런 부재는 '있음'과 비교된 '없음'으로 전락할 때, 결여로 여겨진다.

그래서 우리는 그 없는 것을 '결여된' 것으로 여기면서, 그에 대한 욕망을 갖기에 이른다. 욕망을 갖게 됨은 무엇을 뜻할까? 그것은 '결여된 것'이 가치를 갖게 되었다는 것이다. 그 '결여된 것'은 비교 이전에는 가치를 갖지 못했다. 비교 이전에는 "그 자체로 충분한 가득 참"만이 있었기 때문이다. 결국 비교를 통해 '결여된 것'으로 지각됨에 따라, 가치 없는 것은 가치를 갖게 된다.

그 사물은, 여태껏 우리가 그것 없이 충분히 잘 살았기 때문에, 아무 가

---

22. 장 보드리야르, 앞의 책, 92~93쪽.

치도 없던 것이었다. 하지만 이제 그것은 결여되었다는 이유만으로 가치를 갖는다. 이를테면 "나에겐 없는데 그에겐 있다"는 이유로 가치를 갖게 된다는 것이다. 물론 모든 경우가 다 이와 같을 수는 없다. 하지만 자아가 작동하기 시작하면, 이런 일들이 생겨난다. 이것이 '말려듦'이다.

자, 이제 자아는 한 걸음 더 나아가 '결여'의 사태를 자신의 관점에서 새롭게 '해석'하기 시작한다. 이 해석은 욕망이 이끈다. 이 욕망은 결여로 인해 가치를 갖게 된 것에 대한 욕망이다. 욕망은 자신에게 이유를 제공하기 위해, 즉 "나는 저것을 욕망해"에다가 "왜냐하면"을 덧붙이기 위해, 해석을 한다. 그래서 해석의 결과, 결여의 원인이 '박탈'로 제시된다.

자아의 근본적 성격은 자신의 악을 다른 사람들에게 투사하고 그들을 공격하는 것이다. 그래서 자아는 결여의 해석에서도 원인을 바깥에서 찾는다. 즉 자아가 던지는 질문인 "마땅히 있어야 할 것이 나에겐 왜 없을까?"에 대한 첫 번째 대답은 "있었던 것이 없어졌다"이다. 또 그 뒤를 잇는 두 번째 대답은 "누군가가 있었던 것을 뺏어갔다"다. 그래서 '박탈'의 관점이 성립한다.

욕망을 언제나 동반하는 상실에의 두려움도 이런 해석을 중층결정하지 않을까? 욕망의 강렬함은 상실의 두려움에 비례한다. 상실에의 이런 두려움이 결여를 지각하는 데 개입할 때, '결여된 것'이 '박탈된 것'으로 재구성된다.

라깡은 "근본적 가설"로 "아이는 혼자가 아니다"라는 명제를 내세운다. 즉 아이와 경쟁하는 다른 아이들이 있고, 아이를 위협하는 아버지가 있다는 것이다.[23] 이 명제는 자아의 운동의 기본 조건이 다음과 같은 것임을 함의한다. 즉 내가 욕망하는 무엇을 다른 누군가가 언제든 탈취할 수 있다는 것.

---

23. J. Lacan, 앞의 책, 224쪽.

***

프로이트는 '페니스 선망(penis envy)' 개념, 즉 '남자 성기에 대한 부러움'이란 개념을 '부재 → 비교 → 결여 → 욕망 → 박탈'의 사슬을 통해 제시한다. 그 개념의 내용은 다음과 같다.

즉 여자 아이는 남자 아이의 성기를 목격하기 전까진, 자신의 생식기를 '결여'된 어떤 것으로 여기지 않는다. 남자 아이의 성기와 '비교'되기 전까지 여자 아이의 성기는 라깡의 표현대로 "그 자체로 충분한 것, 가득 차 있는 것"이다. 하지만 남자의 성기와 비교된 이후, 여자 아이의 성기는 남자의 것과 같은 성기가 '없는' 결여된 어떤 것으로 전락한다. '부재 → 비교 → 결여'의 과정이 성립한 것이다.

그래서 욕망이 생겨난다. 나에게 결여된 것을 소유하려는 욕망이 그것이다. 프로이트는 이렇게 말한다. "여자 아이는 손해를 보고 있다고 느낀다. 그래서 큰 성기를 가진 남자 애들과 같은 자세로 소변을 보려고도 한다. 여자 아이가 '나는 남자 아이가 되고 싶어'라고 말할 때, 우리는 그 욕망이 어떤 결여를 바로잡으려는 것인지 알 수 있다."[24] 즉 여자 아이는 '부재 → 비교 → 결여'의 과정에 따라 '관계' 속에 치명적으로 말려들었다는 것이다.

그 뒤, 여자 아이는 욕망의 강렬함에 떠밀려 '결여'를 '박탈'로 재구성한다. 남자 성기는 원래 자신에게 있어야 하는데, 그것을 '박탈'당했다는 것이다. 이것이 여자 아이의 거세 콤플렉스다.[25]

프로이트는 「성의 해부학적 차이에 따른 심리적 결과」에서 이 거세 콤

---

24. 프로이트, 「어린아이의 성이론에 관하여」, 『성욕에 관한 세 편의 에세이』, 열린책들, 2000, 89쪽. 나 자신의 용어체계에 맞추기 위해 *La vie sexuelle*(성적인 삶)(PUF, 1995)에 실린 불어판에 따라 번역했다. 하지만 불어판의 번역이 한글판보다 더 훌륭하지는 않다는 생각이다.
25. 프로이트, 「성의 해부학적 차이에 따른 심리적 결과」, 『성욕에 관한 세 편의 에세이』, 17쪽 이하. 「처녀성의 금기」, 같은 책, 152쪽.

플렉스의 귀결을 다음처럼 제시한다. 즉 여자 아이는 자신에게 남자 성기가 '없는' 책임을 어머니에게 지워 어머니에 대한 애정을 철회하고, 새롭게 아버지를 사랑의 대상으로 선택해서, 페니스를 대신할 아이를 얻고자 소망한다는 것.[26]

하지만 진짜로 그럴까? 여자 아이의 마음속에서 '부재 → 비교 → 결여 → 욕망 → 박탈'의 과정이 진정으로 벌어졌을까? 과연 남자 아이의 성기가 여자 아이에게 '결여'를 느끼게 할 만큼 멋진 것일까? 오히려 남자 아이들에겐 웃기게 생긴 지렁이 같은 게 달려 있다고 여길 수 있지 않을까? 인간 동물의 몸에서 가장 추하게 생긴 것 중의 하나가 남자의 성기라면 말이다. 어쩌면 프로이트는 '부재 → 비교 → 결여'의 도식을 미리 설정하고선 여자 아이의 심리를 거기에 꿰맞춘 것이 아닐까?

그렇다면 우리는 다음처럼 생각할 수 있다. 여자 아이가 남자 성기를 보고 욕망을 갖는 것은 남자 아이가 여자 성기를 보고 욕망을 느끼는 것과 같은 것이라고. 이 경우 두 가지 해석이 가능하다.

1) 그 욕망은 특별한 어떤 것이 아니라, 나에게 없는 어떤 것, 나에게 있는 것과는 다른 어떤 것에 대한 일반적인 욕망일 뿐이라는 것.
2) 그 욕망은 우리 몸에 내재된 프로그램인 성적 본능에 따른 것이라는 것.

나는 1)을 받아들이지 않는데, 성적 욕망을 특별한 것으로 여기기 때문이다. 반면, 2)는 프로이트의 근본적 입장에 더욱 부합한다. 프로이트가 '리비도의 존재'라는 근본 입장을 지녔기 때문이다.

그렇다면 프로이트는 이중적 입장을 지녔던 것이 아닐까? 첫째로, 그는

남자 아이의 거세 콤플렉스에 대비되는 여자 아이의 거세 콤플렉스를 설명하기 위해서, '페니스 선망'을 '부재 → 비교 → 결여 → 욕망 → 박탈'의 사슬에 따라 설정했다는 것. 하지만 둘째로, 그는 남자 성기에 대한 여자 아이의 끌림을 성적 리비도에 의한 것으로 보는 관점을 견지한다는 것. 그렇다면 앞에서 본 도식과 동시에, 다음의 도식도 성립한다.

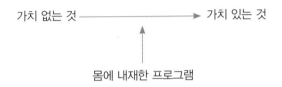

이 도식도, 앞의 도식과 마찬가지로, 환상 속으로 들어가는 과정에 대한 도식이다. 성적 본능에 따라 이성의 성기가 가치 있는 것으로 여겨지는데, 실제론 이성의 성기는 아무런 가치도 없다는 것이다. 이는 다음의 사실들을 통해 입증된다.

첫째로, 이성의 성기는 객관적으로는 그 어떤 미적(美的) 가치도 지니지 않는데, 오직 성적 본능에 의해서만 미적 성격을 갖게 된다는 사실. 둘째로, 이성의 성기에 대한 끌림은 하나의 종(種) 내에만 국한된다는 사실. 다시 말해, 인간 동물은 침팬지나 고릴라 같은 다른 종(種)의 성기를 보면, 욕망을 느끼기는커녕 오히려 혐오감을 느낀다는 것이다.

그렇다면 위의 도식이 드러내는 환상적 과정은 오직 우리 몸의 존재로 인한 것이다. 우리가 우리 몸의 존재로 인해, 특히 몸에 내재한 프로그램으로 인해, 필연적으로 환상 속에 빠져들 수밖에 없다는 것이다.

***

하지만 여자 아이가 거세 콤플렉스를 거치면서 남자 성기 대신 아이를 갖고 싶어한다는 프로이트의 설정에서부터 라깡의 새로운 문제의식이 출발한다. '남근에의 욕망'에 대한 문제의식이 그것이다. 즉 여자가 남자 성기의 결여를 메워줄 존재로 아이를 욕망한다는 것이 이번엔 다시 남자 아이들의 욕망을 아주 일찍부터 규정한다는 것이다. 그래서 두 개념이 다음처럼 이론적으로 맞물린다.

1) 여자 아이에게서 페니스 선망 →
2) 남자 아이에게서 남근을 소유하려는 욕망

라깡은 이를 아래의 그림에서부터 설명한다.[27]

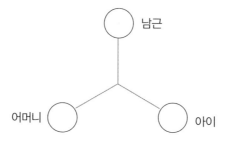

이 그림이 말해주는 것은 다음과 같다. 즉 어머니와 아이의 관계가 둘만의 결백한 관계가 아니라 어머니가 욕망하는 남근에 의해 매개된 관계라는 것. 어머니는 '페니스 선망'에 따라 아이를 자신에게 결여-박탈된 남성 성

----

27. J. Lacan, 앞의 책, 29쪽.

기를 대리해주는 '남근적 존재'로 여긴다는 것이다. 그러면 아이는 어떨까?

라깡에 따르면, 아이는 어머니가 제공하는 사랑을 통해 어머니의 욕망을 감지한다. 이 말은 아이가 스스로를 어머니가 욕망하는 남근적 존재로 파악한다는 것이다. 하지만 이런 파악은 확고하지 않다. 어머니의 사랑이 안정적이지 않기 때문이다. 즉 어머니는 종종 사랑을 철회한다. 그래서 아이는 스스로가 남근적 존재인지 아닌지(to be or not to be phallus)에 대해 의문을 갖는다.

이런 존재론적 질문은 아버지의 등장에 따라 소유에 대한 질문으로 이동한다. 아이에게 아버지는 어머니를 종속시킬 수 있는 '성적 권력 = 남근'을 '소유'한 존재로 여겨지기 때문이다. 이젠 남자 아이가 묻는다. "내가 아버지처럼 남근을 소유하고 있지 않은 이유는 무엇일까?" 그 대답은 '거세'로 이어져, 남자 아이는 여자 아이와는 또 다른 방식으로 거세 콤플렉스를 갖게 된다.[28]

결국 남자 아이는 오이디푸스 콤플렉스를 통과하면서 자신도 아버지처럼 '남근'을 소유하겠다는 욕망을 갖는다. 즉 아버지의 것과 같은 남근을 소유해서, 어머니 같은 여자를 소유하겠다는 욕망이 그것이다.[29]

그래서 이젠 '부재 → 비교 → 결여 → 욕망 → 박탈'의 사슬이 남자 아이 쪽에서 등장한다. 이 사슬은 여성의 욕망에 의해 규정된 사슬이다. 따라서 여성의 사슬과 남성의 사슬은 다음처럼 맞물린다.

1) 여자 아이에게서 발견되는 '부재 → 비교 → 결여 → 욕망 → 박탈'의
   첫 번째 사슬 →

---

28. 라깡은 거세와 박탈(privation)을 개념적으로 구분한다. 하지만 나는 여기서 박탈을 라깡이 한정시킨 좁은 뜻에서가 아니라, 거세까지 포괄하는 넓은 뜻으로 사용한다.
29. 나는 『주체성의 이행』(백의, 1997)의 119~166쪽에서 이에 대해 보다 상세한 설명을 한 적이 있다. 하지만 라깡은, 다른 한편으로, 우리가 남근의 '소유'로 완전히 만족하지 못하고 남근적 '존재'이길 바란다고 암시한다. 예컨대 그의 『에크리(*Ecrits*)』(Seuil, 1966), 632쪽을 볼 것.

2) 어머니에게 지속된 페니스 선망 →

3) 남자 아이에게서 발견되는 '부재 → 비교 → 결여 → 욕망 → 박탈'의
   두 번째 사슬 →

4) 남근을 소유하려는 남자 아이의 욕망

이 맞물림이 뜻하는 것은 무엇일까? 그것은 이것이다. 아마도 라깡 자신
의 의도와는 무관하게, 하지만 라깡이 1960년대 중반 이후부터 이를 비판
하기 전까진, 정신분석적 세계관 속에서 삶이 완결된 의미를 갖게 된다는
것. 그리하여 삶의 환상적 과정이 견실한 의미 체계에 의해 지지받게 된다
는 것. 그 완결된 의미의 종착점은 남근을 대체하는 아이의 획득과 가
족의 행복이다. 그 전체 과정은 이렇다.

여자 아이의 페니스 선망 → 어머니의 욕망 → 남근을 소유하려는 남자
아이의 욕망 → 남근적 권력의 추구 → 여성의 페니스 선망의 1차적 만
족 → 남근을 대체하는 아이의 획득(2차적 만족) → 가족의 행복

아마도 오늘날 삶의 의미는 이 전체 과정 속에 놓여 있지 않을까? 페니
스 선망에 따라 성적 자유를 누리지만, 결국엔 아이를 낳고 가족의 행복을
추구하는 길을 걷는다는 것. 물론 가족 관계가 더욱 상호존중적이 되고 형
태도 다양화되겠지만 말이다.

그렇다면, '원하지 않는 것을 욕망하기'도 없다. 또 관계 속에서의 비교
를 통해 가치 없는 것이 가치 있는 것으로 새롭게 등장하는 일도 없다고
여겨진다. 우리는 정확하게 우리가 원하는 것(아름다운 성적 관계)을 욕망할
뿐이다. 또 우리는 진정으로 가치 있는 것(상대의 성적인 몸)에 가치를 두고,
그것을 욕망할 뿐이다. 진정으로 가치 있는 것(성적인 몸들의 교류)을 억압
해온 앞선 세대와는 달리 말이다.

그리하여 지옥의 삶도 거의 없다. 남근적 권력을 얻기 위한 투쟁을 제외하고선 말이다. 라깡에게서 남근은 여성을 종속시킬 수 있는 권력이고, '성적 권력 + 사회적 권력'의 성격을 갖는다. 그래서 남자 아이가 남근에의 욕망을 갖는다는 것은 사회적 권력을 획득해서 성적 권력을 갖겠다는 뜻이다.

라깡은 『에크리』에 실린 「정신병의 모든 가능한 치료에 전제가 되는 한 가지 질문에 대하여」에서 '아버지의-이름의 은유'의 정식을 다음처럼 제시한다.[30]

$$\frac{\text{아버지의-이름}}{\text{어머니의 욕망}} \cdot \frac{\text{어머니의 욕망}}{\text{아이에게 뜻해진 것}} \longrightarrow \text{아버지의-이름}\left(\frac{A}{\text{남근}}\right)$$

이 정식이 뜻하는 것은 아버지의 등장에 따라 아이가 자신에 대한 어머니의 욕망을 망각한다는 것이다. 이제 남자 아이는, 라깡의 전문 용어를 그대로 쓰자면, 아버지를 큰 타자(A)로 여겨 '아버지의-이름'에 동일시한다. 쉽게 말해, 아버지처럼 사회적 권력(상징적 질서의 남근)을 추구하고, 또 그를 통해 성적 권력을 얻으려 한다는 것이다.

이것이 위의 '전체 과정'에서 '남근적 권력의 추구'의 뜻이다. 여성의 페니스 선망이 일차적으로 만족한다는 것은 남성의 사회적 권력(= 남근적 권력)을 여성이 같이 향유한다는 뜻이다. 어쨌거나 이제 지옥의 삶은 남근적 권력을 위한 투쟁에만 한정된다. 그 나머지 영역에선 오직 성적 향유와 가족의 행복만이 있다. 이것이 정신분석을 통해 완결적으로 제시된 오늘날의 삶의 의미다. 이젠 오직 그것으로부터의 일탈만이 문제된다.

어쨌거나 여태까지의 논의에 입각해서, 다음처럼 상응관계를 정리해두자.

---

30. J. Lacan, *Ecrits*, 557쪽.

1) 말려듦은 '비교 → 결여 → 욕망'의 과정에 상응한다.

2) 사로잡힘은 '결여 → 욕망 → 박탈'의 과정에 상응한다.

3) 자기파괴는 박탈된 것을 다시 회복하려는 투쟁 과정에 상응한다.

성적 가치의 환상

내가 보기에, 1960년대 중반 이후부터 라깡은 자신이 완결에 기여한 삶의 현대적 의미를 부정하기 시작한다. 그러한 부정은 '남근적 향유'에 대한 비판에서 출발한다.

남근적 향유의 개념은 다음의 것들을 함의한다. 남자건 여자건 성적 관계에서 '남근적 존재'—남자는 자신의, 여자는 상대의—를 향유하려 한다는 것. 그래서 진정한 성적 향유를 못한다는 것. 즉 남근적 향유를 한다는 것은 성적 관계에서 1) 상대의 육체를 향유하는 것이 아니라, 2) 자신의 정체성—여자의 경우 내가 어떤 남자와 관계를 맺는 존재라는 정체성—을 향유한다는 것이다.

우리는 앞에서 가치 없는 것을 가치 있는 것으로 만들어주는 환상적 과정의 네 가지 계기를 다음처럼 제시했었다.

A) 삶의 공허로부터의 도피

B) 몸의 존재 자체(= 몸에 내재한 프로그램)

C) 비교에 따른 결여

D) 관계 속에서 위치 유지의 필요

라깡이 성적 관계에서 남근적 향유가 육체적 향유보다 훨씬 중요하다고 말하면서 뜻한 것은 다음의 것이다. 세계의 삶을 환상적 삶으로 만드는 데 D)가 B)보다 훨씬 중요하다는 것. 사실 라깡은 B)를 거의 부정한다. 즉 그는 프로이트보다 훨씬 멀리 나아간다.

라깡은 이렇게 말한다. "담화를 앞서는 어떤 현실도 존재하지 않습니다. 집단을 이루는 것, 내가 남자들, 여자들, 아이들이라 부르는 것은 담화에 앞서 있는 현실과는 완전히 무관하기 때문입니다. 남자들, 여자들, 아이들은 단지 시니피앙들일 뿐입니다. 한 명의 남자란 시니피앙일 뿐입니다. 여자는 남자를 오직 시니피앙으로서만 찾습니다. 남자도 또한 여자를 담화 속의 어떤 위치로서만 찾습니다. 당신에겐 이것이 야릇하게 보일지라도 말이지요."[31]

남녀가 서로를 '시니피앙'으로서 찾는다는 것은 차별적인 사회질서 속에서 특별한 위치를 점하는 존재를 찾는다는 것이다.[32] 이는 다음의 것을 뜻한다. 우리가 자아의 논리를 통해 남녀관계 속으로 들어간다는 것. 특히 라깡이 이 말을 하고 있는 『세미나』 20집의 맥락에서는 그렇다. 결국 우리는 자아들(= 정체성들) 사이의 관계를 맺음으로써, 순수한 육체적 관계를 맺지 못한다는 것이다.

섹스만을 목적으로 하기 때문에 내면적 교류를 못하는 경우가 있다. 라깡이 제기한 "성관계는 없다"는 유명한 명제도 그런 식으로 해석할 수 있다. '성'만 있고 '관계'는 없다는 식으로 말이다. 하지만 라깡이 말하려던 건 그것이 아니다. 그가 말하려던 것은 자아들의 관계만 있고 육체들의 관계는 없다는 것이다. 이는 다시 다음의 것을 뜻한다. 즉 이성의 성이 나에게 갖는 가치는 오직 자아의 논리가 개입됨으로써만 성립한다는 것.

31. J. Lacan, *Le séminaire*, XX, Seuil, 1975, 34쪽.
32. 이것은 『기적수업』에서 말하는 '특별한 사랑'의 속성이기도 하다. '특별한 사랑'과 관련해선 *A Course in Miracles*, 「텍스트」 312~314쪽(15장 2절)과 499~505쪽(24장 1~2절)을 참조하길 바란다.

라깡이 너무 멀리 밀고나간 건 아닐까? 성적 본능에 따른 끌림을 완전히 부정할 수 있을까? 즉 육체적 향유는 남근적 향유에도 불구하고 여전히 존재하는 것이 아닐까? 물론 육체적 향유는 완전히 부인할 수는 없다. 하지만 우리는 각각의 성관계들에서 시니피앙의 논리가 순수한 육체적 관계보다 훨씬 더 큰 규정력을 행사함을 확인할 수 있다.

라깡이 말하는 '남근'이란 남성의 성기가 '상징'하는 것으로, 여성들의 욕망을 끌어당기는 남성적 권력이다. 이 남성적 권력은 육체 자체의 권력보다는 아버지의-이름이 대변하는 사회적 권력을 체화(體化)한다.

우선 남성에게서 남근적 향유가 뜻하는 것은 이렇다. 즉 남자들은 성관계 속에서 여성의 성 자체를 향유하려고 하지 않고, 자신이 남근적 특질을 가진 남근적 존재임을 향유하려 한다는 것. 그래서 진정한 성적 향유를 못한다는 것.

라깡은 미발표 세미나 14집에서 이를 향유가치 개념을 통해 설명한다. 라깡의 복잡한 설명 가운데 우리의 논의와 관계되는 핵심만 끄집어내면 다음과 같다.[33] 즉 향유가치란 성적 교환의 시장에 제출된 남성 상품의 교환가치다. 이 말은 남녀가 온갖 '가치들'로 장식한 채 스스로를 사랑의 시장에 상품으로 내놓는다는 것을 전제한다.

물론 그 '가치들'은 허구적인 환상적 가치들이다. 비교를 통해 가치 없는 것들이 가치를 부여받았기 때문이다. 그래서 마르셀 프루스트가 세계를 "허무의 왕국"이라고 했듯이,[34] '가치의 허무'가 성립한다. 즉 그 가치를 욕망해서 기어이 소유했지만 돌아오는 것은 공허밖에 없어서 '허무'라는 것이다.

어쨌거나 사랑의 시장에서 남성의 향유가치는 남근적 특질의 소유 여부에 따라 결정된다. 얼마만큼 남근적 특질을 지니느냐에 따라, 즉 얼마만큼

---

33. 보다 자세한 설명을 위해선, 이종영, 『내면으로』의 111~115쪽을 참조하기 바란다.
34. 르네 지라르가 『낭만적 거짓과 소설적 진실』(한길사, 2004) 298쪽에서 인용한 말이다.

남근적 존재이냐에 따라 향유가치가 결정된다는 것이다.[35]

그 결과 남자는 성관계 속에서 자신이 향유가치를 갖는 '남근적 존재'임을 나르시스적으로 향유하려 한다. 이 사실이 함의하는 것은 이것이다. 즉 그가 실제로는 '남근적 존재'가 아니라는 것. 그가 실제로 '남근적 존재'라면 성관계 속에서 그것을 입증하려고 애쓸 필요가 없기 때문이다.

여성들의 향유 방식은 남성들의 이런 향유 방식에 공액적(共軛的)이다. 즉 여성들도 성관계 속에서 남성의 성을 향유하지 않고, 남성의 향유가치인 남근성만을 향유하려 한다. 그러니 여성들도 진정한 성적 향유를 하지 못한다.

이로부터 "성관계는 없다"는 명제가 도출된다. 남자는 여자의 성이 아닌 자신의 남근적 존재와 관계하고, 여자도 남자의 성 대신 그의 남근적 존재와 관계하기 때문이다. 즉 남자와 여자의 관계에서 언제나 남근이 중간에 놓이기 때문에, 엄밀한 뜻의 성관계가 성립하지 않는다는 것이다.

즉 남자와 여자는 '성관계'를 맺는 대신, 비(非)성적인 대상인 남근과 '비성적인 관계'를 맺는다. 라깡은 "우리는 남근의 성에 대해 아무것도 모른다"고 말한다.[36] 즉 비(非)성적인 대상인 남근에 의해 규정된 남녀관계는 비성적인 관계라는 것이다.

자신의 남근적 존재를 향유하려는 남자의 욕망이나 상대의 남근적 존재를 향유하려는 여자의 욕망은 모두 자아의 욕망이다. 즉 비교 관계 속에서 자신을 높여서—남근적 존재가 되거나 남근적 존재와 관계해서— 정체성을 향유하려는 욕망이 그것이다. 라깡이 "성관계는 없다"고 한 것은 남근적 향유의 관계 속에선 자아의 욕망의 교류만 있을 뿐, 순수한 육체적 교류는 없다는 뜻이다.

라깡은 남근적 존재에 대한 욕망에 종속된 것을 '남근적 함수(Φx)'라 칭

35. J. Lacan, 미발표 세미나 14집, 1967년 4월 12일 세미나.
36. J. Lacan, *Le séminaire*, XVIII, Seuil, 2006, 84쪽.

한다. 그는 $\forall \chi \, \Phi \chi$를 남성을 상징하는 양화사(量化詞)로 제시하는데, 모든 남성은 오직 남근적 향유만을 한다는 뜻이다. 또 여성의 양화사로 제시하는 $\overline{\forall \chi} \, \Phi \chi$는 모든 여성이 남근적 향유를 하는 것은 아니라는 뜻이다.[37] 하지만 남근적 향유를 하지 않는 여성마저도 신적인 향유를 함으로써, 순수한 육체적 교류를 하는 사람은 아무도 없게 된다.

리깡의 이런 주징을 이해하기 위해, 다음과 같은 가정을 해보자. 즉 나에겐 아무 매력이 없는 이성의 육체가 내 앞에 있다고. 나에게 그 육체의 성적인 가치는 얼마일까? 내가 성욕에 해결하려고 이 육체와 관계를 맺는다고 하자. 그 관계는 과연 나에게 기쁨을 줄까? 오히려 혐오감을 주지는 않을까? 내가 성욕에 시달려 또다시 몇 차례 그 육체와 관계를 맺는다 해도, 어느 시점엔 질려버려 더 이상 관계를 맺지 않게 되지 않을까?

성적 향유를 '순수한 육체적 향유 + 자아의 향유(= 남근적 향유)'라고 설정해보자. 이때 순전히 자아의 향유의 부수적 효과로서만 촉발되는 육체적 향유의 느낌도 자아의 향유에 포함시켜야 한다. 자아의 향유가 없었다면 그것도 없었을 것이기 때문이다. 그렇다면 다음의 산식(算式)이 성립한다.

$$성적\ 향유\ -\ 자아의\ 향유\ =\ 순수한\ 육체적\ 향유(\chi)$$

χ의 값은 얼마일까? 그 값이 -(마이너스) 값이거나 0이라고 하기는 힘들 것이다. 이성의 육체를 보고서 성적 흥분이 생겨나는 것이 일반적이라면 말이다. 하지만 그 값은 아무런 끌림도 없는 이성과 섹스를 했을 때 얻어지는 딱 그 정도의 기쁨의 값이 아닐까? 그 값이 그다지 크지 않다는 것은 물론이다.

---

37. J. Lacan, *Le séminaire*, XX, 73쪽 이하.

χ의 값이 크지 않다는 증거 가운데 하나는 성적 가치법칙의 존재다. 성적 가치법칙이란 성행위의 상대의 가치가 높아지거나 낮아지는 법칙이다. 달리 말해, 성적 끌림을 유발하는 다양한 매력들의 존재 여부에 따라 이성의 성적 가치가 달라지는 법칙이다. 즉 우리가 아무에게나 무조건적으로 성적 끌림을 갖는 것은 아니라는 것이다.

나는 앞선 연구인 『영혼의 슬픔』 마지막 장에서 '사랑의 가치법칙'을 제시한 적이 있다. 사랑의 상대의 가치가 높아지거나 낮아지는 법칙이 그것이다. 마찬가지로 우리는 성욕이 생겨나는 여러 계기들을 통해 '성적 가치법칙'을 탐구해볼 수 있다. 사랑과 성행위가 뚜렷이 구별되는 한에서 말이다. 성적 경험이 많은 사람이면 누구든 재미삼아 이 법칙을 만들어볼 수 있지 않을까? 또 성생활에 대한 회고록을 연구하고 능란한 유혹자들을 조사하면 도움이 될 것이다.

물론 성적 가치법칙은 1) 개인에 따라 모두 다를 것이고, 2) 또 크게는 성차에 따라 다를 것이지만, 3) 그럼에도 불구하고 어느 정도의 공통분모도 존재할 것이다. 1)과 2)가 앞서 말한 감각의 차이와 위치의 차이에 상응한다면, 3)은 그런 차이들에도 불구하고 관철되는 자아의 동일성에 따른 것일 것이다. 어쨌거나 성적 가치법칙에서 모든 + 값이 자아의 욕망을 반영하는 것이라면, χ의 값은 그다지 클 수 없다.

프로이트는 「불륜을 꿈꾸는 심리」에서 애정을 느끼는 상대에겐 발기가 안 돼 성적 관계를 맺지 못하고, 마음에 아무런 동요도 일으키지 않는 상대들과만 원만한 성적 관계를 맺는 남성들의 사례들을 소개한다.[38] 그러한 아무 동요도 없는 '원만한 성적 관계'가 그다지 큰 행복감을 가져다주지 않으리라는 것은 명백하다. 즉 χ의 값이 그다지 클 수 없다는 것이다.

프로이트는 애정을 느끼는 상대에겐 발기가 안 되는 이유를 오이디푸스

---

38. 프로이트, 「불륜을 꿈꾸는 심리」, 『성욕에 관한 세 편의 에세이』, 159~177쪽. 이 논문의 원래 제목은 「애정생활이 하락해가는 일반적 경우에 대하여」이다.

콤플렉스로 설명한다. 금지된 근친상간적 대상이 떠올라 발기가 안 된다는 것이다. 하지만 우리는 이처럼 병리적 경우는 아니더라도, 자아의 욕망이 지나친 흥분과 긴장을 가져와 원만한 성적 관계를 방해하는 경우들을 알고 있다. 내표석인 예는 남성들의 조루 현상이겠지만, 누구든 어느 정도 유사한 경험을 다양한 방식으로 하지 않았을까?

지나친 흥분은 지니친 가치 부여에 따른 것이다. 지나친 가치 부여의 상태에서 그 가치의 허구성을 깨닫는 건 불가능하다. 그래서 집착과 좌절이 반복되는 지옥의 삶이 계속된다. 결국 가치 없는 상대건 지나치게 가치 있는 상대건 그 관계들은 별로 행복을 가져다주지 못한다.

어쨌거나 라깡은 성의 자연사(自然史)보다는 성의 관념사를 더 강조한다. 나도 이를 수긍한다. 결국 가치 없는 것을 가치 있는 것으로 만들어주는 계기들 가운데 B) '몸의 존재 자체'는 D) '관계 속에서 위치 유지의 필요'를 위한 조건을 만들어주는 역할에 그치는 것이 아닐까? 즉 B)는 D)에 비해 부차적이라는 것이다.

정체성에 대하여

결국 라깡이 남근적 향유 개념을 통해 드러내준 것은 세계에 빠져드는 과정에서 정체성의 향유가 갖는 중요성이다. 『집착』에서 아니 에르노가 자신이 버린 남자가 다른 여자와 동거를 하려 하자 다시 그에게 매달린 것은 그 남자를 지배하는 존재로서의 자신의 정체성을 유지하기 위한 것이 아니었을까?

라깡에 따르면 모든 자아는 이상적 자아다. 라깡에게서 '자아'란 내가 생각하는 나 자신이다. 즉 내가 나에 대해 갖는 상(像) 또는 관념이다. 나는 그런 자아를 보호하고 경영하고 자랑한다. 그렇다면 "모든 자아가 이상적 자아"라는 말은 내가 나 자신의 현실을 모르고, 다소 과대망상적인 엉뚱한 착각을 하고 있음을 뜻한다.

결국 라깡의 관점에 따르면, 우리의 모든 정체성은 허구적 정체성이다. 정체성이란 "나는 어떤 존재"라는, 내가 나 자신에 대해 갖는 관념, 다시 말해 자아상(像)이다. 그러니 그것은 라깡적 의미의 자아와 똑같은 말이다. 따라서 "모든 자아가 이상적 자아"라면, 모든 정체성은 허구적 정체성일 수밖에 없다.

자, 우리는 자신에 대해 객관적인 정체성을 가질 수 없다. 우리는 이상화된 정체성을 갖고, 그것을 바탕으로 이 차별적인 세계에서 차별을 행하며 살아간다. 우리가 자신의 정체성을 '향유'할 수 있는 단 하나의 이유는 다음과 같다. 그 정체성이 나의 현실과는 다른 환상적 정체성이라는 것.

모든 정체성은 차별성에 입각한다. 나는 y가 아니라(차별성) χ라는 것(정체성)이다. 이때 χ는, 특정한 관계 속에서, 단순한 외적 사실만을 지칭할 수도 있다. 하지만 전체적인 정체성으로서 χ는 a) 정체성의 요소들을 이루는 여러 외적 사실들로부터 b) 여러 가지 환상적 비약들을 거쳐 c) 내적인 속성들과 능력들의 이상화로까지 이어지는 것이다. 그 결과, 정체성을 향유한다는 것은 환상적으로 설정된 인간적 우월성을 남몰래, 그러나 때때로 과시를 해가면서, 향유한다는 것을 뜻하게 된다.

똑같은 내용을 다른 방식으로 말해보자. 정체성의 토대인 차별성은 사회적 근거를 갖기 위해 사회적 차이들을 필요로 한다. 하지만 차별성은 그런 사회적 차이들에 대한 '인간학적 해석'—인간적인 속성과 능력들에 대한 과장된 해석—을 통해 성립한다. 즉 그런 해석이 사회적 차이들과 차별성 사이에 환상적 비약이라는 다리를 놓아준다는 것이다.

그런 인간학적 해석은 이를테면 다음과 같은 판단들로 짜인다. "저 사람은 정직하지 않아," "저 사람은 영적으로 성숙하지 않았어," "저 사람은 공부를 못하는 사람이야," "저 사람은 항상 남을 이용하려해," "저 사람은 꼼꼼하지 못해"와 같은 판단들 말이다. 그렇지만 모든 사람은 정직하지 않고, 영적으로 성숙하지 못했고, 공부를 못하고,[39] 항상 남을 이용하려 하고, 꼼꼼하지 못하다. 그렇다면 모든 사람은 자신의 모습을 다른 사람들에게서 보고 있는 것이다.

중요한 것은 다음의 사실이다. 모든 정체성이 허구라면 모든 차별성도 허구라는 것. 자신을 이상화하려는 만큼, 다른 사람을 깎아내려야 하기 때문이다. 즉 정체성과 차별성의 허구성은 상관적이다. 정체성을 향유하기 위해 내가 나를 '어떤 사람'으로 생각한다는 것은, 다른 사람들을 똑같은 '어떤 사람'으로 여기지 않는다는 것이다. 그래야만 내가 나의 정체성을 '향유'할 수 있기 때문이다. 결국 정체성을 향유하는 것은 남과 다른 나 자신의 '특별함'을 향유하는 것이다.

정체성과 차별성이 동시에 허구일 수 있는 것은 그것들 밑에 깔려 있는 모든 자아—라깡적 의미가 아닌, 영성과 대립하여 마음을 지배하는 자아—의 동일성 때문이다. 즉 우리들 사이에는 조건의 차이들에 따라 외적인 차이들이 성립하지만, 우리는 모두 동일한 법칙에 의해 지배되는 동일한 속성의 자아를 갖고 있다. 그렇다면 차별성이란 것은 근본적으로 불가능하고, 정체성을 향유한다는 것도 있을 수 없다.

모든 정체성이 허구적이라는 것은 정체성의 향유가 환상적 과정이라는 것이다. 그것은 더 나아가 다음의 것을 뜻한다. '나'라는 것은 관념적 허구에 불과하다는 것. '나'라는 것은 허구적인 정체성들이 합쳐진 것일 뿐이기 때문이다.

결국 그것은 정체성과 같은 것일 뿐이지만, 우리가 '나'라는 것에 절대

---

39. 그저 죽도록 공부해야 겨우 공부를 '잘 한다'는 얘기를 듣게 되지만, 그렇다고 해서 무엇인가에 대해 진정으로 제대로 아는 것은 결코 아니기 때문이다. 그 누구도 진실에 완전히 부합하는 이론에 가닿지 못한다면, 모두가 공부를 못하는 게 아닐까?

적인 중요성을 부여하고 있기 때문에 다시 말해두자. 나는 "나 자신은 어떤 존재"라는 식의 생각을 가지고 있고, 그 생각은 관념적인 허구일 뿐이기 때문에, '나'라는 것은 관념적 허구라는 것이다. 즉 나는 '이러이러한 것들'이 '나'라고 생각하는데, 그것들이 다 관념적 허구라는 것.

이때 말하는 '나'라는 것은 내면적인 특별함들(= 고유성들)의 전체성이다. 반면, 외적인 '나'가 '몸 + 이름'의 형태로 존재한다. 하지만 이름은 텅 빈 명목적 기호일 뿐이고, 몸은 시간 속에서 사라져 없어질 비(非)실재이다. 즉 길에서 죽은 쥐의 시체를 보면, "내 몸도 머지않아 저와 똑같이 되겠군" 하고 생각하면 정확하다는 것이다.

그래서 남는 것은 내가 스스로에 대해 생각하는 '내적인 특별함들의 전체성'일 뿐이다. 그것이 바로 나를 남과 구별해주는 '실질적인 나'이다. 하지만 그 '나'는 허구적 정체성들이 합쳐진 관념적 허구이다. 그렇다면 '나'라는 것은 결국 모든 자아의 동일성이라는 넓은 판 위에 돋아난 작은 혹들과 같은 것이다.

자, '나'라는 것은 실재하지 않는 관념적 허구일 뿐이다. 존재하는 것은 다음 세 가지다.

1) 자아의 동일성
2) 조건의 차이
3) 영성(= 영혼)의 동일성

이 가운데 3)만이 진정으로 실재한다. 1)과 2)는 환상적 유배지인 이 세계 속에서 존재하기 때문이다. '나'라는 것은 이 세계에서마저도 관념적 허구이다.

하지만 '나'는 관념적 허구라는 그 사실로 인해, 차별의 기계로 등장한다. '나'의 관념적 허구성은 자아의 동일성에 맞서는 허구성이고, 자신의 특별한 우월성을 나르시스적 환상에 따라 설정하는 허구성이기 때문이다. 즉 '나'의 관념적 허구성의 핵심은 내가 다른 사람들과 다른 존재라는 환상에 놓여있기 때문이다.

'차별의 기계'라는 표현이 가능한 것은, '나'의 핵심이 차별이고, 내가 차별을 통해 살아가는 진정한 '기계'이기 때문이다. 나는 지금 이 시점에도 거의 모든 사람을 차별하고 열등시한다. 물론 내가 이 시점에서 좋아하고 존경하는 사람들도 있다. 하지만 그들도 언젠가 나의 욕망을 거스르면, 예외 없이 차별당하고 무시당하게 될 것이다.

즉 우리 내면엔 근원적인 차별심이 있다. 그래서 우리는 그 누구도 자신과 동일한 존재로 보지 못한다. 또는 그럴 준비가 되어 있다. 그 증거는 우리가 부단히 판단을 내리고 있다는 데 있다.

판단을 a) 의식적 단계와 b) 무의식적 단계로 나눠보자. a) 의식적 단계의 판단은 사실적 내용을 갖는 듯 보인다. 단순히 "저 사람은 저렇군" 하는 것이 그것이다. b) 무의식적 단계에선 한 걸음 더 나아간다. "저 사람은 저러니, 영적으로 미숙하군," "저 사람은 저러니, 무지한 사람이군," 하는 것이 그것이다. 하지만 우리는 b)의 판단에서 뒷부분의 차별과 열등시를 온전히 의식하지 못할 때가 많다. 그러나 거의 모든 판단에는 b)의 뒷부분이 따라붙고, 그래서 공격성이 내포된다.

결국 판단은 우리의 허구적 정체성을 지탱해주는 것이다.[40] 우리는 판단을 하면서 다른 사람들보다 내적으로, 즉 도덕적으로 우월한 심판관의 위치에 서기 때문이다. 판단은 다른 사람들을 열등한 존재로 규정짓고, 그래서 나의 환상적 정체성을 지탱한다.

하지만 허구적 정체성을 부정하는 모든 자아의 동일성은 다음 사실을 도출시킨다. 내가 다른 사람들에게서 판단하는 결함들은 나의 허구적 정

---

40. 나는 이 명제를 『기적수업』에서 보았다고 생각했는데, 확인하질 못했다.

체성이 숨기고 있는 나 자신의 모습이라는 사실. 허구적 정체성은 나의 현실과 일치하지 않는다. 그래서 나의 허구적 정체성은 나의 현실을 숨긴 다음, 다른 사람들에게 투사한다. 즉 내가 다른 사람들에게서 보고 또 판단하는 것은 나 자신의 실제 모습일 뿐이라는 것이다.

이것이 '차별의 기계'가 작동하는 원천적 방식이다. 차별의 기계가 생산하는 차별들은 숨겨진 자신의 현실을 투사해서 만들어낸 허구적 환상들이다. 그 기계 자체는 이미 환상에 깊이 빠져 있어서, 오직 허구적 환상들만을 만들어낸다. 그 환상의 원천은 자아의 동일성에서 어긋난 정체성이다.

허구적 정체성들이 합해진 것으로서 '나'는 a) 부단히 다른 사람들을 차별하고, b) 부단히 자신을 새롭게 형성한다. 이때 '형성'은 '장식'과 같은 말이다. 즉 '나'는 정체성의 새로운 요소들을 부단히 통합해서 스스로를 장식하고, 그것들을 향유한다.

하지만 향유는 지금 현재를 향유하는 것이고, 욕망은 미래를 향한 것이다. 따라서 지금 향유의 대상인 것도 욕망의 운동 속에서 가치를 상실하면 조만간 차별의 대상이 된다. 자아가 정체성의 새로운 요소들을 욕망함에 따라, 기존 정체성의 어떤 요소들은 더 이상 욕망의 대상이 되지 못하기 때문이다.

즉 정체성은 부단히 운동한다. 정체성은 고정된 실체가 아니다. 정체성은 평생에 걸쳐 자신을 부단히 형성해나가는 과정이다. 다시 말해, 새로운 요소들로 자신을 장식하기 위한 계속되는 투쟁의 과정이다. 하지만 정체성에 집착하면 할수록, 우리의 내면은 점점 더 좁혀지고 빈곤화된다. 특별한 대접을 받지 못하면 분노하는 권위주의적 인물들에게서처럼 말이다.

결국 정체성의 부단한 재형성 과정은 계속 반복되는 다음의 두 과정을 원인과 결과로 갖는다. 이 두 과정은 앞서 제시한 환상적 과정의 네 가지 계기 가운데 C)와 D)에 각각 상응하므로, 그렇게 표기해두자.

C) 계속 반복되는 원인으로서 '부재 → 결여 → 박탈'의 과정

D) 계속 반복되는 결과로서 '말려듦 → 사로잡힘 → 자기파괴'의 과정

즉 C)와 D)의 과정은 부단히 겹쳐지지만, C)가 선행하고 D)가 결과로서 뒤따라온다는 것이다. 그렇지만 사실상 정체성 자체가 이미 자기파괴이다. 정체성을 깃는나는 것은 부자가 거지가 되는 꼴이다. 그 누구든 정체성으로 환원될 수 없는 영성적 존재이기 때문이다.

원천적으로 정체성은 비교를 통해 '가치 없는 것'이 '가치 있는 것'으로 상승한 환상이다. 정체성의 요소를 이루는 모든 것이 환상들이라는 것이다. 그 자체로선 아무런 가치도 없기 때문이다. 그래서 다음의 사실이 도출된다. 정체성 투쟁의 무대인 사회질서 전체가 환상이라는 것. 그 질서 전체가 비교를 통해 '가치 있는 것'으로 성립한 '가치 없는 것들'을 요소로 해서 짜였기 때문이다.

라깡은 미발표 세미나 24집에서 "상징적 질서는 언제나 거짓말을 한다"고 한다.[41] 라깡적 의미의 상징적 질서는 사회의 차별적 짜임새의 코드와도 같은 것이다. 결국 "상징적 질서가 언제나 거짓말을 한다"는 것은 사회질서 전체가 환상에 입각해 있음을 뜻하는 것이다.

하지만 우리는 그런 코드를 준거로 해서 정체성을 만들어나간다. 라깡에 따르면 정체성이 만들어지는 공간이 상상적 질서이다. 즉 상징적 질서의 코드에 준거해서 상상적으로 정체성을 만들어간다는 것이다. 그래서 라깡은 다시 다음처럼 말한다. "상상적인 것은 항상 틀리다"라고.[42] 즉 우리들의 정체성은 언제나 허구라는 것이다.

---

41. J. Lacan, 미발표 세미나 24집 1977년 2월 15일의 세미나.
42. 같은 날의 세미나.

허무의 왕국

자, 사회질서 전체가 환상 위에 세워진 이 세계는 마르셀 프루스트가 말했듯 '허무의 왕국'을 이룬다. 이미 말했듯이 이 세계가 허무의 왕국인 것은 '가치 없는 것들'이 비교를 통해 '가치 있는 것'으로 성립했기 때문이다. 우리는 그처럼 성립한 '가치 있는 것들'을 획득하려고 필사의 투쟁을 벌인다. 하지만 그것들을 소유하자마자 그것들의 무가치함을 발견한다. 이것이 허무다.

$$욕망 \longrightarrow 소유 \longrightarrow 허무$$

르네 지라르는 『낭만적 거짓과 소설적 진실』에서 이렇게 말한다. "소설의 모든 주인공들은 소유로 인해 자신의 존재가 근본적으로 변모하기를 기대한다."[43] 우리 모두가 그렇지 않을까? 우리의 존재가 근본적으로 변모하기를 기대하지 않는다면, 그것들을 그토록 소유하려고 애쓸 필요가 없기 때문이다. 하지만 "실망은 본질적으로 형이상학적이다. 주체는 대상을 소유해도 자신의 본질이 변하지 못했다는 사실을 확인한다."[44] 즉 우리는 그것들을 애써 소유했지만, 그것들은 우리에게 의미 있는 변화를 가져다주지 못한다. 그래서 가치의 왕국은 허무의 왕국이다.

정체성을 장식하기 위한 투쟁의 과정은 자기가치의 관리에 입각한다. 아주 단순한 예를 하나 들어보자. 사물 χ가 있다. A는 사물 χ에 아무런 가치도 두지 않고, B는 사물 χ를 열렬히 욕망한다. 사물 χ의 가치가 10이라고 해보자. 그러면 A의 가치는 10 이상이고, B의 가치는 10 이하가 된다. 그

---

43. 르네 지라르, 앞의 책, 103쪽.
44. 같은 책, 144쪽.

래서 A와 B 사이에 가치 관계가 성립한다. A가 B보다 더 가치가 높은 관계가 그것이다. 이렇게 해서 이 세계의 모든 것을 둘러싸고 사람들 사이에서 가치관계가 성립한다.

자기가치의 관리는 우리가 가치관계 속에서 자신의 가치를 높이기 위해 스스로의 가치들을 경영하는 것이다. 이는 기본적으로 가치 있는 것들을 지기 깃으로 만들고, 가치가 낮아진 것들을 내다버리는 내용을 갖는다. 하지만 일상 속에서 자기가치의 관리는 보다 섬세한 양상을 띤다. 가치 있는 존재처럼 보이느냐 아니냐가 더 중요하기 때문이다. 이처럼 '보이는' 것이 중요한 것은, 어차피 가치는 비교를 통해서 성립한 환상이기 때문이다. 그래서 자기가치 관리는 환상을 경영하는 방법일 수밖에 없는 것이다.

이로부터 자기가치 관리의 전략들이 생겨난다. 예컨대, 어떤 대상을 가치 없는 듯 여겨 자신의 가치를 높이는 전략도 그런 것이다. 지라르에 따르면 댄디(dandy)가 그렇다. 댄디는 "무관심한 냉담함을 가장"한다.[45] 즉 가치 있는 것을 무시하는 척함으로써 자신의 가치를 높인다는 것이다.

이런 전략은 사람들 사이에도 성립한다. 지라르는 말한다. "허영심 많은 여자에게 그녀를 욕망한다는 사실을 드러낸다는 것은 자신이 열등하다고 밝히는 것과 같다"고.[46] 즉 그 여성은 스스로 사물 χ처럼 가치 척도가 되어, 자신에게 가치를 두는 남자는 가치가 없고 무관심한 남자는 가치가 높은 것으로 여긴다는 것이다.

문제는 우리가 인생의 어느 시점부터 이러한 가치관계에 말려든다는 것이다. 자, 가치관계에서 우위에 있는 듯이 보이는 A가 B를 무시할 때, B는 아랑곳하지 않고 자신의 자유를 누리면 된다. A의 무시를 안중에도 두지 않는다는 것이다.

하지만 B가 A의 무시에 무덤덤하지 못하면, B는 이 가치관계 속에 말려

45. 같은 책, 233쪽.
46. 같은 책, 167쪽.

들고, 그때부터 유배지에서의 '―(마이너스)의 여행'이 시작된다. 즉 이러한 말려듦으로부터 이 세계는 유배지가 된다는 것이다. 반면, 이 세계에서 "가치 있다"고 하는 것에 전혀 가치를 두지 않으면, 우리는 이 세계에서도 유배의 삶을 살지 않을 수 있다.

자, 그러한 '―의 여행'의 이름을 '가치 투쟁'이라고 명명해보자. 사랑의 가치법칙을 위시한 모든 가치법칙들이 이 가치투쟁을 지배할 것이다. 맑스가 얘기한 상품들의 가치법칙은 가장 표피적인 가치법칙이 아닐까?

가치 투쟁의 핵심은 자신의 가치를 남들보다 높이는 것이다. 이 투쟁에서 패배하면 가치가 낮은 존재가 되고, 더 나아가선 흔히 말하듯 '무가치한 존재'가 된다. '무가치한 존재'가 된다는 것은 이 세계에서 무가치하게 짓밟힌다는 것이다.

실제로 가치 투쟁은, 이긴 자들의 편에선, 짓밟는 방식을 익히는 것이기도 하다. 우리는 '가치가 낮거나 없는' 무수한 사람들을 짓밟고선, 그것을 정당화하고, 그 정당화의 토대 위에 정체성을 세운다. 우리가 누군가를 조롱하거나 무시할 때, 우리는 자신의 짓밟음들을 정당화한다. 또 부르주아적 교육을 비롯한 사회제도들도 그 짓밟음을 정당화해준다. 그리고 이 짓밟음의 토대 위에서 나의 지배와 착취와 무시가 다시 정당화된다. '가치 없는 사람들'에겐 그래도 된다는 것이다. 겉으로 보이는 것보다 우리의 내면은 훨씬 잔인하다.

누군가가 '가치가 있는' 사람이라는 것은 이 세계에서 사랑받고 있다는 것을 뜻한다. 하지만 그처럼 사랑받음은, 잘 믿어지지 않겠지만, 다른 사람들을 짓밟고 있음을 뜻한다. 가치가 있어서 사랑받기 때문에, 가치 없는 사람들을 마음 놓고 짓밟는다는 것이다. 결국 이 세계에서 사랑받는 것은 짓밟음을 익히는 것이다.

이 짓밟음은 나의 올바름 때문에 가능한 것이 아닐까? 나의 가치 있음은 나의 올바름을 지지한다. 나의 사랑받음은 나의 올바름을 증명한다. 그리고 이 사실들은 나의 올바름들이 그 밑에 깔린 엄청난 양의 짓밟음들과 결합해 있음을 드러내준다. 우리는 이 짓밟음들을 완전히 제거해야만, 진정한 올바름에 이른다.

나의 올바름들 = 나의 짓밟음들

가치 있음과 가치 없음의 구조는 사랑받음과 사랑받지 못함의 구조에 상응하고, 또 짓밟음과 짓밟힘의 구조에 상응한다. 그러므로 가치 투쟁은 격렬하다. 그 격렬함은 사랑을 상실하지 않기 위해 스스로를 파괴하기까지에 이르는 격렬함이다. 즉 가치 투쟁에 사로잡힌다는 것은 자기파괴 속으로 한 걸음을 떼어놓는다는 것이다. 다음 도식을 관조해보자.

가치 투쟁 ←――― 사로잡힘 ――― 마음 ――― 빠져나감 ―――→ 실재

이 도식이 뜻하는 것은 우리가 환상적 가치들에 사로잡혀서 우리 자신 및 다른 사람들의 실재로부터 멀어졌다는 것이다. 우리는 이제 더 높은 가치를 획득하려고 사람들을 짓밟고 자신을 피폐화한다. 이것이 '―의 여행'의 핵심적 내용이다.

그러한 과정은 목표들의 다음과 같은 미끄러짐에 따른 것이다.

1) 목표 1 ― 서로 사랑하는 공동존재를 이루는 것
2) 목표 2 ― 사랑을 쟁취하기 위한 수단의 획득
3) 목표 3 ― 그 수단을 획득하기 위한 경쟁에서 이기는 것

우리가 원래 바라는 것은 목표 1이다. 하지만 우리는 목표 1을 위해선

먼저 목표 2를 실현해야 한다고 잘못 생각한다. 그러고선 목표 2를 실현하기 위해 어쩔 수 없이 목표 3에 빠져든다.

이처럼 목표 1이 목표 2로, 목표 2가 목표 3으로 자꾸 미끄러지면서, 나는 원하지 않는 것을 욕망하게 된다. 그리고 원하지 않는 것을 욕망하는 과정 속에서 나는 자기파괴에 이른다. 이것이 말해주는 것은 자아와 욕망 사이의 모순이다. 즉 자아는 자신이 원래 욕망하던 것을 이룰 능력이 없다는 것이다. 자아는 자꾸 수단들로 미끄러진다. 원래의 목표는 이젠 눈앞에서 완전히 사라진다.

***

마르셀 모스의 『증여론』에 따르면, 가치투쟁은 우리의 일상적인 주고받음에도 개입한다. 많이 받고 적게 주었을 때의 초라함, 많이 주고 적게 받았을 때의 섭섭함 등이 그 출발점을 이루지 않을까?

모스는 원시사회에서 무언가를 남에게 주는 행위가 세 가지 구속 아래 놓임을 강조한다. 즉 1) 주어야 하는 의무, 2) 받아야 하는 의무, 3) 돌려줘야 하는 의무가 그것이다. 이 세 구속은 친밀함 그리고 더 나아가선 연대성의 재생산을 위해 존재한다. 주지 않으면 우정을 확인할 길이 없고, 받지 않으면 우정을 거절하는 것이며, 돌려주지 않으면 배은망덕한 것이기 때문이다.

하지만 증여의 이런 교환 속에서 주고받는 물건의 가치가 은밀히 측정된다. 이것이 갈등의 씨앗이다. 물질보다 명예가 중요한 원시사회들에서 이 갈등은 적게 받아서가 아니라 많이 받아서 촉발된다. 내가 준 것보다 더 많이 나에게 돌려줌으로써, 상대가 자신의 가치를 높이고 내 명예(= 가치)를 떨어트렸기 때문이다.

특히 명예의 손상에 예민한 추장들 사이에서 이런 일이 벌어졌을 땐, 갈등이 격화되어 '적대적 증여'가 행해진다. 트로브리안드 섬들 사이에서 행해지는 쿨라 교역이나 북서아메리카의 인디언들 사이에서 행해지는 포틀래치가 대표적인 예들이다.

모스는 이렇게 말한다. "어떤 포틀래치에서는 자기가 가지고 있는 모든 것을 소비해서 어떤 것도 간직하고 있어서는 안 된다. 누가 가장 부자이며 또 가장 미친 듯이 씀씀이가 헤픈 자인가를 저마다 앞다투어 경쟁하는 것이다."[47]

낭비의 이런 경쟁은 파괴의 경쟁으로 이어진다. "생선 기름이나 고래 기름의 통을 완전히 태워버리기도 하고, 집과 수천 장의 담요를 태워버리기도 한다. 또 상대방을 압도하여 '끽소리 못하게 만들기' 위해서 가장 비싼 동판을 파괴하기도 하고 물속에 던져 버리기도 한다. 이렇게 하면 자기의 사회적 지위를 높일 뿐만 아니라 자기 가족의 사회적 지위도 높아진다."[48]

즉 이들은 가치의 척도가 되는 사물 x들을 파괴함으로써, 자신이 그것들보다 훨씬 더 가치 있음을 보여주려는 것이다. 어쩌면 그런 파괴는 자신의 '가치 = 명예'를 위협했던 사물들에게 복수를 가하는 것은 아닐까? 단순한 증여에서 포틀래치에까지 이르는 과정은 다음과 같은 경로를 거칠 것이다.

1) 친애감에 따른 증여 → 2) 인색하게 여겨지는 것에 대한 불안 → 3) 후함을 과시하려는 욕망 → 4) 자신이 재화들에 가치를 두지 않음을 증명하려는 낭비 → 5) 경쟁의 격화에 따른 발작적 파괴

---

47. 마르셀 모스, 『증여론』, 한길사, 2002, 139쪽.
48. 같은 책, 141~143쪽. 모리스 고들리에는 『증여의 수수께끼』(문학동네, 2011), 117쪽 이하에서 북서아메리카 인디언들의 포틀래치가 유럽인들의 지배로 인해 초래된 비정상적 현상이라고 한다. 즉 재생산적 조절 메커니즘이 더 이상 작동할 수 없어서 생겨난 현상이라는 것이다.

'말려듦 → 사로잡힘 → 자기파괴'의 도식을 적용해본다면, 아마도 2)와 3) 사이에서 '말려듦'이, 3)과 4) 사이에 '사로잡힘'이, 4)와 5) 사이에 '자기파괴'가 자리 잡지 않을까? 이런 경로는 다음처럼 약간 더 일반적으로 표현될 수도 있다.

1) 호감에 따른 증여 → 2) 계산된 증여 → 3) 이기려는 증여 → 4) 제압하고 파괴하려는 증여

아마도 이 경로에선 2)에서부터 '말려듦'이 자리 잡고, 3)에서 '사로잡힘'이 생겨나고, 4)에서부터 '자기파괴'가 시작되지 않을까? 그처럼 정확하게 상응하지는 않겠지만 말이다.

하지만 자기파괴가 포틀래치처럼 폭발적인 과정을 통해서 이루어지는 것은 오히려 예외적이 아닐까? 즉 자기파괴는 겉으로 표 나게 드러나지 않는 일상적인 가치투쟁 속에서 언제나 행해지고 있다는 것이다.

이 허무의 왕국에서 나는 같은 가치를 추구하는 경쟁자들을 부단히 공격한다. 이 공격들은 정당하게 보인다. 경쟁자들의 행동과 그들이 내세우는 가치가 일치하지 않기 때문이다. 증여자들이 추구하는 '후덕함'의 가치와 그들이 행하는 공격적 증여가 일치하지 않듯이 말이다. 즉 경쟁자들은 그 가치 자체를 추구하는 게 아니라, 그 가치를 이용해 다른 무엇을 얻으려 한다는 것이다.

하지만 이처럼 내가 공격하는 경쟁자들의 모습은 바로 나 자신의 모습이다. 나도 그들과 마찬가지로 또 다른 욕망을 감추고 있기 때문이다. 그래서 경쟁자들에 대한 공격은 니 자신에 대한 공격이다. 물론 나는 스스로를 기만하고, 그에 따라 내면으로부터 더욱 등을 돌리고, 조급하게 경쟁자들을 공격하겠지만 말이다. 이처럼 나는 자기파괴에 더욱 깊숙이 빠져든다.

***

모든 정체성은 허구적 정체성이라는 사실은 다음의 것을 함의한다. 즉 정체성은 그 자체가 일종의 우상이라는 것. 『기적수업』에선 비교 행위 자체를 우상을 만드는 행위로 여기는데, 이는 정체성이 왜 그 자체로 우상을 이루는지 설명해준다.

즉 자아는 언제나 비교를 하고, 비교를 통해 더 나아보이는 것을 언제나 우상으로 삼는다. 사랑을 받으려면 비교 관계에서 우위를 점해야 하기 때문이다. 그렇다면 우상이란 사랑받기 위해 우위를 점하게 해주는 수단이다. 그래서 세계의 모든 것이 우상이 될 수 있다. 비교 관계에서 우위를 점하게 해주고, 그 결과 사랑을 끌어올 수 있다면 말이다. 즉 손짓, 몸짓, 표정, 태도까지도 우상이 될 수 있다는 것이다.

환상으로서의 이 세계 속에서 우리는 각자가 처해있는 사랑의 국지적 정세에서 끊임없이 우상의 놀이를 한다. 즉 사랑의 자원들을 획득하기 위해서, 모든 신경을 곤두세우고 있다는 것이다. 르네 지라르는 그런 우상의 놀이를 욕망의 모방으로부터 설명한다. 그는 이렇게 말한다.

"어떤 허영심 많은 사람이 어떤 대상에 대한 욕망을 품기 위해서는, 그 대상이 명성이 높은 제삼자에 의해 이미 욕망되었다는 사실을 확인하기만 하면 된다."[49]

'명성이 높은 제삼자'는 일종의 우상이다. 스스로를 장식하기 위해 모델로 삼는 존재이기 때문이다. 지라르는 그런 존재를 '욕망의 중개자'라 일컫는다. 그 관계를 도해해보자.

---

49. 르네 지라르, 『낭만적 거짓과 소설적 진실』, 47쪽.

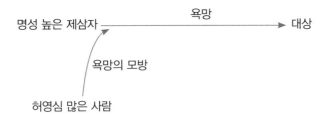

이 도식엔 우상의 세 형태가 등장한다. 첫째 형태(= 우상 1)는 자기 자신이다. 우리는 스스로에 대해 허구적 정체성을 갖고 있기 때문이다. 그런 정체성을 향유한다는 것은 자기우상화를 행하고 있음을 뜻한다. 둘째 형태(= 우상 2)는 내가 욕망을 모방하려는 사람, 즉 욕망의 중개자다. 셋째 형태(= 우상 3)는 우상 2가 소유하고 있는 '대상'이다. 우상의 이 세 가지 형태는 다음처럼 연결된다.

1) 나는 나 자신을 우상화(= 우상 1)해서 나르시스적으로 사랑한다.
2) 나는 자기우상화를 강화하기 위해 모델적인 존재(= 우상 2)를 선택해서 그를 모방한다.
3) 그리고 그가 지닌 것들(= 우상 3)을 소유해서 그처럼 보이려 한다.

이제 우리는 위의 도식을 다음처럼 제시할 수 있다.

이 관계를 가치 개념을 통해 생각해보자. 우상 2는 나보다 가치가 있는 사람이다. 물론 나는 나의 자아가 항상 가치가 있다고 나르시스적으로 생각하지만, 나의 자아는 우상 2에 비해선 가치가 없다. 우상 3이 가치를 갖는 것은 나보다 가치 있는 사람이 그것을 욕망해서다. 즉 나보다 가치 있는 사람이 욕망한다는 사실 자체가 그것에 가치를 부여한다. 이제 위의 도식을 다시 가치관계를 통해 제시해보자.

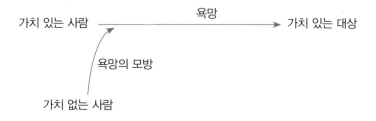

방금 본 두 도식의 동일성에 따라 '가치 = 우상'의 등식이 성립하지 않을까? 가치란 이미 누차 강조했듯이 비교를 통해 성립한 환상이다. 그리고 '환상적으로 설정된 가치'는 당연히 우상이다. 가치의 허무 위에 성립한 허무의 왕국에서 우상은 당연히 허무로 귀결된다.

지라르는 도스토예프스키의 소설들을 분석하면서 이렇게 말한다. "주인공은 신의 유산을 향유하는 것처럼 보이는 타인에게 열정적인 관심을 쏟는다. 신봉자로서의 그의 믿음은 매우 대단해서, 그는 언제나 자신이 바야흐로 중개자에게서 이 기막힌 비밀을 훔치게 된다고 믿는다."[50]

범접할 수 없는 낯선 세계의 중개자(= 욕망의 중개자)는 신적 존재처럼 등장한다. 만일 내가 그의 비밀을 훔칠 수 있다면 나도 신적 존재가 될 것이다. 즉 나는 그가 지니고 있는 "신성으로 도망침으로써" 나의 "나약함"

---

50. 같은 책, 109쪽.

을 벗어날 수 있을 것이다.[51]

하지만 내가 그에게 가까이 접근함에 따라 그의 비밀이 서서히 드러난다. 그 비밀은 신성의 비밀이 아니다. 그것은 오히려 '신비화'의 비밀이다. 나의 똑같이 아무 가치도 없는 존재가 비교를 통해 '신적인 가치'를 얻어가는 '신비화'의 비밀이 그것이다.

이 신비화는 욕망의 중개자 자신과는 별 관계가 없다. 그는 다만 '가치 없는 사람들'을 무시했을 뿐이다. '비교 → 결여→ 욕망'의 사슬을 통해 그를 신비화한 것은 나 자신이다.

나는 '비교 → 결여 → 욕망'의 사슬을 거쳐 이제 욕망의 중개자가 갖고 있던 "신의 유산"을 소유한다. 하지만 그 유산은 아무런 가치도 없던 것이 비교에 따라 가치를 부여받은 것일 뿐이다. 그래서 소유와 함께 그 유산은 모든 신적 가치를 상실한다. 지라르가 "그는 대상을 소유하지만, 대상은 소유 당했기 때문에 모든 가치를 상실한다"고 말하듯이 말이다.[52] 그래서 내가 결국 가닿는 것은 앞서 보았던 '욕망 → 소유 → 허무'의 사슬이다. '신적 존재'에게도 결국은 아무것도 없었다는 것이다. 자아의 운동 논리를 정리해보자.

1) 자아는 스스로 신이 되려한다 →
2) 다른 사람들에게서 신을 본다 →
3) 그들의 '신성'을 모방하려 한다 →
4) 그들에게 '신성'이 없음을 발견한다 →
5) 허무 속에서 병들어 죽는다.

르네 지라르에 따르면, 고전적 소설의 주인공들은 죽음에 이르러 자아

---

51. 같은 책, 367쪽.
52. 같은 책, 236쪽.

의 삶의 "악마들림"에서 빠져나온다. 『악령』의 스테판 트로피모비치는 죽음에 임박해 이렇게 말한다. "나는 평생 동안 거짓말만 해왔다. 내가 진실을 말했을 때조차도 그러했다. 나는 결코 진실을 위해서가 아니라 오로지나 자신만을 위해 말하였다. 나는 전에도 그것을 알고 있었지만 단지 지금에서야 그것을 깨닫는다."[53]

『적과 흑』의 쥘리앵은 "자신의 권력을 향한 의지를 철회하고, 그를 매혹시키던 세계로부터 초연해진다."[54] 또 돈키호테는 "지금 내가 처한 임종의순간에 나는 내 영혼을 속일 수 없네"라고 말한다.[55]

우리는 허구적 정체성을 갖는 한에서 항상 거짓말을 한다. 자신의 허구적 정체성에 따라 말을 하기 때문이다. 우리는 허구적 정체성을 갖는 한에서, 결코 스스로를 온전히 솔직하게 드러내지 못한다. 허구적 정체성에 부합하도록, 스스로를 언제나 감춰야 하기 때문이다.

자신을 숨긴다는 것은 그 누구와도 진정한 관계를 맺지 못한다는 것이다. 자신을 숨기는 것은 다른 사람을 이용하겠다는 것이기 때문이다. 허구적 정체성을 갖는다는 것은 언제나 기대와 두려움을 갖는다는 것이다. 허구적 정체성에 부합하게 대접을 받는 기대와 허구적 정체성이 추락하는두려움이 그것이다. 우리는 관계 속에서 오직 우리가 기대하는 것과 두려워하는 것만을 보기 때문에, 그 누구와도 진정한 관계를 갖지 못한다.

이것이 유배지인 이 세계에서의 삶이다. 그것은 죽음을 앞둔 스테판 트로피모비치와 쥘리앵과 돈키호테가 말하듯 삶이 아니라 오히려 죽음이다. 우리는 이 세계에서 '죽음의 삶'을 살다가, 허구적 정체성을 완전히 내버림으로써만 진정한 삶을 살게 된다.

---

53. 같은 책, 377~378쪽에서 재인용.
54. 같은 책, 380쪽.
55. 같은 책, 381쪽에서 재인용.

애착에 대하여

앞서 보았듯 시몬 베유는 우리가 공허로부터 도피하기 위해 세계에 빠져든다고 한다. 그녀는 「신의 사랑에 관련한 무질서한 생각들」에서 또 이렇게 말한다.

"충족시켰던 모든 욕망을 떠올려보는 것으로 충분하다. 얼마 되지 않아 우리는 곧 불만족할 것이다. 우리는 다른 걸 원한다. 또 우리는 무얼 원할지 몰라 불행해 할 것이다. […] 예컨대 혁명가들은, 스스로에게 거짓말을 하지 않는다면, 혁명의 완수가 그들을 불행하게 할 것임을 알 것이다. 그들은 살아갈 이유를 상실할 것이기 때문이다."[56]

"다른 걸 원한다"는 사실, "무얼 원할지 몰라 불행해 한다"는 사실은 다음 두 가지 것을 함의하지 않을까?

1) 우리가 삶의 공허를 알고 있다는 것.
2) 하지만 그것이 두려워 부단히 자신을 속인다는 것. 삶은 공허가 아니다, 무엇이 있다, 그걸 추구해야 한다고.

공허로부터 근본적으로 벗어나는 길은 없을까? 제1장에서 보았듯이 십자가의 요한은 세계에서 얻는 기쁨 1에서 빠져나와 신에게서 얻는 기쁨 2로 나아가야 한다고 말한다. 그 과정은 다음과 같다.

---

56. Simone Weil, "Pensées sans ordre concernant l'amour de Dieu," 12쪽.

기쁨 1 ──▶ 공허 1 ──▶ 다른 선택 ──▶ 공허 2(= 어둔 밤) ──▶ 기쁨 2

하지만 사람들은 세계가 주는 기쁨들을 내버릴 때 다시 마주치는 공허 2를 잘 감내하지 못한다. 이 세계에 너무 깊숙이 길이 들어버린 것이다. 그렇다면 우리가 이 허무의 왕국에서 선택할 수 있는 것은 사랑하는 사람들에 대한 애착밖에 없지 않을까? 결국엔 그것만이 우리에게 '의미'를 준다는 것이다.

하지만 붓다는 이렇게 말한다. "이 세계의 어떤 것이더라도 거기 집착[애착]하게 되면 그로 인하여 그림자처럼 악마는 그를 따를 것"이라고.[57] 즉 사랑하는 사람들에 대한 애착이 이 세계를 빠져나오는 데 장벽을 이루리라는 것이다. 그 이유는 물론 그런 애착이 진정한 사랑이 아니라는 데 있다.

자, 우리는 가족이나 오랜 친구들에 대해 진한 애착을 갖는다. 그들은 허무의 왕국에서 적막한 삶을 동반해주는 사람들이기 때문이다. 인간은 태생적으로 혼자서는 삶을 영위할 수 없는 '공동존재'이다. 당위적으로가 아니라 사실적으로 말이다. 내가 애착을 갖는 사람들은 나의 공동존재성에 실질적으로 참여하고 있는 사람들이다.

어쩌면 그런 애착은 유년의 공동존재성을 회복하려는 성격을 갖는 것일까? 그렇다면 문제는 성년의 공동존재성이 유년의 공동존재성과 차이가 난다는 사실에서 생겨나는 것일 수 있다. 아마도 성년의 공동존재성이 시몬 베유가 말한 악에 말려드는 시점 이후의 공동존재성이어서 그렇지 않을까? 즉 말려들고 사로잡혀서 스스로를 파괴한 이후 만들어가는 공동존재성은 유년의 공동존재성과 다를 수밖에 없다는 것이다.

애착은 다음 두 가지와 접경하고 있지만 성격이 다른 것이다.

---

57. 『숫타니파타』, 민족사, 2012, 283쪽.

1) 성적 사랑(남녀 간의 사랑과 동성애적 사랑)
2) 진정한 사랑

1) 성적 사랑은, 선행의 연구들에서 여러 차례 설명했고 또 다음 장에서 다시 다룰 것이듯이, 그것이 스스로 사랑임을 내세운다는 점에서는 허구적인 것이다. 성적 사랑에서 "사랑한다"는 주장은 다른 목적들을 실현하기 위한 수단일 뿐이기 때문이다. 그 다른 목적들이란, 사랑의 진행 단계에 따라 변하는 것이지만, 성적 욕망을 달성하려는 목적, 특별한 상대를 소유함으로써 자신을 장식하고 대체하려는 목적, 사랑을 하기보다는 사랑을 받으려고만 하는 목적, 상대에게 희생을 요구하려는 목적 같은 것들이다.

반면, 애착은 성적 사랑보다는 훨씬 진정성을 갖는 것이다. 존재론적 요구에 따른 것이기 때문이다. 즉 내가 살아가기 위해서 그가 필요하기 때문에 그에게 애착한다는 것이다. 애착은 성적 사랑처럼 열정에서 출발하는 것이 아니라 상대의 결여를 느끼면서 성립한다. 즉 그의 '부재'가 '결여'로 느껴지기 시작하면서 그에게 애착한다는 것이다.

부재 ——▶ 결여 ——▶ 애착

결국 애착이 상대적으로 진정성을 갖는 것은 상대의 결여를 견디지 못하기 때문이다. 그래서 애착의 상대는 자아의 일부를 이룬다. 그와의 이별이 나에게 죽음과도 같은 고통을 가져다주는 것에서 입증되듯이 말이다. 물론 성적 사랑에서도 이별은 죽음과도 같은 고통을 가져다줄 수 있다. 성적 사랑에서부터 애착이 성립하기 때문이다

애착의 상대는 자아의 일부를 이루기 때문에, 나는 종종 그의 불행을 자신의 불행보다도 더 참아내지 못한다. 하지만 이것은 그의 입장에 따른 것이 아니라, 나 자신의 관점에 따른 것이다. 그래서 상대의 삶에 대한 이런

개입은 우리를 이 지옥에서도 살아갈 수 있게 해주는 것이지만, 다른 한편으로는 서로에게 부담을 지우고 구속을 가하는 것이기도 하다. 우리는 이 사실을 다음처럼 요약할 수 있다.

a) 나는 애착의 상대의 행복을 바라지만,
b) 그 행복은 그가 바라는 것이 아닌, 내가 바라는 대로의 행복이다.

이는 애착하는 사람들이 진정한 소통을 하지 못한다는 사실에서 비롯된다. 즉 애착하는 사람들은 서로의 자아의 패턴에 따라 관계를 맺을 뿐이다. 이 사실은 애착을 2) 진정한 사랑과 구별지어준다.

우리가 자아를 갖고 있는 한에서, 우리는 언제든지 자아의 목적을 위해 다른 사람들을 이용한다. 이것이 진정한 사랑을 가로막기 때문에, 나는 오직 신적인 사랑만이 2) 진정한 사랑일 수 있다고 생각한다. 『기적수업』에서 신의 사랑 말고 다른 사랑은 없다고 하듯이 말이다.[58] 애착이 진정한 사랑일 수 없음은 다음 두 가지 때문이다.

a) 상대를 있는 그대로 받아들이지 못한다는 것.
b) 상대에게 완전한 자유를 주지 못한다는 것.

a)의 이유는 욕망의 확장 때문이다. 즉 애착의 상대는 나의 존재의 일부이므로, 그의 삶은 일정하게 나의 삶이기도 하므로, 나는 나의 욕망대로 그가 살기를 바란다는 것이다. 결국 그와의 동반자적인 밀접한 관계가 나로 하여금 그의 삶에 개입할 일정한 권리가 있다고 믿게 만든다는 것이다. 그래서 나는 나 자신의 기준에 부합하도록 그의 삶을 통제하려고 한다는

---

58. *A Course in Miracles*, 「텍스트」 317쪽(15장 7절-1).

것이다.

b)의 이유는 애착이 상대의 결여를 견디지 못하는 것이라는 데 있다. 즉 나는 상대가 공간적으로로건 심리적으로건 나의 곁을 떠나는 것을 두려워한다. 그가 내 옆에서 '나의 위안'이 되어야 하기 때문이다. 그래서 나는 그의 삶을 어떤 방식으로로건 구속할 수밖에 없는 것이다.

진징한 사랑과 차이 나는 애착의 이러한 성격은 다음 같은 이중성을 성립시킨다.

a) 나는 그가 나 자신인 듯 애착을 하지만,
b) 그럼에도 자아를 포기하지 못해 여전히 자기중심적이라는 것.

이것은 필연적이다. 내가 자아를 갖고 있는 한에서 말이다. 결국 애착의 상대는 자신의 삶의 일부를 이루지만, 그것이 자신의 삶의 일부인 만큼, 자신의 욕망대로 하겠다는 것이다.

진정한 사랑과 애착의 차이는 자아를 버리느냐, 아니면 자아를 위한 것이냐의 차이다. 애착은 자아를 위한 것이다. 즉 애착은 다른 사람의 존재에 의존함으로써 자아의 존재를 지탱하려는 것이다. 애착의 상대들로써 자아의 존재의 성벽을 만들려 한다는 것이다. 그렇다면 애착은 자아를 간직하면서, 육체에 따른 분리를 보완하려는 것이다.

결국 애착은 다음과 같은 두 가지의 모순을 갖는 것이 아닐까?

a) 자아를 가진 내가 상대를 행복하게 해주려 한다는 것.
b) 자아를 가진 상대에게서 구원의 상을 본다는 것.

그래서 애착은 다음 도식과 같은 구조를 갖는다. 도식이 다소 모호할 수도 있겠는데, 자아의 논리에 의해 지배받는 사람들이 서로에게서 구원의 상을 본다는 뜻이다.

자아의 논리 ──────▶ 구원 ◀────── 자아의 논리

자아의 논리를 가진 사람들이 서로에게서 구원을 찾는 것은 불가능한 것을 찾는 것이다. 자아의 논리라는 내적 제약 때문이다. 우리는 애착의 상대를 행복하게 해주고 싶지만, 그것이 뜻대로 안 된다. "너한테 잘 할께"라고 하지만, 매번 엉뚱한 방향으로 사태가 진행된다. 그 이유는 물론 자아의 논리에 따라 욕망을 상대에게 부과하기 때문이고, 그와 동시에 죄책감을 상대에게 투사해서 상대를 공격하기 때문이다.

욕망을 부과하는 것은 '올바름의 폭력'을 행사하는 것이다. 즉 각자의 이유를 갖는 너와 나의 올바름 가운데, 나의 올바름을 너에게 부과하는 폭력을 행사하는 것이다. 폭력의 그런 행사는 모두의 불행을 가져온다.

나의 올바름 = 상대에 대한 폭력 = 모두의 불행

내가 나의 올바름을 불행하게도 끈질기게 부과하는 것은 죄책감의 투사 때문이다. 나의 올바름의 기준을 벗어나는 '상대의 잘못'은 실제로는 나의 허구적 정체성이 숨기고 있는 나 자신의 모습이다. 나는 그것이 나 자신의 모습임을 부인하고 싶어서, 상대의 '잘못'을 공격한다. 결국 나는 있는 그대로의 상대를 보지 못하고, 자신의 해석 틀을 통해 상대를 볼 수밖에 없는데, 그 해석 틀이 내가 억압하는 나 자신의 모습을 투사한 것이라는 것이다.

하지만 다행히도 상대는 나의 욕망의 부과에 저항한다. 그것이 그나마 '다행'인 것은 나의 욕망의 부과는 결국에는 모두의 더 큰 불행을 가져오기 때문이다. 어쨌거나 그런 저항에 따라 다음과 같은 사태가 벌어진다. a)

욕망이 있는데, b) 이 욕망을 부과할 수 없어서, c) 상대를 혐오하면서 포기하는 사태. 이런 사태 속에서 애착의 관계는 겉돌아서, 서로는 서로를 혐오하면서 공존한다. 그래서 애착의 첫 번째 귀결은 뜻대로 되지 않는 상대에 대한 미움이다.

반면, 내가 욕망을 상대에게 부과할 수 있을 땐 오히려 죄책감이 강화될 수 있다. 즉 나는 욕망의 부과를 통해 애착하는 상대의 삶을 유린하고, 그래서 결국엔 불행을 안겨준다. 그리고 이것을 자각할 때, 나의 죄책감이 강화된다. 이것이 애착의 두 번째 귀결이다.

하지만 흔히들 생각하는 것과 달리 죄책감은 치유 효과를 갖지 않는다. 죄책감은 우리를 불안에 시달리게 해서 알 수 없는 어딘가로 밀어붙인다. 즉 우리는 죄책감을 잘 견뎌내지 못한다. 그에 따른 우리의 행동은 돌발적일 수도 있고 지속적일 수도 있겠지만, 우리는 죄책감을 또다시 상대에게 전가하고 그를 박해한다. 그래서 '죄책감 → 투사 → 공격 → 더 큰 죄책감 → 투사 → 공격'의 악순환에 말려든다.

이를테면 이런 것이다. 나는 종종 나의 잘못들을 만회하기 위해서 상대에게 더욱 애착한다. 이번엔 상대를 꼭 행복하게 해주겠다는 굳센 소망을 갖고서 말이다. 하지만 나의 강화된 죄책감은 나도 모르게 나를 밀어붙여 상대를 공격하게 한다.

또 다른 경우를 떠올려보자. 우리는 종종 애착의 상대가 눈앞에 있을 땐 미워하고, 없을 땐 죄책감을 갖는다. 눈앞에 있을 땐 대립적 반작용의 패턴을 보여 오기 때문이고, 눈앞에 없을 땐 내가 초래한 상대의 불행이 마음을 아프게 하기 때문이다. 죄책감은 후회를 가져온다. 하지만 후회는 불필요하다. 다시 과거로 돌아가면 똑같은 반작용을 반복할 것이기 때문이다. 상황이 반복되는 것은 마음속에서 변화가 없었기 때문이다. 즉 우리는 후회를 하지만, 후회를 만들어낸 자아의 논리를 수정하지 않기 때문에, 상황이 똑같이 반복된다는 것이다.

결국 구원을 가져올 줄 알았던 애착은 다시 지옥을 만든다. 그 이유는 다음과 같다. 즉 애착의 상대는 자아의 존재를 지탱하기 위한 도구일 뿐이기 때문이다. 『기적수업』에 따르면, 진정한 사랑은 "힘이 아니라 관계를 추구"한다.[59] 하지만 애착은 '관계'가 아닌 '자아의 존재의 위안'을 추구한다.

두 사람의 '관계'를 말하지 않는 한에서 모든 유토피아는 허구다. 두 사람이 서로 사랑하지 못하는데, 어떻게 유토피아가 가능할 수 있을까? 내가 애착을 통해 그토록 얻으려하는 따뜻함은 종종 껍데기만 남는다. 자아의 논리가 서로에게 부과하는 힘겨움이 따뜻함을 압도하기 때문이다.

물론 우리는 애착의 힘겨움 속에서 진정한 사랑에 대해 무엇인가를 배울 수도 있을 것이다. 하지만 우리가 몸의 독립성을 향유하는 한, 이별은 필연적이고, 우리는 또다시 지옥에 빠져든다. 결국 우리가 몸의 분리를 뛰어넘지 못하는 한에서, 애착은 구원을 가져다주지 못한다. 구원은 우리가 애착을 완전히 버리고 모두에게서 영적 존재를 봄으로써만 가능한 것이다.

＊＊＊

결국 자아의 '—의 여행'은 세계 '속'에서 벌어지는 것이 아니다. 세계가 먼저 있고, 그 다음에 자아가 이 세계를 여행하는 것이 아니기 때문이다. 오히려 자아가 '—의 여행'을 통해 세계를 만들어낸다는 것이다. 다음 등식을 관조해보자.

자아 ＝ 세계

---

59. *A Course in Miracles*, 「텍스트」 437쪽(20장 6절-4).

이 등식은 받아들이기 힘들어 보이지만, 구성주의적 전통이 이미 제기한 것이기도 하다.

이 등식은 실천적으로 입증된다. 붓다나 십자가의 요한이 말한 것처럼, 자아를 놓으면 세계가 놓아지기 때문이다. 즉 세계를 만드는 것은 자아이기 때문에, 자아가 없어지면 세계도 없어진다. 이것이 붓다와 십자가의 요한을 비롯한 신비주의자들이 체험한 것이다. 그런 체험들이 '자아 = 세계'의 등식을 입증한다.

이 등식은 인식론적으로도 입증된다. 세계의 뿌리에 자아의 기준들과 판단들이 있기 때문이다. 하지만 그것을 인식론적으로 입증하려면, 세계의 뿌리를 이루는 자아의 껍질들을 하나씩 벗겨내는 고통스런 노동을 통과해야 한다.

이 등식은 세계가 자아에 상관적으로만 존재함을 뜻한다. 그래서 자아로부터의 해방은 '세계 = 지옥'으로부터의 해방이다. 하지만 그것이 어떻게 가능할까? 다음 장에서 그것을 살펴보자.

제4장
성스러움에 대하여

레비나스에게서 신성함과 성스러움의 대립

이제 성스러움에 대해 말해보자. 성스러움은 자아의 삶 바깥에 있는 것이다. 마음의 차원에서 얘기하자면, 자아가 장악하고 있는 마음의 한쪽 귀퉁이로 밀려나 있는 것이 성스러움이다. 그래서 성스러움의 곤혹스러움이 존재한다. 예수가 "왼쪽 뺨을 맞으면 오른쪽 뺨까지 내미셔야 합니다"라고 할 때, 우리가 느끼는 곤혹스러움이 그것이다. 은식기를 훔친 쟝 발쟝에게 은촛대마저 선물하는 비엥브뉘 주교가 불러일으키는 곤혹스러움이 그것이다.

내가 이 장에서 성스러움을 말하기 위해 전제하는 것은 신성함(le sacré)과 성스러움(sainteté)의 대립이다. 신성함은 자아의 삶 속에 존재함으로써 성스러움과 대립한다. 자아가 삶 속에서 자아의 신들을 만들어내고, 그것들에 신성함을 부여한다는 것이다. 그래서 자아의 삶의 한 범주인 신성함은 자아의 삶 바깥에 있는 성스러움과 대립한다.

내가 신성함과 성스러움의 대립이라는 문제틀을 따온 것은 엠마뉘엘 레비나스로부터다. 하지만 레비나스는 이 문제틀을 멀리 밀고나가진 않았다. 이 장에서 나는 이 문제틀을 좀 더 멀리 밀고나가 보려한다. 레비나스가 신성함과 성스러움을 대립시킨 것은『신성함에서 성스러움으로 — 탈무드에 대한 새로운 읽기 다섯 가지』에 실린「탈신성화와 탈마법화」에서다. 그의 문제틀이 집약적으로 제시된 대목을 인용해보자.

"저는 언제나 스스로 묻곤 했습니다. 성스러움이, 즉 분리 또는 순수함이, 영(Esprit)이라 불리면서 유대교에 생명력을 부여하는—또는 유대교가 염원하는—오염되지 않은 본질이, 탈신성화되지 않은 세계에 거주할 수 있을지를 말이지요. 저는 자신에게 물었습니다. 이것이 진짜 문제인데요. 그런 순수함을 받아들일 수 있을 만큼 세계가 충분히 탈신성화되어 있는지 말입니다. 사실상 신성함이란 유대교가 끔찍이도 싫어하는 마법이 번성하는 그늘입니다. 실재의 '반대 쪽,' 이면(裏面), 거꾸로이면서, 신비 속에 밀집한 공허, 사물들 속의 무(無)의 거품들—일상적 대상들의 '무의 얼굴'—인 신성함은 위세들 중의 위세로 자신을 장식합니다. 계시는 이런 나쁜 비밀들을 거부하지요. 이 텍스트들[레비나스가 주해하고 있는 탈무드 텍스트들]은 마법을 정의하면서 […] 어쩌면 성스러움을 신성함과 구별 짓게 해줍니다. 그 형식적 또는 구조적 유사성들을 넘어서서 말이지요. […]

신성함의 누이 또는 사촌누이인 마법은, 최고의 세계에 받아들여진 오빠와의 관계로 인해 가족 가운데서 수혜를 입는 다소 타락한 친척으로서, 겉모습 꾸미기의 달인입니다.

따라서 진정으로 탈신성화된 사회는 마법의 이 불순한 책략이 사라진 사회겠지요. 이 책략은 도처에 퍼져 신성함에 생명을 줍니다. 신성함을 내버리는 게 아니고 말입니다. 진정한 탈신성화는 겉모습으로부터 분리시킨 진실을 정립시키려 할 것입니다. 또 어쩌면 진실과 본질적으로 뒤섞여 있는 겉모습에서 진실을 분리시키려는 것이겠지요."[1]

이 인용문에서 레비나스가 말하려는 것을 정리하면 다음과 같다. 물론 내가 주목하는 것을 중심으로 정리한 것이지만 말이다.

1) 신성함이 성스러움을 축출한다는 것.
2) 신성함은 위세들 중의 위세로 스스로를 장식한다는 것.
3) 신성함은 마법을 통해 스스로를 유지한다는 것.
4) 신성함과 성스러움 사이엔 형식적 또는 구조적 유사성들이 있다는 것.

이 가운데 2)와 3)은 신성함이 자아의 범주임을 말해준다. 4)는 신성함이 성스러움을 흉내 내고 있음을 함의한다. 1)은 이 세계의 성격을 말해준다. 즉 신성함으로 채워진 이 세계엔 성스러움이 존재할 수 없다는 것이다.

먼저 1)에 대해 말해보자. 레비나스는 세계가 충분히 탈신성화되어야만 성스러움이 세계에 머물 수 있다고 한다. 이 세계에서 신성함들이 사라져야만, 성스러움이 찾아들 수 있다는 것이다. 이 말들이 뜻하는 것은, 세계에 가득 찬 신성함이 그 존재 자체로서 성스러움을 질식시킨다는 것, 성스러움이 숨 쉴 수 있는 공기를 신성함이 고갈시킨다는 것이다. 즉 신성함에 길든 사람들은 성스러움으로부터 등을 돌린다는 것이다.

그렇다면 다음처럼 말할 수 있을 것이다. 이 세계가 자아의 세계인 한에서, 이 세계는 신성함의 장소이지 성스러움의 장소는 아니라고. 즉 성스러움은 자아의 세계 바깥에 있다는 것이다.

물론 자아가 장악한 마음의 한쪽 귀퉁이에 성스러움이 아직 머물고 있다는 사실은 이 세계가 바로 그 귀퉁이 앞에서 멈춰 섬을 말해준다. 즉 '세계 바깥'이 우리 마음의 한쪽 구석에 존재하고 있다는 것이다. 내재적인

---

1. E. Lévinas, "Désacralisation et désensorcellement," *Du sacré au saint*, Minuit, 1977, 89~90쪽.

초월성으로 말이다. 결국 이 세계가 전부가 아니라는 것이다. 다음 두 가지를 구분해보자.

  a) 세계의 물질성
  b) 세계 이면의 영성

 신성함은 가짜 영성들을 만들어낸다. 그러나 b)가 온전하게 '세계 바깥'의 것이라면 성스러움은 어쨌거나 b)에 머물 것이다. 하지만 더욱 중요한 것은 다음의 것이다. 자아가 신성함이라는 무기를 통해 자신의 사슬을 조여서 b)를 세계의 바깥으로 축출한다는 것.
 이제 2)를 생각해보자. 레비나스는 신성함이 "위세들 중의 위세로 자신을 장식"한다고 한다. '위세들 중의 위세'란 가장 높은 위세다. 이는 두 사실을 함축한다. 첫째로, 신성함이 시니피앙들―차이나는 위치들―의 질서, 다시 말해, 권력들의 위계질서 속에 위치하고 있다는 것. 둘째로, 신성함이 그 질서에서 가장 높은 지위를 차지하고 있다는 것.
 이 사실들은 신성함이 자아의 범주임을, 즉 자아의 속성들을 구현하는 것임을 말해준다. 자아의 속성은 권력들의 위계질서 속에서 부단히 상승하려는 것이다. 사랑이 차별적으로 분배되는 사회적 짜임새이기도 한 그 질서 속에서 더 많은 사랑을 차지하려고 말이다.
 하지만 이제 자아는 자아의 신을 만들고 그 신에게 신성함을 부여해서 그 질서의 가장 높은 곳에 위치시킨다. 그 신과 거래를 하기 위해서. 또 그 신성한 신을 이용해서 다른 자아들을 복종시키기 위해서.
 레비나스는 신성함이 "실재의 반대 쪽, 이면, 거꾸로"라고 한다. 레비나스가 생각하는 실재란 어떤 걸까? 그는 「탈신성화와 탈마법화」의 좀 더 뒷부분에서 "신 바깥엔 아무 것도 없다. 다른 어떤 것도 없다. 신은 유일한 실재다"라고 한다.[2] 그렇다면 '실재의 반대 쪽'인 신성함은 신(= 영적 실재)

과는 완전히 무관한 것이다. 이는 물론 다음의 것을 뜻한다. 자아가 신성하게 여기는 자아의 신은 실재하는 신과 완전히 무관하다는 것.

신성함과 성스러움의 대립은 세계와 세계 바깥의 대립이다. 하지만 성스러움이 a) 실재 자체 또는 b) (이 세계에서) 실재의 드러남이라고 한다면, 신성함은 비(非)실재다. 그렇다면 '이 세계 = 비실재' 그리고 '세계 바깥 = 실재'라는 등식이 성립한다. 이 말은 이 자아의 세계에서 자아가 만들어낸 자아의 신이 비실재임을 뜻한다.

3)에 대해 생각해보자. 레비나스는 신성함이 "마법이 번성하는 그늘"이라고 한다. 또 그는 이 마법이 "신성함에 생명"을 준다고 한다. 그렇다면 마법이 신성함이라는 그늘 아래서 '자생적으로' 번성하는 것이 아닐 수 있다. 오히려 신성함이 자신을 유지하려고 마법을 적극적으로 이용한다는 것이다. 다른 자아들이 마법을 소비함으로써 신성함을 떠받들도록 말이다.

앞의 2)가 자아가 자신의 신을 만들어내어 신성함을 부여하는 과정에 관련된다면, 3)은 신성함이 부여된 자아의 신이 다른 자아들을 종속시키는 과정에 관련된다. 다음 도식처럼 말이다.

위세의 부여　　　　　　　마법을 통한 현혹
자아 ——————————→ 신성함 ——————————→ 다른 자아들

자, 신성함은 마법을 이용해서 자아들을 종속시킨다. 마법은 "외양(外樣), 즉 겉모습 꾸미기의 달인"이다. 그 겉모습이 단지 마법일 뿐인 것은 진정한 신성(神性)과 완전히 무관하기 때문이다. 결국 세계 바깥으로 빠져나가는 성스러움과는 달리, 신성함이 사용하는 마법은 자아들을 세계에

---

2. 같은 글, 100쪽.

더욱 깊숙이 끌어들이는 것이다.

성스러움 ◄──── 빠져나옴 ──── 세계 ◄──── 빠져듦 ──── 신성함

　신성함에 종속된다는 것은 신성힘의 외양에 송속된다는 것이 아닐까? 신성함의 근거가 다른 어떤 것에도 없고 오직 그 겉모습에만 있다면 말이다. 즉 신성함은 오직 그 겉모습에만 존재하는 것이 아닐까? 스님을, 신부님을 빨가벗겨 놓으면 그 어떤 신성함도 찾아볼 수 없듯이 말이다. 그렇다면 "겉모습 꾸미기의 달인"인 마법은 신성함의 누이가 아니라 신성함 자체의 속성이다.

　레비나스는 탈신성화가 "진실을 겉모습에서 분리"시키는 것이라고 하면서, "진실이 겉모습과 본질적으로 뒤섞여 있다"고 한다. 이때 겉모습은 '신성함의 겉모습'이고, 진실은 신성함일까? 그렇지 않다. 레비나스가 같은 글 뒷부분에서 "신성함은 신성하지 않다. 신성함은 성스러움이 아니다"라고 하듯이 말이다.[3]

　신성함은 겉모습 자체이다. 그리고 진실은 성스러움이다. 신성함은 단지 참칭일 뿐이고, 그러한 참칭의 수단이 외양의 달인인 마법이다. 신성함은 오직 성스러움을 참칭하는 겉모습으로만 존재하므로, 겉모습 자체이다. 그렇다면 오직 진실일 뿐인 성스러움과 오직 겉모습일 뿐인 신성함이 뒤섞이는 것이 어떻게 가능할까?

　겉모습과 진실이 뒤섞이는 것은 사람들의 주관 속에서다. 사람들이 신성함을 성스러움이라고 믿기 때문이다. 그렇다면 신성함에는 어떤 성스러움도 없는데, 그것을 바라보는 사람들의 마음속에 성스러움의 요소들이

---

3. 같은 글, 109쪽.

있어서일까? 그럴 수도 있겠다. 그래서 우리들 마음속 깊은 곳에 있는 신에 대한 무의식적 앎이 이를테면 신성한 외양의 건축에 부분적으로 반영될 수도 있도록 말이다.[4]

하지만 반대의 경우들도 있을 것이다. 성스러움에서 오히려 신성함을 보는 것 말이다. 어떤 '신성한' 종교적 질서 속에 성스러운 존재들이 있다고 해보자. 마더 데레사나 『레미제라블』의 비엥브뉘 주교처럼 말이다. 신성함의 세계에 길든 우리들은 그들에게서 오히려 신성함만을 볼 수도 있지 않을까? 예수나 붓다에게 이 세계에서의 복을 내려달라고 빌듯이 말이다.

이런 게 뒤섞임일까? 신성함에서 성스러움을 보고 성스러움에서 신성함을 보는 것이? 하지만 초월적인 어떤 것에 대한 무의식적 그리움에 따라 신성함에서 성스러움을 찾는 사람들은 끝내 신성함의 벽에 부딪혀 좌절할 수밖에 없다. 자아의 세계인 이 세계 속에서 신성함은 성스러움을 근본적으로 축출해놓았기 때문이다.

신성함을 성스러움과 구별 짓는 척도 가운데 하나는 세속적인 것과의 대립성이다. 사람들의 생각과는 달리, 세속적인 것과 대립하는 것은 성스러움이 아니라 신성함이다. 그래서 내가 무얼 보고 '성스럽게' 느꼈는데, 그것을 세속적인 것과 대립하는 것으로 여겼다면, 나는 성스러움이 아니라 신성함을 본 것이다. 반면 성스러움은 세계 바깥에 있는 것이면서도, 세계 이면의 영성에 편재한다. 즉 신성하건 세속적이건 상관없이, 생명이 있는 모든 것에서 빛나고 있는 "세계의 것이 아닌 빛"[5]이 성스러움이라는 것이다.

---

4. 승효상 선생님은 『오래된 것들은 다 아름답다』(컬처그라퍼, 2012)에서 종묘 정전이나 사원 또는 수도원 건축에서 비움과 침묵의 아름다움을 말한다. 겉모습일 뿐인 신성함 속에 반영된 성스러움의 자취가 그런 것일까? 하지만 비움과 침묵 자체가 성스러움과 직접적으로 연결되는 것은 아니다. 다만 그것들은 성스러움을 찾아 떠나는 여행의 최초의 통로일 수는 있지 않을까?
5. 이 표현은 *A Course in Miracles*(기적수업, combined volume, Foundation for Inner Peace, 2007)에서 따온 것이다.

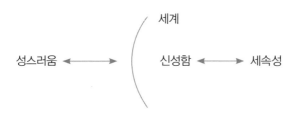

그렇다면 어떻게 레비나스가 말하듯 "겉모습으로부터 분리시킨 진실을 정립"할 수 있을까? 신성함 속에서 겉모습의 마법이 번성해서, 모두가 겉모습의 신성함을 흉내 내고, 그래서 권력도, 자본도, 도덕도, 일상생활의 도구들마저도 모두 신성화되었다면 말이다. 그렇다면 진실을 정립하는 유일한 길은 우리의 마음을 채우고 있는 '세계'를 온전히 들어내는 수밖에 없다. 붓다가 형태, 소리, 냄새, 맛, 감각, 현상과 느낌, 지각, 심리작용, 앎까지도 온전히 버려야 한다고 했듯이.

끝으로 4)에 대해 말해보자. 신성함과 성스러움 사이에 "형식적 또는 구조적 유사성들"이 있을까?

신성함은 이 세계의 법칙에 종속된 것이고, 성스러움은 신(= 영적 실재)의 법칙을 온전히 따르는 것이다. 마더 데레사가 "우리는 참으로 성스러워지겠다고 결심해야 합니다. '나는 성자가 될 테야'라는 말은 자기 자신에게서 하느님만 빼고 전부 빼앗아 갈 것이라는 뜻입니다"라고 했듯이 말이다.[6]

이 세계가 자아가 만들어내는 지옥인 한에서, 세계의 법칙과 신의 법칙 사이엔 어떤 공통점도 없다. 따라서 세계의 법칙에 종속된 신성함과 신의 법칙만을 따르는 성스러움 사이에도 어떤 내적인 공통점이 있을 수 없다.

만일 신성함과 성스러움 사이에 어떤 유사성이 있다면, 그것은 외적인 유사성일 수밖에 없다. 그 유사성이 '성직자-매개수단-신자'를 잇는 짜임

---

6. 맬컴 머거리지, 『마더 데레사의 하느님께 아름다운 일』, 시그마북스, 2010, 92쪽.

새에 관련한 '구조적'인 것일지라도, 외적일 수밖에 없다는 것이다.

그런 외적 유사싱이 존재할 수 있는 유익한 근거는 신성함이 성스러움의 자취를 착취한다는 사실이다. 성스러움은 세계 이면의 영성의 온전한 드러남이란 형태로 이 세계에 자취를 남기고, 신성함이 그것을 착취해 자신을 높인다는 것이다.

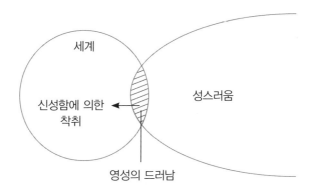

성스러움의 자취를 신성함이 자신을 위해 이처럼 착취한다는 사실은 다음의 귀결을 낳는다. 즉 성스러움에 이끌리는 많은 사람들이 신성함의 길을 걷게 된다는 것. 이를 정리해보자.

a) 성스러움에 대한 끌림에 따라 많은 사람들이 수도자나 성직자의 길을 택한다.

b) 하지만 대부분은 성스러움에의 끌림을 견지하지 못하고, 신성함의 유혹에 넘어간다.

c) 반면, 예외적인 몇몇은 신성함의 질곡에도 불구하고 표표하게 성스러움의 길을 걷는다.

d) 이 예외적인 몇몇으로 인해 신성함과 성스러움이 겹쳐져 드러난다.

e) 물론 성스러움은 세계 어디서든지 스스로를 드러낼 수 있고, 따라서

신성함의 장소에서도 그렇다.

f) 하지만 신성함의 '고결한' 질서는 여전히 자아들을 복속시킴으로써 성스러움을 세계 바깥으로 축출한다.

어쩌면 레비나스는 d)에서 신성함과 성스러움의 유사성을 보았을까? 아마도 그렇지 않을 것이다. 신성함의 폐해를 가장 명확히 안 것이 그이므로.

이제 성스러움을 숙고하기에 앞서, 신성함의 속성을 좀 더 자세히 알아보도록 하자. 우선 신성함이 마음의 어떤 맥락에 위치하는지를 생각해보자.

세계의 안과 바깥

성스러움으로 드러나는 것이 실재의 초월성이라면, 신성하게 여겨지는 것은 상상적 초월성이다. 성스러움이 우리 내면의 영성에 내재하는 초월성이라면, 신성함은 자아의 상상적 투사에 따라 설정된 초월성이다.

신성함이 자아의 투사에 따라 만들어졌다는 것은 다음의 사실을 함축한다. 즉 신성함이 아무리 '세계 바깥'의 것처럼 여겨져도 그 속성은 이 세계의 것이라는 것. 그렇다면 신성함은 실제로는 세계의 것이다. 자아의 속성을 가진 신성함이 세계 바깥에 존재할 수는 없기 때문이다. 결국 신성함의 핵심에는 자아가 만들어낸 가짜 신인 '자아의 신'이 존재하는 것이다.

그렇다면 신성함에는 우리의 머리로 생각할 수 있는 모든 것이 담겨있을 것이다. 반면, 성스러움은 우리가 결코 상상할 수 없는 그런 것이다. 이를테면 신성함은 차이들에 입각해 있다. 반면 성스러움은 이 세계의 비교 체제에서 완전히 빠져나와 있다. 그래서 성스러움은 '동일성 = 동등성'에 입각한다.

  1) 차이 → 신성함
  2) 동일성 = 동등성 → 성스러움

  물론 '물질적 평등주의'가 아닌 '인격적 평등주의'가 성스러움에 이르는 길의 입구가 된다. 하지만 이 세계의 관점에선 아버지와 아들의 완전한 동등성, 선생과 학생의 완전한 동등성, 신과 나 자신의 완전한 동등성을 생각하기 힘들다.

  『기적수업』에선 "성스러움은 세계의 모든 법칙을 뒤집습니다"라고 한다.[7] 성스러움은 세계의 법칙이 아닌 다른 법칙에 속한다는 것이고, 이 다른 법칙은 세계의 법칙을 완전히 뒤집는다는 것이다. 아마도 성스러움은 1) 세계의 물질성과 2) 세계 이면의 영성 가운데 오직 2)만 보는 것일 것이다.

  『기적수업』에 따르면 자아는 우리가 살고 있는 이 지옥이 천국임을 입증하려 한다.[8] 즉 자아의 지배를 받는 우리의 마음은 지옥을 천국으로 여기고 천국을 지옥으로 여긴다는 것이다. 이 말이 함축하는 것은 다음과 같다. 사람들은 신성함을 떠받들면서 성스러움을 두려워한다는 것.

  이 세계 속의 사람들은, 그들이 부단히 이 '세계 = 지옥'을 만들어 나가는 한에서, 그런 성스러움이 성스러움임을 상상하지 못한다. 그들은 이 세계의 범주인 신성함을 통해서 성스러움을 오해할 뿐이다.

  사람들이 누군가를 '성인(聖人),' '성자(聖者)'라 칭하는 것은 대부분의 경우 외적 지표에 따른 것이다. 대단한 고행이나 비범한 능력 또는 외적인 근엄한 태도 같은 지표들이 그것이다. 하지만 그것들은 세계에 속하는 지

---

7. *A Course in Miracles*, 「워크북」 58쪽(38과).
8. 같은 책, 「워크북」 128쪽(73과).

표들일 뿐이다. 반면 성스러움의 내용을 이루는 '진정한 사랑 자체의 존재'는 불편하고 위협적이다. 세계 자체가 그런 사랑에 대한 부인에 입각하기 때문이다.

또 사람들은 성스러움을 종종 '희생'과 연결시킨다. 하지만 희생은 자아들의 질서 속에서만 사고될 수 있는 것이다. 희생 자체가 자아들의 관계 형태이기 때문이다. 『기적수업』에선 이렇게 말한다. "희생은 신에겐 전혀 알려지지 않은 개념입니다. 희생이 행해지는 것은 오직 두려움 때문입니다."[9] 즉 두려움에 찬 자아들이 상대를 죄의식으로 묶어두려고 희생을 하고, 그처럼 해서 이번엔 상대의 희생을 강요한다는 것이다.[10]

이처럼 성스러움을 희생과 연결 짓는 것은 자신의 목적을 위해 성스러움을 이용하려는 자아의 관점이다. 그 결과 성스러움은 신성함으로 전환된다.

자아는 모든 관계에서 거래를 행한다. 마찬가지로, 자아의 범주인 신성함은 대가를 치러야만 달성되는 것이다. "당신은 독생자를 희생시켰으니, 우리의 신으로 자격이 있어요." "당신은 십자가 위에서 자신을 희생하셨으니, 구세주의 자격이 있으세요"라는 식으로 말이다. 여기서 내가 예수를 부인하고 있지 않음을 명확히 해두자. 나는 다만, 프로이트가 드러냈듯이, 예수를 왜곡한 바울의 신학을 받아들이지 않을 뿐이다.

앞 장들에서 우리는 세계에서 얻는 기쁨 1(= 자아의 기쁨)과 영적인 기쁨인 기쁨 2를 나누었다. 성스러움이 희생과 전적으로 무관한 것은 그것이 그 자체로서 기쁨 2를 이루기 때문이다. 즉 성스러움은 이 세계의 비교 체제에서 완전히 빠져나올 때 저절로 주어지는 기쁨 2의 상태에 머무는 것이다.

세계에서 얻는 기쁨 1들을 대변하는 것은 비교 체제의 보다 높은 위치에

---

9. 같은 책, 「텍스트」 37쪽(3장 1절-4).
10. 같은 책, 「텍스트」 319쪽(15장 7절-9).

올라갈 때 얻어지는 '잔인한 기쁨들 = 거짓 기쁨들'이다. 상대 선수를 짓밟고 메달을 딴 운동선수의 기쁨이 그런 것이다. 반면 신에게서 주어지는 기쁨 2는 공허를 감추고 있을 뿐인 기쁨 1과는 비교할 수 없는 진정한 기쁨이다.

그런 기쁨 2를 얻으려고 기쁨 1들을 버리는 것이 희생일까? 그렇지 않다. 예수는 이렇게 말한다. "천국은 밭에 묻혀 있는 보물과 같습니다. 그 보물을 찾아낸 사람은 그것을 다시 묻어두고선 기뻐하며 돌아가, 있는 것을 다 팔아 그 밭을 삽니다"(마태복음 13장 44장). 진정한 기쁨(밭에 묻혀 있는 보물)을 발견했을 때, 거짓 기쁨들(있는 것)을 모조리 내버리는 것은 당연하다. 거기엔 어떤 희생도 후회도 망설임도 없다. 신성함에서 성스러움으로 다시 귀환하는 길은 다음과 같은 경로를 밟는다.

기쁨 2의 발견 ────▶ 회심 ────▶ 기쁨 1들을 내버림

기쁨 2는 우리가 아무 판단 없이 누군가의 개별성을 온전히 받아들일 때, 또는 자신의 기준을 온전히 버리고 누군가에게 귀 기울일 때, 그에게서 발견하는 빛에서 시작할 수 있지 않을까? 그렇다면 개별성의 완전한 존중(= 인격적 평등주의)이나 어머니의 관점에서 보고 듣기(= 완전한 민주주의)가 기쁨 2를 향한 여정의 출발점을 이룰 수 있다. 그것들이 단지 '출발점'일 뿐임을 잊어서는 안 되겠지만 말이다.

윌리엄 제임스는 『종교적 경험의 다양성』에서 종교적 태도와 관련해 낙관주의적 성품과 고뇌하는 성품(= 비관주의적 성품)을 구분한다.[11] 이 구분을 기쁨 1과 기쁨 2를 통해 정리해보면 다음과 같다.

---

11. 윌리엄 제임스, 『종교적 경험의 다양성』, 한길사, 2012, 제4강(講)~제8강.

1) 기쁨 1에 입각한 낙관주의는 허구다. 그것은 종국적으로 기쁨 1에 대한 비관주의로 귀착될 수밖에 없다.

2) 비관주의는 다음의 한계를 갖는다. 기쁨 1이 불행임을 깨우쳤지만, 기쁨 2라는 출구의 존재를 아직 모른다는 것.

3) 우리가 취할 수 있는 올바른 태도는 기쁨 1에 대한 비관주의와 기쁨 2에 대한 낙관주의다.

3)의 태도는 악(= 잔인한 기쁨으로서 기쁨 1)이 악임을 철저하게 들여다보되, 악 너머에서 진정한 선(= 자아의 선이 아닌 영혼의 선)을 볼 줄 아는 것이다. 윌리엄 제임스는 고뇌하는 성품, 즉 비관주의적 성품에 대해 "행복하기 위해서는 두 번 태어나야만" 한다고 말한다.[12] 즉 기쁨 1에 대해서 '죽고,' 기쁨 2를 통해 다시 태어나야 한다는 것이다. 이때 기쁨 1에 대해 죽는 것은 희생이 아니라, 훨씬 더 큰 기쁨인 기쁨 2를 발견함에 따른 것이다.

자, 신성함은 차이들에 입각하고, 성스러움은 '동일성 = 동등성'에 입각한다. 자아의 기쁨인 기쁨 1은 차이에 따른 기쁨이고, 영적 기쁨인 기쁨 2는 '동일성 = 동등성'에 따른 기쁨이다. 그래서 우리는 기쁨 2를 따라가다 보면 반드시 성스러움을 만날 수밖에 없을 것이다. 또 기쁨 1을 따라가다 보면 신성함을 만난다. 첫째로, 자아들이 차이의 체제에서 가장 높은 곳에 상상적 초월성, 즉 신성함을 올려놓기 때문이고, 둘째로, 기쁨 1을 뒤쫓다 보면 그런 신성함의 보호를 필요로 하게 되기 때문이다.

신성함은 기쁨 1을 둘러싼 위태로운 전쟁 속에서 사람들을 지켜준다. 신성함의 핵심에 자아가 만들어낸 '자아의 신'이 존재하기 때문이다. 자아의 신이 그곳에 존재하는 이유는 명확하다. 사람들이 기쁨 1을 얻기 위한 거

---

12. 같은 책, 236쪽.

래를 하려고, 즉 대가를 받아 내려고, 자아의 신을 그곳에 올려놓았기 때문이나.

시몬 베유는 「신의 사랑에 관련한 무질서한 생각들」에서 이렇게 말한다. "신을 믿는 건 우리에게 달린 일이 아니다. 우리가 할 수 있는 것은 가짜 신에게 우리의 사랑을 주지 않는 것이다."[13]

"신을 믿는 건 우리에게 달린 일이 아니"라는 것은, 우리가 '노력'을 한다고 해서 진정한 신을 믿을 수 있는 것이 아니고, 때가 되면 진정한 신이 우리에게 저절로 나타난다는 것이다. 물론 그때는 우리가 가짜 신에게 주었던 사랑을 완전히 철회하게 되는 때다. 즉 우리가 가짜 신을 믿고 있는 한, 진짜 신은 우리에게 나타날 수 없다. 이것은 아주 간단한 얘기다.

이미 앞서 한 차례 인용했듯이 베유는 다시 이렇게 말한다. "만일 그가 여기 이곳에 대해 애착을 갖길 거부한다면, 그래서 태연자약하게, 아무것도 추구하지 않고, 움직이지 않고, 기다린다면, 심지어 무얼 기다리는지 알려고도 하지 않는다면, 신이 그에게 다가가는 여정을 몸소 행할 것임은 절대적으로 확실하다."[14]

"여기 이곳에 대해 애착을 갖는다"는 것은 '세계 = 지옥'에 애착을 가짐을 뜻한다. 그것은 실질적으론 '세계 = 지옥'의 기쁨 1들에 대한 애착이다. 결국 베유가 말하려는 것은 다음의 것이다. 즉 우리가 이 세계의 기쁨 1들에 대한 애착을 완전히 버리고, 그 어떤 인위적 노력도 하지 않는다면, 신이 저절로 우리에게 다가오리라는 것. 어떤 인위적 노력도 하면 안 되는 것은 그 노력들마저도 자아의 욕망에 따른 것들이기 때문이다. 즉 우리가 자아의 욕망들을 버리지 않는 한에서는, 신이 우리에게 다가올 수 없다는 것이다.

욕망들과 기쁨 1들은 가짜 신에 이르는 길이다. 욕망들과 기쁨 1들이 그

---

13. Simone Weil, "Pensées sans ordre concernant l'amour de Dieu," *Pensées sans ordre concernant l'amour de Dieu*, 폴리오 문고판, 2015, 11쪽. 책 제목과 같은 제목의 논문이다.
14. 같은 글, 33~34쪽.

도정(道程)의 어떤 지점에서 가짜 신을 필요로 하게 되어있는 한에서 말이다. 하지만 사람들은 어느 날 문득 기쁨 1들과 욕망들을 내버릴 수도 있다.

게다가 무신론이 존재한다. 즉 사람들은 기쁨 1들에 대한 욕망들을 가득 가지고서도 무신론자일 수 있다. 무신론은 어쩌면 우리 무의식 깊은 곳에 있는 신에 대한 기억에 따른 것이 아닐까? 어떤 사람들은 유신론자들이 믿는 신이 자신의 무의식적 앎 속에 있는 진짜 신과 다름을 알고선 무신론자가 된다는 것이다. 즉 특정한, 어쩌면 많은, 무신론자들은 자아의 신을 거부하는 사람들이라는 것이다. 물론 그들도 시간의 흐름 속에서 가짜 신을 받아들이게 될 수 있지만 말이다.

어쨌거나 유신론과 무신론의 대립은, 일정하게, 가짜 신을 믿느냐 안 믿느냐를 둘러싼 대립이기도 하다. 그렇다면 무신론자들은 가짜 신을 안 믿는다는 점에서 진정한 신에 더 가까이 다가서 있지 않을까? 신성함과 마찬가지로 종교가 세계 안의 것이라면, 무신론자들은 세계 안의 종교에서 벗어나 있다는 점에서, 세계 바깥의 영적 실재(= 신)에 더 가깝지 않을까?

반드시 그렇지는 않다. 첫째론, 무신론자들도 그들 나름으로 숭배하는 신성함들을 갖기 때문이다. 둘째론, 종교 속에서도, 그 종교가 신앙하는 자아의 신과는 상관없이, 진정한 신을 뒤쫓는 수많은 사람들이 있기 때문이다.

무신론자들도 자아의 질서 속에 있는 한에서, 나름의 신성함들을 숭배한다. 우상으로서의 그 신성함들은 어쩌면 일종의 가짜 신들이 아닐까? 만일 그들이 무의식 속에서 자신들의 몸을 신성한 어떤 것처럼 여긴다면, 그들에게 몸은 가짜 신이 아닐까?

그렇다면 세계 안에서 유신론과 무신론의 대립은 아무 의미도 없다. 중요한 것은 영적 실재의 성스러움에 이르는 길을 걷는 것뿐이다. 하지만 사람들은 오직 그 주변만을 맴돈다. 아래 도식을 보자. 이 도식은 펠리시모 마르티네스 디에스의 『수도생활의 재발견』을 읽고서 얻어진 생각에 따라 그려본 것이다.

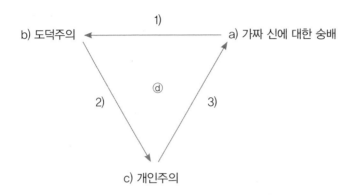

여기서 a)는 자아의 신을 믿는 모든 종교를 지시한다. 1)은 a)가 가짜 신에 대한 숭배임을 알아차려 b)로 이동하는 것이다. 내가 b)로서 떠올리는 대표적인 것은 유교와 공산주의다.

2)는 b)가 권위적 · 위선적임을 알아차리고 c)로 이동하는 것이다. 내가 c)로서 떠올리는 것은 현대 자본주의 사회의 일반적 생활방식이다.

3)은 c)의 공허함을 알아차리고선 다시 a)로 이동하는 것이다. 무신론을 버리고 세계 안의 종교를 받아들이는 것처럼 말이다.

하지만 'a) → b) → c)'의 과정 그 어디에도 진정한 신은 없다. 즉 영적 실재(= 신)가 ⓓ에 있다고 한다면, 이 과정은 그저 ⓓ의 주변을 맴돌 뿐이다. 그 까닭은 무엇일까?

그 까닭은 한마디로 이것이다. 즉 a), b), c)는 오직 세계 안에서만 존재할 뿐이라는 것. 반면 ⓓ는 세계 바깥에 있다. 만일 ⓓ가 세계 안에서 드러나더라도, 그것은 다만 세계의 '내적 외부'일 따름이다.[15] 세계 이면의 영성

---

15. 알랭 바디우가 『주체의 이론』(Seuil, 1982)에서 세계의 안에 있는 바깥이란 의미로 '오흐리외(horlieu)'라는 용어를 썼듯이 말이다.

의 드러남처럼.

결국 'a) → b) → c)'의 과정은 세계의 안쪽 벽을 따라 걷는 끝없는 악순환의 길이다. 이 끝없는 악순환에서 빠져나올 수 있는 유일한 길은, 그 어떤 매개도 용감하게 물리치고, ⓓ를 향해 직접 걸어가는 것이다. 즉 세계 바깥으로 성큼성큼 걸어 나가야 한다는 것이다. 자아를 버림으로써 세계를 버리면서.

자, 세계의 안과 바깥이 있다. 세계의 안쪽은 세계 바깥, 즉 영적 실재로부터 떨어져 나와 유배된 우리의 마음이 만들어낸 것이다. 앞 장의 끝에서 본 것처럼 '세계 = 자아'이듯이 말이다. 그런 세계 안쪽의 한 정점(頂點)에 신성함이 있다. 반면, 세계 바깥은 그 자체가 성스러움(성스러움 1)이다. 하지만 우리는 그 세계 바깥이 세계 안쪽에 드러나는 한에서만 성스러움(성스러움 2)을 경험할 뿐이다.

우리가 세계 바깥의 성스러움에서 차단된 것은, 우리의 마음이 세계의 안쪽 벽을 따라서만 회전하기 때문이다. 하지만 이 벽은 물리적인 벽이 아니다. 이 벽은 일종의 투명한 막과도 같은, 눈에 보이지 않는 벽이다. 즉 이 벽은 자기유배에 따른 마음의 벽이다.

우리는 눈에 보이지 않기 때문에 그 벽이 존재하는 줄 모른다. 하지만 자아를 가진 그 누구도 이 눈에 보이지 않는 벽을 통과하지 않는다. 우리가 욕망과 애착을 가진 한에선, 그 벽의 안쪽만을 따라 회전하게 되어 있기 때문이다.

라깡에 따르면 '현실 = 세계'는 상징적 질서와 상상적 질서의 결합으로 이루어진다. 즉 우리는 상징적 질서에서 높이 평가받는 위치에 스스로를 상상적으로 동일시하면서 삶을 살아간다는 것이다. 상징적 질서가 사랑을 사회적으로 분배하기 위한 집합적 평가질서라면, 상상적 질서는 자신의 정체성을 상상적으로 향유하는 내면의 나르시스적 짜임새다. 그렇다면 세계의 안쪽 벽을 따라 걷는 것은 상상적인 것이 상징적인 것을 뒤쫓아 길을 걷는 것과 마찬가지의 것이다.

하지만 우리가 세계 안쪽에 갇혀 있는 것이 단지 자아의 욕망으로만 인한 것은 아니지 않을까? 보다 중요한 이유는 두려움이 아닐까? 『기적수업』에서 말하듯 우리가 이 세계에 갇힌 이유가 자기유배에 따른 것이라면, 그 두려움은 아마도 성스러움에 대한 두려움일 것이다. 자아가 성스러움으로부터 도망쳐 나왔고, 그래서 성스러움으로부터의 '징벌'을 두려워한다면 말이다.

반면, 자아가 욕망하는 것은 신성함이 아닐까? 신성함이 세계의 비교 체제의 가장 정점에 있는 것이라면 말이다. 그래서 다음 도식이 가능하다.

신성함 ◄—— 욕망 —— 자아 —— 두려움 ——► 성스러움

자아의 범주로서 신성함

에머슨은 「하버드 신학대학원 연설」에서 이렇게 말한다. "여러분에게 부탁합니다. 무엇보다도 우선, 혼자 가십시오. 좋은 모델들을 거부하세요. 그 모델들이 사람들의 상상 속에서 신성한 것들(sacred)일지라도 말입니다. 그리고 중개자나 베일 없이 신을 사랑하는 용기를 가지세요."[16]

나는 이 발언을 다음의 뜻으로 받아들인다. 이 세계에서 사람들이 신성하다고 여기는 것들을 단호하게 거부하라는 것. 그것들이 조직이건 교리

16. R. W. Emerson, "The Divinity School Address," *Self-reliance, The Over-soul, and other essays*, Coyote canyon press, 2010, 121쪽.

건 형상이건 장소건 상관없이 말이다. 앞서 본 것처럼 레비나스가 "신성함은 신성하지 않다. 신성함은 성스러움이 아니다"라고 했듯이.

"혼자 가라"는 것은 '세계 바깥'으로 걸어가라는 것이다. 이 세계가 자아들의 집합적 믿음으로 만들어지는 것일 뿐이라면 말이다. '세계 안쪽'을 '세계 바깥'으로부터 구분 짓는 보이지 않는 마음의 막을 이루는 것이 그 집합적 믿음이다. 그리고 그 믿음의 징검에 신성함이 있다. "혼자 가라"는 것은 보이지 않는 마음의 막의 구속에서 빠져나오라는 것이다.

"좋은 모델들을 거부"하라는 것은 그 모델들에 개입된 자아의 논리들이 진정한 우리 자신을 배반할 것이기 때문이다. 그 모델이 이 세계의 신성한 질서를 완전히 빠져나와 있는 게 아니라면 말이다. 신성함의 질서에서 '좋은' 모델은 원천적으로 불가능하다. 신성함의 요소들을 내포하는 한에서, 그 모델들은 종국적으론 성스러움을 축출하는 것일 수밖에 없다.

"중개자나 베일 없이 신을 사랑하는 용기"를 가지라는 것은 당연하다. 관건은 오직 신과의 관계이기 때문이다. 조직과의 관계도, 교리와의 관계도, 다른 자아들과의 관계도 아니고 말이다. 신 앞에서 모든 존재는 평등하다. 모든 특별한 관계는 이 세계의 비교 체제에 속할 뿐이다. 그러니 신과의 관계에 중개자나 베일이 개입할 여지가 없다.

중개자는 자신에 대한 사랑을, 베일은 자신에 대한 예속을 요구하고, 그래서 스스로를 신성화하려한다. 하지만 신을 사랑하는 것에는 어떤 '신성한' 해석도 불필요하다. 스스로의 신성함을 내세우는 해석이 신이 아니라 자기 자신만을 사랑한다는 것은 두말할 필요가 없다. 신을 사랑하는 것은 다만 사랑을 사랑하는 것일 뿐이라고 하면, 너무 어려운 말일까? 중개자나 베일을 뒤쫓는 것은 두려움에 따른 것이다. 그러므로 '용기'를 내야한다.

에머슨은 또 이렇게 말한다. "모든 사람이 다음의 것을 알아차릴 때가 다가오고 있습니다. 즉 영혼에 대한 신의 선물은, 과시하고 제압하며 배척하는 신성함(sanctity)이 아니라는 것을 말입니다. 그 선물은 달콤하고 자연스런 선함, 당신의 선함이나 나의 선함과 같은 선함, 당신의 선함과 나의 선함을 존재하게 하고 성장하게 하는 선함일 뿐이라는 것을 말입니다."[17]

"과시하고 제압하고 배척하는 신성함"이란 물론 세계를 이루는 차이의 질서에 속하는 신성함이다. 신이 우리의 영혼에게 선물하는 선함이 닮아 있는 "당신의 선함과 나의 선함"은 결코 자아의 선함이 아니다. 그 선함은 영혼의 선함이다. 즉 세계 이면의 영성에 내재된 선함, '내적 외부'의 선함이 그것이다. 그 선함은, 자아의 인위적인 노력이 개입하지 않았기 때문에, "달콤하고 자연스럽다."

신은 영혼의 선함에게 다시 선함을 선물한다. 어쩌면 신은 그것밖에 가진 것이 없으므로. 어쩌면 그것이야말로 모든 것이기 때문에. 윤보선 가에 '유선시보(唯善是寶),' 즉 "오직 선함만이 보물"이라는 현판이 달려 있었다고 하듯이.

성스러움은 그런 선함들이 소통해서 이루어내는 선의 '통일성 = 단일성'일 것이다. 그렇다면 에머슨이 뜻하는 것은 이것이다. 즉 신이 우리 영혼에게 주는 선물은 이 세계 속의 신성함이 아니라 이 세계 바깥의 성스러움이라는 것.

윌리엄 제임스는 『종교적 경험의 다양성』에서 이렇게 말한다. "종교가 정통으로 승인을 받으면 내적 생명력은 끝난다. 그 샘물은 말라버린다. 충실한 신자들은 오로지 간접적이고 배타적인 신앙생활을 하므로 이번에는 오히려 선지자들에게 돌을 던진다."[18]

"종교가 정통으로 승인을 받으면 내적 생명력은 끝난다"는 명제를, 윌리엄 제임스가 말하고 있는 맥락에서 떼어내서, 그 자체로 받아들이라고 하

17. 같은 글, 115쪽.
18. 윌리엄 제임스, 앞의 책, 421쪽.

면 다소 곤혹스러울 수 있을 것이다. 가톨릭은 잔혹하고 추악한 역사 속에서도 수차례 부활하지 않았던가? 불교 또한 타락의 여러 형태들 속에서도 깨달은 스님들을 계속 배출하지 않았던가?

하지만 윌리엄 제임스가 집중적으로 탐구하고 있는 '개인적 종교'가 아니라 '제도적 종교'만을 염두에 둔다면, 종교는 정통으로 승인받기 이전부터도 '세계의 것'이지 않을까? 그것이 조직과 교리라는 종교의 형태를 갖추었다면 말이다. 만일 '종교 = 제도적 종교'라는 등식을 받아들인다면, 종교는 원래부터 '세계 바깥'의 성스러움에 대립하는 '세계 안쪽'의 신성함의 체제일 수밖에 없다.

그렇다면 가톨릭과 불교의 역사에서 성스러운 인물들이 부단히 등장했던 이유는 뭘까? 그것은 '세계 이면의 영성'이 생명이 있는 모든 곳에 편재하기 때문이 아닐까? 즉 영성은 모든 곳에 존재하듯, 제도적 종교들 속에도 마찬가지로 존재하고 드러난다는 것이다. 제도적 종교들의 '제도'에도 불구하고 말이다.

자, 이제 신성함의 속성들 속으로 첫 발걸음을 떼어보자.

에밀 뒤르켐은 "알려진 사회 중에서 종교가 없는 사회는 없다"고 하고,[19] 모든 종교는 신성함(le sacré)과 속(俗)됨(le profane)의 구별에 의해 특징지어진다고 한다. 이 말은 모든 인간 사회가 종교에 의해 매개된 신성함과 '속됨 = 세속성'의 구별을 지님을 뜻한다. 모든 인간 사회가 종교를 갖는다는 전제 하에서 말이다.

뒤르켐은 더 나아가 이렇게 말한다. "그 구별은 절대적이다. 인류의 생각의 역사에서 신성함과 속됨의 범주만큼 심층적으로 구별되고 철저하게 대립하는 두 범주의 다른 예는 존재하지 않는다."[20] 즉 신성함과 속됨의 구

---

19. Emile Durkheim, *Les formes élémentaires de la vie religieuse*(종교생활의 기본형태), CNRS, biblis 문고판, 2014, 357쪽. 한글판(『종교생활의 원초적 형태』, 민영사, 1992)으로는 340쪽.

별이 우리가 일상적으로 느끼는 것보다 훨씬 심층적이고 철저하다는 것이다. 다시 말해, 이 구별이 우리의 무의식 심층에 자리 잡고 있고, 그래서 우리가 언제나 무의식적으로 이 구별을 몸소 실천하고 있다는 것이다.

이 문제에 대한 뒤르켐의 기본적 입장을 명확하게 해두기 위해, 그의 입장이 체계적으로 제시된 대목을 길게 인용해보자.

> "모든 종교적 신앙은 사람들이 떠올리는 모든 구체적 또는 관념적 사물을 두 부류, 대립하는 두 종류로 구별한다. 속됨과 신성함이라는 용어가 대체로 잘 표현하는 두 개의 변별적 항이 일반적으로 그것을 지칭한다. 종교적 생각의 변별적 특징은 세계를 두 영역으로 나누는 것이다. 모든 신성한 것을 포괄하는 영역과 모든 속된 것을 포괄하는 영역으로 말이다. 신앙, 신화, 신령, 전설 들은 신성한 것들의 본성, 자질과 능력, 역사, 신성한 것들 서로 간의 관계와 또 속된 것들과 관계를 표현해주는 표상들 또는 표상들의 체계들이다. 하지만 신성한 것들이 우리가 신 또는 영(靈)이라 부르는 인격적 존재들로만 한정되는 것은 아니다. 바위, 나무, 샘, 조약돌, 나무 조각, 집을 비롯한 그 어떤 것이든지 신성한 것일 수 있다."[21]

결국 신성함과 관련해 뒤르켐이 취하는 입장의 가장 기본적 전제는 다음처럼 제시될 수 있다. 첫째로, 종교적인 믿음들이 우리들의 사고방식 밑바탕에 깔려 있다는 것. 둘째로, 그에 따라 우리는 무의식적으로 세계의 모든 것을 신성한 것과 속된 것으로 구별한다는 것. 셋째로, 우리들의 생각 여하에 따라 어떤 것이건 신성한 것으로 여겨질 수 있다는 것. 다시 말해, 신성한 것이 따로 존재하는 것이 아니라, 어떤 것을 신성하게 여기면 그것이 신성한 것이 된다는 것이다. 즉 신성함은 전적으로 우리 관념의 산물이라는 것이다.

---

20. 같은 책, 84쪽. 한글판으로는 69~70쪽.
21. 같은 책, 82쪽. 한글판으로는 67쪽.

신성한 것의 존재는 그것과 대립하는 속된 것을 만들어낸다. 우리가 어떤 것을 신성하게 여김에 따라, 나머지 모든 것들은 속된 것이 되어버린다는 것이다. 이 사실은 세계에 불평등의 큰 축을 부여한다. 신성함과 속됨 사이의 불평등의 축이 그것이다.

하지만 그런 불평등에 논리적으로 앞서서, 두 가지 평등성이 존재한다. 다음처럼.

1) 영적 평등성
2) 개별성의 평등성

이 두 평등성은 모두 우리 자신과 관계한다.

1) 영적 평등성은 영적 실재가 모든 인간 존재에 내재함을 전제한다. 즉 우리에게 내재하는 영성이 완전하게 평등하다는 것이다. 모든 영성은 영적 실재에서 비롯된 것이고, 영적 실재는 그 어떤 차이도 없는 완전한 '동일성 = 단일성'에 의해 특징지어지기 때문이다. 이는 영적 실재가 완전한 평화이고 사랑이라는 것에서 논리적으로 도출된다.

2) 개별성의 평등성은 모든 개별성이 '동일한 = 단일한' 자아에서 비롯되었다는 사실에 따른 것이다. 단일한 자아는 분할되어 상이한 몸들 사이에 나눠진다. 상이한 몸들은 상이한 상황들에 처해서 개별성들을 만들어낸다. 하지만 이때 존재하는 것은 단지 개인들이 갖는 '개별성들'일 뿐이다. 다시 말해, 어떤 불평등도 개별성들 사이에 존재하지 않는다는 것이다.

결국 자아가 개별성들로 분할되는 것은 수많은 상황들로 나눠지기 때문이다. 그렇다면 존재하는 모든 것은 개별성들의 평등성과 상황들의 차이다. 그래서 세계의 과정 또는 달리 말해 역사의 과정은 다음처럼 제시된다.

a) 상이한 상황들에 처한 단일한 자아

b) 여정의 각 국면에서 상황들의 교체

개별성들이 평등한 것은 단일한 자아에서 비롯되었기 때문이다. 상황들은 세계의 과정 속에서 부단히 변화하는 것이기 때문에, 실제로는 부차적이다. 분할된 자아들이 세계의 과정 속에서 밟는 여정의 국면들에 따라, 상황들을 서로 교환할 뿐이기 때문이다. 서로 상이한 몸들에 번갈아가며 깃들듯이 말이다. 그래서 존재하는 실질적인 것은 단지 개별성의 경험들이다.

자, 다시 다음처럼 네 조건을 제시해보자.

1) 영적 평등성
2) 개별성의 평등성
3) 상황의 차이
4) 자아들 사이의 차이

2) 개별성의 평등성 이면에는 1) 영적 평등성이 존재한다. 개별성의 평등성이 '세계의 물질성' 속에 존재하는 것이라면, 영적 평등성은 '세계 이면의 영성'에 속하는 것이다. 그러므로 자아는 1)에는 관계하지 않고, 2), 3), 4)에만 관계한다. 하지만 자아는 2)를 바라보지 못하고, 눈에 보이는 3)에만 입각해서 4)를 도출해낸다. 즉 4) 자아들 사이의 차이는 3) 상황의 차이에 대한 자아의 해석으로서 존재하는 것이다.

이것이 바로 '개별성에서 특수성으로의 전환'이다. 헤겔에 따르면 특수성은 보편성의 부정이다. 즉 보편성을 부정하는 차이들이 특수성처럼 드러난다는 것이다. 또 헤겔에 따르면 개별성은 특수성의 부정이다. 특수성을 부정하고 다시 보편성으로 돌아간다는 것이다. 하지만 엄밀히 말해, 개별성은 특수성에 앞서 존재하는 것이다.

이제 이렇게 생각해보자. 1) 영적 평등성과 2) 개별성의 평등성이 존재하는 곳에 자아의 해석 틀인 신성함과 속됨의 대립이 개입한다고. 이 개입은 3) 상황의 차이를 신성함과 속됨의 차이로 규정해서 4) 자아들 사이의 차이로 만들어버린다. 그에 따라 신성함은 속된 자아들과 차이 나는, 권위 있는 자아들의 속성이 되어버린다.

흔히들 신성함과 속됨의 대립을 성스러움과 사아의 대립과 똑같이 여긴다. 하지만 신성함과 속됨의 대립성은 그 자체가 자아의 분류체계다. 다시 말해, 신성함과 속됨의 대립은 개별성의 평등성을 대체하는 자아의 해석 틀이다. 이 해석 틀 속에서 신성함은 성스러움을 대체하고 축출한다. 그러한 축출이 가능해지는 것은, 신성함이 (신성함 ↔ 속됨) = (성스러움 ↔ 자아)의 대비를 통해 스스로를 성스러움과 똑같은 것으로 제시하기 때문이다.

하지만 성스러움을 실제로 축출하는 것은 자아의 해석 틀의 한 구성항(項)일 뿐인 신성함이 아니라, 그 해석 틀 자체이고, 더 나아가 그 해석 틀을 만들어낸 자아 자체이다. 실제론 자아 자체가 신성함과 속됨의 대립이라는 해석 틀을 통해 성스러움에 대립하기 때문이다. 자아는 그 자체가 '성스러움에 대한 공격'으로 존재한다.

그렇다면 신성함과 속됨의 대립이 설정되었기 때문에 성스러움이 세계 바깥으로 쫓겨나는 것은 아니지 않을까? 자아가 만들어낸 모든 세계엔 성스러움이 존재할 수 없다면 말이다. 하지만 자아가 만들어낸 모든 세계가 신성함과 속됨의 대립구도를 갖는 것도 또한 당연한 일일 것이다.

우리는 여기서 다시 앞 장의 끝에서 본 '자아 = 세계'의 등식을 확인한다. 이 등식이 여기서 말해주는 것은 모든 신성함은 자아가 만들어낸 것이라는 당연한 사실이다. 즉 앞으로 볼 것이듯이, 신성함은 완전히 자아의 마음속에서만 회전하는 범주라는 것이다. 자아가 만들어낸 세계의 모든 것이 그러하듯이.

자, 신성함이 자아의 범주임은 다음 사실을 도출한다. 속됨과의 대립을 전제하는 신성함의 설정이 3) 상황의 차이를 4) 자아들 사이의 차이로 전환시킨다는 것. 이 전환으로 인해 1) 영적 평등성과 4) 자아들의 차이 사이에 놓인 다리인 2) 개별성의 평등성이 소멸된다.

1) 영적 평등성 ---------- 다리 ---------- 4) 자아들의 차이

(= 개별성의 평등성)

이 소멸은 무엇을 뜻할까? 그것은 성스러움으로 건너가는 다리가 자아들의 차이로 이루어진 이 세계 안에서 끊어졌다는 것이다. 이 사실은 2) 개별성의 평등성이 자아의 해석을 거치기 이전의 상태임을 말해준다. 즉 개별성들은 아직 차이로 여겨지기 이전의 평등성의 상태에 있다는 것이다. 이 평등성이 바로 다리이다. 그 평등성을 매개로 해서 이윽고 1) 영적 평등성으로 이르는 다리가 그것이다. 즉 1) 영적 평등성에 가닿기 위해선 우선 2) 개별성의 평등성을 자각해야 한다는 것이다.

신성함의 특질

자, 신성함이 자아의 범주라는 사실로부터 다음 두 명제가 도출된다.

1) 신성함은 전적으로 가짜 신들(= 자아의 신들)에만 관여한다.

2) 자아는 두려움이 없다면 신성함을 만들어내지 않는다.

신성함이 가짜 신들에만 관여하는 것은 당연하다. 신성함을 만들어낸 자아가 진정한 신(= 영적 실재)에 대한 공격으로서 존재하기 때문이다. 또 자아가 두려움이 아니라면 신성함을 만들어내지 않으리라는 것도 당연하다. 자아가 가짜 신들을 신성화하는 것은 그것들이 두려워서이고, 또 두려움들로부터 보호받기 위해서기 때문이다.

자, 이제 이 두 명제를 체계적으로 논증해보자. 하지만 그 논증을 나 자신이 애써 행할 필요는 없을 듯하다. 프로이트가 이미 그것들을 충분히 논증했기 때문이다. 그러므로 우리는 프로이트의 논증을 소개하면 될 뿐이다.

자아의 신이란 자아가 상상해낸 초월적 존재다. 자아는 무엇을 근거로 자신의 신을 상상해냈을까? 첫째로는, 자신의 모습을 투사해서일 것이고, 둘째로는 자기 주변의 '신적 존재'를 모델로 해서일 것이다. 하지만 이 두 가지는 그다지 다를 것이 없다. 자기 자신이나 자기 주변의 '신적 존재'나 모두 동일한 자아를 갖기 때문이다.

내가 신에게 투사하는 나의 모습이란 어떤 것일까? 그것은 우리가 앞 장들에서 숙고했던 '나의 올바름 = 나의 불행' 또는 '나의 올바름 = 상대에 대한 폭력'이란 등식을 잇는 다음 내용을 갖는 것일 것이다.

나의 올바름 = 나의 분노 = 나의 공격성

나는 올바르기 때문에, 올바르지 않은 사람들에 대해 분노하고, 그들을 공격한다는 것이다. 아마도 우리는 모든 전쟁을 이 등식에 따라 설명할 수 있지 않을까?

내가 상상하는 초월적 존재는 나처럼 항상 올바른 존재일 수밖에 없다.

그렇다면, 그렇게 항상 올바른 그 초월적 존재는 잘못된 사람들에 대해 분노하고 그들을 징벌할 수밖에 없다. 또 내가 나의 올바름을 인정하는 사람들을 편애하듯, 그 초월적 존재도 그의 올바름을 받아들이는 사람들을 편애하고 특혜를 내릴 것이다.

그래서 자아의 신이 성립한다. '징벌과 특혜의 신'으로. 이 '징벌과 특혜'는 스스로를 항상 올바르다고 여기는 사아의 속성이 투사된 것이다.

그렇다면 내가 신을 상상하기 위해 모델로 삼는 주변의 '신적 존재'는 어떤 사람일까? 프로이트에 따르면 그 사람은 바로 아버지다. 우리가 성장해서 거의 대등해진 아버지가 아니라, 어린 시절에 우러러보던 그런 아버지 말이다. 우리는 무의식에 새겨진 그런 아버지의 이미지를 모델로 삼아 자아의 신을 상상한다는 것이다.

프로이트는 『토템과 터부』에서 이렇게 말한다. "개개인의 신은 자기 아버지의 이미지에 따라 만들어진 것이다. 신에 대해 사람들이 갖는 개인적 태도는 자신의 육체적 아버지에 대해 갖는 태도와 같고, 또 아버지에 대한 태도에 상응해서 달라지고 변형된다. 결국 신은 좀 더 높은 위엄을 갖게 된 아버지일 뿐이다."[22]

결국 프로이트가 말하려는 건 아버지가 자아의 신의 모델이라는 것이다. 하지만 프로이트는 『토템과 터부』에서 자아의 신의 모델로서 아버지의 역할을 두 단계로 나누어 말한다. 즉 1) 토템 동물의 모델과 2) 신의 모델이 그것이다.

프로이트는 토템 동물과 관련해선 이렇게 말한다. "[…] 사실상 토템 동물은 아버지를 대리한다. 이것이 우리가 앞서 지적한 모순을 설명해준다. 그 동물을 죽이는 것을 금지하는 것과 그 동물을 죽인 다음에 벌이는 축제 사이의 모순 말이다. 축제를 벌이기 전에 슬픔을 터뜨리더라도 말이다. 결

---

22. 프로이트, 「토템과 터부」, 『종교의 기원』, 열린책들, 2014, 222쪽. 이 인용문을 포함해서 앞으로 이 책에서의 모든 인용은 불어판(payot 문고판)에 따라 번역을 수정한 것이다.

국 오늘날까지도 우리 아이들의 아버지 콤플렉스를 특징짓고 또 종종 어른들의 삶에까지도 지속되는 그런 이중적인 감정적 태도가 아버지를 대리하는 토템 동물에도 적용되었으리라는 것이다."[23]

즉 아버지에 대한 사랑과 증오라는 이중적 감정이 토템 동물에 대한 숭배와 살해라는 이중성으로 이어진다는 것이다. 결국 토템 동물의 신성함이 지니는 이중성에는 아버지에 대한 증오가 반영되어 있다는 것이다.

반면, 프로이트는 아버지가 어떻게 신의 모델이 되는지에 대해선 다음처럼 그런 이중성의 순차적인 전개를 통해 설명한다.

1) 모든 권력을 독점한 아버지에 대해서 증오와 사랑이 동시에 존재한다.
2) 하지만 처음엔 아버지의 악이 전면에 부각되어, 아들들은 아버지를 살해한다.
3) 그 후 죄책감에 따라 아버지에 대한 사랑이 부각된다. 양면성 중에 한 측면을 실행에 옮기고 나면, 다른 측면이 대두되듯이.
4) 그처럼 부각된 아버지에 대한 숭배에 따라 신이 성립된다.

프로이트는 토템 동물이 신의 원초적 형태였다가 나중에 신이 등장한다는 설정을 한다. 그는 이렇게 말한다. "처음엔 신 자체가 토템 동물이었다. 종교적 감정의 보다 성숙한 발전 단계에서 토템 동물로부터 신이 탄생한다."[24] 그렇다면 아버지 살해의 사건은 토템 동물에서 신으로 넘어가는 전환점에서 발생한 것일 수밖에 없다.

결국 프로이트가 말하려는 것은 살해된 아버지를 죄책감으로 인해 숭배하고, 그것이 신에 대한 숭배로 이어진다는 것이다. "살해로까지 이어졌던

---

23. 같은 글, 214쪽.
24. 같은 글, 223쪽.

아버지에 대한 원한은 오랜 시간의 흐름 속에서 사라지고 사랑에 자리를 물려준다. […] 그래서 아버지의 이상적인 옛 모습을 부활시켜 신들의 지위로까지 높이려는 경향이 생겨난다."[25]

그렇다면, 그처럼 생겨난 신에게선 아버지의 이중성이 소멸되고, 그 선한 측면만이 남겨진 것일까? 그렇지 않다. 프로이트가 "아버지 콤플렉스에 내재하는 이중성은 토테미즘뿐만 아니라 종교 일반에 지속된다"고 하듯이 말이다.[26] 다만 『토템과 터부』에선 고유한 이론적 맥락 속에서 한쪽 측면만이 더 부각되었을 뿐이다. 특히 신의 성립과정과 관련해서 말이다. 하지만 신이 권력자라면, 더욱이 그 신에게 아버지의 모습이 투사되었다면, 신에게 이중성이 언제나 존재할 수밖에 없음은 물론이다.

프로이트는 「17세기 악마 노이로제」에서 이를 다음처럼 보다 명확하게 표현한다. "아버지는 요컨대 한 개인에게 있어서는 신과 악마 양자(兩者)의 원초적 이미지인 것이다. 그러나 종교의 기원에 자리 잡고 있는 최초의 아버지는 신보다는 악마를 더 닮은, 무한에 가까운 악의 힘을 소유하고 있는 존재였고, 종교는 이 사실의 결코 지워지지 않는 반향에서 자유로울 수 없다."[27]

이 대목에선 오히려 『토템과 터부』에서와는 반대의 측면이 더 부각되어 있는 듯하다. 신과 악마의 원초적 이미지였던 아버지가 신에게 투사되었다는 건 무얼 뜻하는 걸까? 그것은 악마가 자아의 신의 이면을 이루고 있다는 것이다. 프로이트가 또 「17세기 악마 노이로제」에서 "신과 악마가 동일한 기원을 갖고 있다는 사실을 아는 데에는 어떤 대단한 통찰력이 필요한 것이 아니다"라고 하듯이 말이다.[28]

---

25. 같은 글, 224쪽.
26. 같은 글, 220쪽.
27. 프로이트, 「17세기 악마 노이로제」, 『예술과 정신분석』, 열린책들, 1997, 191쪽.
28. 같은 글, 190~191쪽.

자아의 신은 자아가 상상해낸 초월적 힘의 소유자다. 그 신은 초월적 힘을 멋대로 휘두를 수 있는 한에서, 오히려 악마에 더 가까운 존재가 아닐까? 그렇기 때문에 우리는 그 신을 경배하고 또 복종하는 게 아닐까? 에밀 뒤르켐이 "사실상 종교적 경외감 속에는 두려움이 있다. 경외감이 매우 강할 땐 더욱 그렇다"고 하듯이.[29]

뒤르켐은 또 이렇게 말한다. "모든 종교적 삶은 반대되는 두 극 주위를 회전한다. 순수한 것과 불순한 것의 대립, 성스러움(le saint)과 신성모독의 대립, 신성과 악마적인 것의 대립이 그런 것들이다."[30]

만일 신이 악마와 대립한다면, 그것은 신 자신이 악마적인 것을 내포하고 있어서가 아닐까? 서로 같은 종류의 것들끼리 대립한다면 말이다. 즉 악마와 대립하는 자아의 신은 그 자신이 악마성을 가진 반면, 진정한 신은 그 어떤 대립도 넘어서 있다는 것이다.

그러므로 뒤르켐은 성스러움과 신성모독의 대립을 언급하지만, 그것은 있을 수 없는 일이다. 성스러움도 또한 모든 대립을 넘어서 있는 한에서만, 성스러움일 수 있기 때문이다. 반면 신성함이 신성모독을 내포하고 있음은 확실하다. 자아의 신을 둘러싸고 형성되는 신성함은 징벌의 신을 모독하려는 경향성을 필연적으로 수반할 수밖에 없기 때문이다.

'신성함'이란 용어가 갖는 이중성은 널리 알려진 것이다. 용어가 함축하는 그런 이중성이 신성함에 대해 우리가 갖는 감정의 이중성을 반영함은 물론이다. 뒤르켐이 "길한 신성함과 불길한 신성함"을 구분하듯 말이다.[31] 최근엔 르네 지라르와 조르조 아감벤의 연구 덕분에 라틴어에서 '신성한'을 뜻하는 '사케르(sacer)'의 이중성이 널리 알려졌다. 프로이트는 『인간

---

29. Emile Durkheim, 앞의 책, 578쪽. 한글판으론 563쪽.
30. 같은 책, 577~578쪽. 한글판으론 563쪽.
31. 같은 책, 438쪽. 내가 부분적으로 복사해서 가지고 있는 것에 없는 부분이라서 한글판의 쪽수를 확인하지 못했다.

모세와 일신교』에서 "'사케르(sacer)'는 '신성한'이나 '축성된'을 뜻할 뿐만 아니라, '저주받은'이나 '끔찍한'도 뜻한다"고 한다.[32] 불어의 '사크레(sacré)'도 또한 '신성한'과 '빌어먹을' 또는 '지독한'의 이중적 함의를 지닌다.

르네 지라르는 『폭력과 성스러움』에서 "대부분의 언어에서" 라틴어의 '사케르'처럼 신성함의 이중성을 함축하는 용어들이 있다고 하고서, 멜라네시아인들의 '마나,' 수(Sioux) 족의 '와칸(wakan),' 이로쿠아(Iroquois) 족의 오렌다(orenda) 등의 예를 든다.[33] 지라르는 또 '사케르'의 이중적 함의를 피하기 위해 진정한 성스러움만을 지칭하는 '산크투스(sanctus)'라는 말이 생겨났다고 한다.[34] 불어에서 진정한 성스러움을 뜻하는 쌩뜨떼(sainteté)도 '산크투스'의 명사형인 '산크티타스(sanctitas)'에서 비롯된 것이다.

프로이트는 놀랍게도 『토템과 터부』에서 폴리네시아어인 '터부'가 라틴어의 '사케르,' 고전 그리스어의 '아고스,' 히브리어의 '카데쉬(Kadesh)'에 상응한다고 한다.[35] 이제 한국에서도 금기를 뜻하는 일상어가 된 '터부'가 원래는 신성함의 뜻을 가지고 있었다는 것이다. 그렇다면 터부가 진정으로 뜻하는 것은 "초월적 힘으로 재앙을 초래할 수 있는 신성한 존재를 조심하고 피하라"는 것일 것이다. 프로이트가 "우리에게선 '신성한 두려움(heilige Scheu, terreur sacrée)'이란 용어가 터부의 뜻을 잘 표현한다"고 하듯이 말이다.[36]

---

32. 프로이트, 「인간 모세와 유일신교」, 『종교의 기원』, 408쪽. 불어판(폴리오 문고판)을 보고 번역을 수정했다.

33. 르네 지라르, 『폭력과 성스러움』, 민음사, 2002, 388쪽. 이 책에서 '성스러움'으로 번역된 '르 사크레(le sacré)'는 앞서 본 레비나스의 구별을 따르는 나의 입장에선 '신성함'으로 옮겨져야 하는 것이다.

34. 르네 지라르, 같은 책, 400쪽.

35. 프로이트, 「토템과 터부」, 54쪽.

36. 같은 글, 55쪽.

결국 터부라는 단어는 자아가 두려움으로 인해 신성함을 만들어내었다는 사실을 명쾌하게 해명해준다. 신성함과 관련된 금기로서 터부가 성립하는 과정은 다음과 같다.

1) 자아는 자신의 모습을 투사해서, 초월적 힘을 가진 신적 존재를 상상해낸다.
2) 자아의 속성을 지닌 그 신적 존재는 징벌의 신의 성격을 갖고, 그래서 자신의 초월적 힘을 사용해 인간들에게 재앙을 내릴 수 있다.
3) 자아는 초월적 힘에 의한 재앙이 두려워서, 자신이 상상해낸 신적 존재를 '신성화'한다.
4) 그럼에도 그처럼 신성화된 존재로부터 언제든 재앙이 내릴 수 있으므로, 신성한 존재와의 교섭을 잘 통제해야 한다. 특히 신성한 존재의 분노를 살 수 있는 행위들을 피해야 한다. 그래서 터부가 성립한다.

결국 프로이트가 말했듯이 '사케르 = 터부'일 수 있는 것은, 신성한 존재는 두려운 존재이고, 그래서 터부시 되어야 하는 존재이기 때문이다. 프로이트는 『토템과 터부』에서 터부에 대한 빌헬름 분트의 입장을 길게 소개하는데, 분트의 입장의 핵심은 다음과 같은 것이다. 즉 터부의 근원은 "악마적인 힘들의 작용에 대한 두려움"이라는 것.[37]

물론 그런 악마적 힘들은 실재하지 않는다. 자아는 자신의 속성들을 투사해서 신성한 존재를 상상해낸다. 악마적 힘들은 자아가 신성한 존재에게 투사한 속성들 가운데 하나일 뿐이다. 결국 자아는 자신의 속성을 투사해서 신성한 존재를 만들어놓고선, 그 신성한 존재가 지닌 그 자신의 속성을 두려워하고, 또 그로 인해 고통 받는다는 것이다.

---

37. 같은 글, 62쪽.

'신성함'이란 무엇일까? 그것은 우리가 어떤 것에 부여한 속성이다. 높고 고귀한 것이어서 함부로 접촉해서는 안 되는 속성이 그것이다. 그렇다면 우리가 '신성함'을 부여한 그 어떤 것은 무엇일까? 그것은 눈에 보이지 않는 어떤 것, 그러나 내가 두려워하는 어떤 것이다. 그것은 나를 죽일 수 있는 숨겨진 힘을 가진 것이고, 나는 살아남기 위해 그것과 필사적으로 거래를 하고 타협을 한다. 그리고 그 타협의 일환이 '신성함'의 부여인 것이다.

결국 신성한 존재가 가진 초월적 힘은 나를 징벌하고, 더 나아가 죽일 수 있는 힘이다. 나는 죽지 않기 위해, 징벌을 피하기 위해 그 존재를 '신성한' 존재로 숭배한다. 그러니 그 '신성한' 존재는 실제로는 악마적 존재에 더 가깝지 않을까?

라틴어 '사케르'가 희생제의와 연관된 것임은 널리 알려져 있다. 불어의 '사크레(sacré)'도 또한 '희생시키다'를 뜻하는 '사크리피에(sacrifier)'와 밀접한 연관을 갖는다. '사크리피에'가 '신성하게(sacré) + 만들다(faire)'의 뜻을 동시에 갖기 때문이다.

희생제의는 자신이 살아남기 위해 자신과 같은, 또는 유사한, 다른 생명을 제물로 바치는 것이다. 하지만 희생 제물은 다시 신성한 존재로 복귀한다. 희생 제물은 죽은 뒤, 영적 세계로 올라가 초월적 존재가 되었고, 그래서 초월적 힘을 사용해 우리에게 재앙을 초래할 수도 있기 때문이다. 따라서 재앙을 피하기 위해 그것을 다시 신성화할 수밖에 없는 것이다. 이것이 '희생시키다(사크리피에)'가 동시에 '신성하게 만들다(사크레 + 페르)'를 뜻하는 이유다.

프로이트는 『토템과 터부』에서 "죽은 자의 영혼이 초래하는 공포"에 대해 말하는데, 그런 공포가 바로 신성화의 계기를 이루는 것이다.[38] 또 『종

---

38. 같은 글, 114쪽.

교생활의 기본형태』에서 뒤르켐은 이렇게 말한다. "죽은 사람은 신성한 존재다. 따라서 죽은 자와 관계가 있거나 관계되었던 모든 것은, 그 전염성으로 인해, 세속적 삶의 것들과 모든 접촉을 피해야 하는 종교적 상태에 있게 된다."[39] 즉 뒤르켐은 신성화의 과정에 대해 말하고 있는 것이다.

희생 제물이 신성한 존재로 전환되는 과정은 자아가 오직 두려움으로 인해 신성함을 만들어냄을 실증해준다. 어쨌거나 그런 신성화는 거래를 위한 전제다. 자아는 자신이 상상해낸 초월적 존재를 신성화하고선, 거래를 시작한다. 내가 당신을 신성하게 떠받들어줄 테니 나에게 특혜를 베풀어 달라는 것이다. 이러한 거래가 가능한 것은 자아가 자신의 속성을 투사해서 자아의 신을 '징벌과 특혜의 신'으로 만들어놓았기 때문이다. 즉 자아의 신은 자아처럼 자신의 올바름을 부인하면 분노해서 징벌하고, 자신을 추앙하면 흡족해서 특혜를 베푼다는 것이다.

『토템과 터부』에서 프로이트는 신과의 이런 거래가 시작되는 시점을 애니미즘에서 종교로 넘어가는 시점으로 설정한다. 즉 애니미즘의 단계에선 주술사가 '관념의 만능성'―생각한 대로 모든 것을 이루어낸다는―의 환상에 따라 스스로 신의 역할을 떠맡으려 하지만, 종교의 단계에선 '관념의 만능성'을 신에게 부여하고, 신과의 거래를 통해 원하는 것을 얻어내려 한다는 것이다.[40]

막스 베버는 자아가 신과의 거래를 통해 얻어내려는 것을 구원재(財)라고 명명한다. '구원재'라는 용어는 '구원'이 일종의 재화(財貨)처럼 여겨지게 되어, 그것을 공급하는 집단과 소비하는 집단이 분리되기에 이르렀음을 전제한다. 구원재를 공급하는 집단은 물론 성직자 집단이다. 구원재를 소비하는 집단은 성직자 집단이 이끄는 종교의 신도들이다. 이 사실이 함

---

39. Emile Durkheim, 앞의 책, 552쪽. 한글판으로는 538쪽.
40. 프로이트, 「토템과 터부」, 130~160쪽. 또 이종영, 「권력으로서의 신」, 『진보평론』 2004년 봄호를 참조할 것.

축하는 것은 신과의 거래 관계를 중재하는 성직자 집단이 구원재를 선별적으로 증여하거나 박탈함으로써 종교적 권력을 갖게 되었다는 것이다.

막스 베버는 이렇게 말한다. "교권제적(敎權制的) 단체란 일종의 지배 단체로서, 그 질서를 보증하기 위하여 구원재의 증여와 거부에 의한 심리적 강제(교권제적 강제)가 사용되는 경우를 그리고 그러한 한에서의 경우를 뜻한다고 하겠다. 교회란 일종의 교권제적 기관 경영으로서, 그 행정 간부가 정당한 교권제적 강제의 독점을 요구하는 경우를 그리고 그러한 한에서의 경우를 뜻한다고 하겠다."[41]

'교권제적 단체'란 종교적 권력을 가진 단체다. 즉 제도와 조직으로서의 종교 자체가 아니라, 그 종교를 이끌어가는 성직자 집단을 뜻하는 것이다. "질서를 보증"한다는 것은 종교적 지배의 질서를 유지한다는 것이다.

"구원재의 증여와 거부에 의한 심리적 강제"를 부과한다는 것은 구원재를 증여하기도 하고 또 그 증여를 거부하기도 함으로써, 신도들을 심리적으로 종속시킨다는 것이다. 다시 말해 구원재를 특혜적으로 제공함으로써 신도들을 종속시킨다는 것이다. 이런 심리적 종속으로 인해 종교적 권력이 성립함은 물론이다. 즉 신도들의 돈과 복종이 구원재와 교환되는 질서가 유지된다는 것이다.

막스 베버는 『세계종교의 경제윤리』 「서론」에서 구원재를 1) 내세적 구원재, 2) 현세적 구원재, 3) 현세 외적 구원재로 나눈다. 내세적 구원재란 죽은 다음에 새로운 생명을 얻는 것이고, 현세적 구원재란 이 세계에서 욕망을 실현하는 것이다. 반면 현세 외적 구원재란 세속적 일상과는 다른 초월적 상태를 향유하는 것이다.[42]

41. 막스 베버, 『경제와 사회』, 문학과지성사, 1997, 189~190쪽. 인용문이 비문인 듯하지만, 막스 베버가 교권제적 단체와 교회에 대한 정의를 내리고 있음을 염두에 두고 읽으면 뜻이 좀 더 잘 통할 수 있겠다.
42. 막스 베버, 「세계종교의 경제윤리—비교 종교사회학적 시도: 서론」, 『탈주술화 과정과 근대: 학문, 종교, 정치』, 나남출판, 2002, 186~187쪽.

그는 현세 외적 구원재로 다음과 같은 예들을 든다. "열반의 경지에 달했다고 확신하는 불교 승려의 범우주적 사랑의 감정, 힌두교도들의 박-티(신에 몰입하는 사랑의 열화) 또는 무감각상태의 법열(法悅), […] 신비적 합일과 전일(全一) 속으로의 명상적 침잠의 다양한 형태들 등."[43]

하지만 이것들이 구원재일 수 있을까? 왜냐하면 그것들은 종교적 권력자가 종교이 소비자들에게 일종의 재화처럼 제공하는 것이 아니기 때문이다. 초월적 상태의 향유는 일종의 재화처럼 교환관계 속에서 주어질 수 없고, 스스로 선택한 수행의 길에서 얻어지는 것이다. 다시 말해, 종교적 권력 유지를 위한 종교적 상품의 제공과는 완전히 무관하다.

그렇다면 막스 베버가 말한 현세 외적 구원재는 '구원재'일 수 없다. 이는 예수가 살아있을 때 아무런 종교도 만들지 않았고, 붓다와 제자들의 집단이 단지 수행자 집단이었을 뿐 아직 종교적 집단을 이루지 않았던 것과 같은 이치이다. 즉 구원재는 그것을 상품으로 신도들에게 공급하는 종교적 집단에만 존재한다는 것이다.

구원재의 특징은 보편적으로가 아니라 선별적으로만 제공된다는 점에 있다. 즉 구원재는 첫째로는 '우리 종교'를 믿는 사람, 둘째로는 우리 종교를 믿는 사람들 중에서도 특정한 사람들에게만 선별적으로 제공되는 것이다. 그처럼 선별적으로만 제공되어야만, 종교적 종속이 가능하고, 그래서 종교 자체가 가능하기 때문이다.

사실 구원재가 선별적으로 제공되는 것이 아니라면, 신성화의 필요도 없다. 즉 신성화를 하는 목적에는 선별적 구원재를 둘러싼 거래의 필요가 깔려있다. 또 구원재가 선별적이 아니라면, 종교도 필요 없다. 종교를 믿지 않아도, 모두에게 구원이 주어지기 때문이다.

이처럼 해서 다음과 같은 신성함의 사슬이 완성된다.

---

43. 같은 글, 187쪽.

징벌에의 두려움 ——→ 신성화 ——→ 선별적 구원재의 공급

이 사슬에서 자아의 신의 속성들인 징벌과 특혜는 순차적으로 제시된다. 하지만 그 속성들은, 원래 자아의 속성들일 때도 그러했듯, 한 가지 내재적 성격의 동시적 표현들일 뿐이다.

신성화의 두 형태 — 주자학과 바울 신학

하지만 신성화가 언제나 동일한 방식으로 행해지는 건 아니다. 전통의 맥락에 따라, 또는 이데올로기적 투쟁의 국면에 따라 신성화의 방식이 달라진다. 더욱이 신성화는 반드시 초월적 존재에 대해서만 행해지는 것이 아니다. 신성화는 오히려 초월적 존재의 설정을 매개로 해서 자기 자신에 대해 행해질 수도 있다. 국왕이 이른바 천명(天命)을 통해 스스로를 신성화하듯이 말이다.

주자학도 그렇다. 주자학은 우선 초월적인 '리(理 = 법칙)'를 설정한다. 이 '리'는 자연을 지배하는 리(自然之理 = 자연법칙)와 동일시된다. 초월적인 법칙이 자연을 지배한다는 것이다. 그리고 더 나아가 사회질서를 지배하는 리(當然之理 = 사회규범)도 자연을 지배하는 리에 따른 것으로 간주된다.[44] 즉 사회에는 마치 자연법칙처럼 마땅히 따라야 하는 규칙이 있다는 것이다.

---

44. 김형효 선생님은 「퇴계 성리학의 자연 신학적 해석」(『퇴계의 사상과 그 현대적 의미』, 한국정신문화연구원, 1997) 61쪽에서 '신험적 리'가 '자연지리(自然之理)'를 거쳐 '당연지리(當然之理)'로 연결되는 과정을 퇴계와 관련하여 제시하고 있다. 물론 이 과정은 퇴계뿐만 아니라 주자학 일반이 공유하는 생각에 담겨있는 것이다.

그러한 규칙이 바로 '예(禮)'다. 즉 사회적 당위의 실천을 보장하고 매개 해주는 규칙이 '예'라는 것이다. 주자학은 다시 이 '예'를 우리의 '자연스런 = 선천적' 본성(본연지성)에 따른 것으로 여긴다. 초월적 '리'가 자연에 내재하듯, 인간의 본성에도 내재하기 때문이다. 주자학자들은 그러한 설정을 일컬어 '성즉리(性卽理)'라고 한다. 즉 우리의 본성(본연지성)이 초월적인 '리'와 같다는 것이나. 이 '성즉리'를 어떻게 해석해야 할까? 다음과 같은 두 방식이 있다.

1) 우리의 내면에 영성(= 영적 실재)이 있다는 것.
2) 마땅한 사회규범을 지키는 것은 하늘의 뜻이라는 것.

물론 '성즉리'가 표면적으로 말하는 것은 1)이다. 하지만 그것이 실질적으로 뜻하는 것은 오히려 2)일 수 있다. 주자학에서 말하는 '성,' 즉 우리의 본성의 내용은 초월적 리, 즉 내면의 영성보다는 당연지리(當然之理), 즉 당위적 사회규범에 가까운 것일 수 있기 때문이다. 그렇다면 '성즉리'는 우리의 본성에 부합한다는 명목으로 사회질서를 신성화하는 이데올로기적 명제로 등장할 수 있다.

주자학에 따르면, 우리가 '예'를 지킬 수 있는 것은 '경(敬)'의 자세를 견지함으로써이다. 이 '경'에 대해 주희는 「경재잠(敬齋箴)」에서 다음과 같은 식으로 말한다. "의관을 바르게 하고 고개를 들고 시선을 똑바로 하라. 일 없을 때는 마음을 가라앉혀 상제(上帝)를 대하듯 몸가짐을 하라. 발은 무겁게 옮기고 손은 공손히 움직여라. 땅을 밟을 때는 잘 보고 개미집이라도 돌아가라. […] 전전긍긍하며 조심하고 조금이라도 매사에 소홀히 하지 마라. 입은 병과 같이 지키고 마음은 성처럼 막아라. […] 마음을 하나로 집중하여 온갖 변화를 살펴보라. 이와 같이 하는 것을 경(敬)을 견지한다고 한다. […] 잠깐이라도 경을 떠나면 사욕이 이것저것 일어난다. 삼강

(三綱)이 무너지고 구법(九法)이 어그러진다."[45]

최진덕 선생님은 "주자와 퇴계의 경(敬)사상을 단지 엄숙주의(rigorism)로만 풀이하는 학계의 일반적 이해방식은 수정되어야 한다"고 한다. 주희와 퇴계가 다른 한편으론 "엄숙주의로부터 벗어날 것을 요구"했다는 것이다.[46]

나는 최진덕 선생님의 입상이 충분한 타당성을 갖는다고 생각한다. 하지만 주희의 '경' 개념이 사대부들에게 행사한 실질적 효과는 엄숙주의 그리고 더 나아가 권위주의가 아니었을까? 이는 '경' 개념이 '예'와 연결되어 있다는 점에서 어느 정도 필연적이다. 결국 내가 보기에, 경 개념은, 실질적으로는, 해방이 아니라 자기 통제와 억압으로 귀결한 것으로 여겨진다.

어쨌거나 주자학은 다음 세 가지 비약으로 특징지어진다.

1) 초월적 리(理)에서 자연의 리(= 자연법칙)로의 비약
2) 자연의 리에서 '당위지리'(= 사회규범)로의 비약
3) '당위지리'에 따른 '예(禮)의 실천'으로의 비약

1)의 비약과 2)의 비약은 결합해서, 최진덕 선생님이 '자연도덕주의'라고 부른 것으로 귀착된다. 즉 초월적인 '리'가 자연 속에 관철되고, 그런 자연법칙을 뒤쫓아 도덕이 성립했다는 것이다.

그러나 1)의 비약은 칸트가 도덕법칙―칸트에게선 신의 법칙과 같은 의미를 갖는―과 자연법칙을 구별함으로써 부정한 것이다. 모든 유배 이론도 이 세계를 지옥의 한 형태로 보거나 자아가 만든 것으로 여김으로써 1)

---

45. 『심경부주(心經附註)』, 전통문화연구회, 2012, 368~370쪽. 이동희, 『주사』, 성균관대학교 출판부, 2010, 364쪽. 번역은 대체적으로 이동희 선생님의 것을 따랐다.

46. 최진덕, 「퇴계 성리학의 자연도덕주의적 해석」, 『퇴계의 사상과 그 현대적 의미』, 217~218쪽.

의 비약을 부정한다.

2)의 비약은 프로이트가 욕망(= 자연)과 규범(= 사회)을 대립시킴으로써 부정한 것이다. 물론 라깡은 규범(= 善)이 지배계급의 욕망을 구현하고 있음을 명쾌히 드러냈지만 말이다. 현대의 유물론적 사회이론이 2)의 비약에 대한 부정에 입각한 것임은 물론이다.

어쨌거나 주자학은 1)괴 2)의 비약에 입각해서 다시 3)의 비약을 정당화한다. 이 3)이 비약인 것은 '당위지리'가 '예의 실천'일 필연성이 전혀 없기 때문이다. 이 3)의 비약을 통해 첫째로, 세계의 질서가 신성화되고, 둘째로 지배계급 남성들의 지위가 신성화된다. 세계의 질서가 '예'를 매개로 해서 지배계급 남성들의 이익을 구현하고 있기 때문이다.

헤겔과 맑스가 '보편적 개별성'이란 용어로 말하려 한 것은 다음과 같은 것이다. 한 개인을, 그가 어떤 사회적 지위를 점하던 간에, 오로지 개인으로서 존중하는 것. 반면, 주자학의 '예'는 개별자를 개별자로 존중하는 것이 아니다. 주자학의 '예'는 오히려 모든 사람을 사회적 지위에 걸맞게 대하는 것이다. 삼강오륜(三綱五倫)이 뜻하듯 말이다.

첫째로, 주자학의 '예'는 사회적 지위들에 대한 승인을 표현하는 장치다. 아버지, 군주, 사대부, 연장자 등의 사회적 지위들이 '예'를 통해 승인된다. 이런 승인을 통해 '예'는 기존의 차별적 질서를 신성화한다.

둘째로, 주자학의 '예'는 사랑을 억압하고 소통을 축출한다.[47] 라깡이 말한 의미에서 상징적 질서(= 사회적 위치들의 짜임새)만을 인정하기 때문이고, 라깡적 의미의 상징적 질서는 사랑을 억압하고 소통을 축출하는 것이기 때문이다. 한마디로, 사회적 위치들에 따라 달라지는 행위규범의 지배 아래서, 개별자들의 고통, 번민, 욕망, 기쁨이 소통될 수 있는 통로가 제거된다는 것이다.

---

47. 이숙인, 「가족의 주자학적 구상」, 『근사록 — 덕성에 기반한 공동체, 그 유교적 구상』, 한국학중앙연구원 출판부, 2012를 참조할 것.

이것들은 무엇을 뜻할까? 그 뜻은 이렇다. 영성이 축출되고, 자아들이 신성화된다는 것. 영성이 축출되는 것은 영성에 가닿는 다리인 '개별성의 평등성'이 제거되기 때문이다. 자아들이 신성화되는 것은 그들이 자신과 동일시하는 사회적 위치들이 신성화되기 때문이다.

주자학의 목표 가운데 하나는 '욕망(人慾)'을 제거하고 '하늘의 뜻(天理)'을 실현하는 것이다. 하지만 '예'의 매개로 인해 실제로는 다음과 같은 사태들이 벌어진다. 1) 남성 가부장과 사대부의 욕망은 '천리'가 되고, 여성과 평민들의 욕망은 '인욕'이 되는 사태. 2) 사대부들 사이에서는 서로의 대립관계에 따라 우리 편의 욕망은 '천리'가 되고, 다른 편의 욕망은 '인욕'이 되는 사태.

결국 주자학은 자아가 스스로를 신성화하는 한 형태일 뿐이다. '예'를 통해 질서가 확립된다는 문제의식은 허구다. '예의 부재'라고 지칭되는 '혼란'은 단지 억압적 지배의 결과일 뿐이기 때문이다. '예'는 단지 세계 속으로 빠져들어 그 세계를 신성화하기 위한 장치일 뿐이다.

사람은 욕망하는 것을 직접적으로 주장할 수 없어서 이념을 내세운다. 그래서 어떤 이념을 내세우건 실제로 욕망하는 것은 다 다를 수도 있다. 이념은, 한편으로는, 단지 명목일 뿐이기 때문이다. 특히 오늘날에는 더욱 그렇다. 반면 신분적 질서의 이념이던 주자학은 사대부 집단의 욕망을 집단적으로 포장해주었던 것이다. 즉 사대부들은 주자학을 통해 세계의 질서를 신성화함으로써 스스로를 신성화한다.

자아의 신을 신성화해서 그와 거래하는 방식도 문화적·이데올로기적 맥락에 따라 다양한 형태를 취한다. 그런 방식 가운데서도 아주 특별한 바울의 신학에 대해 생각해보자.

바울 신학은 세계적 종교를 성립시킨 놀라운 성공 사례를 이룬다. 프로이트가 지적했듯, 사람들의 죄책감과 공격성을 유효하게 호출했기 때문이 아닐까? 프로이트는 『모세와 일신교』에서 이렇게 말한다. "바울이 성공한 첫 번째 이유는 다음 사실에 있음이 틀림없다. 즉 구원의 이념을 통해 인류의 죄책감을 환기했다는 것이다."[48] 그는 또 다음처럼 덧붙인다. "바울이 새로운 종교를 만들어내는 데 출발점이 된 것은 [모세에 뒤이어] 또 하나의 커다란 인물[예수]이 폭력적으로 살해되었다는 것이다."[49] 이처럼 폭력적인 얘기가 폭력적인 사람들의 공감을 얻는 게 아닐까?

바울 신학의 핵심을 이루는 텍스트는 「로마서」 4장 23~25절이다. 이를 숙고해보자.

"모든 사람이 죄를 지었기 때문에 하느님이 주셨던 본래의 영광스러운 모습을 잃어버렸습니다. 하느님께서는 그리스도 예수를 통해서 모든 사람을 죄에서 풀어주시고 당신과 올바른 관계를 가질 수 있는 은총을 거저 베풀어 주셨습니다. 그리스도를 믿는 사람에게는 죄를 용서해 주시려고 하느님께서 그리스도를 제물로 내어 주셔서 피를 흘리게 하셨습니다. 이리하여 하느님께서 당신의 정의를 나타내셨습니다."

이 텍스트의 내용은 다음 세 가지로 정리된다.

1) 모든 사람이 죄를 지었다는 것. 그래서 모든 사람이 속죄할 필요가 있었다는 것.
2) 모든 사람의 죄를 속죄해주기 위해, 예수가 자신의 육체적 생명을 희생했다는 것. 즉 예수가 자신의 희생을 통해 '대리 속죄'를 했다는 것.
3) 예수의 희생은 신의 계획이었다는 것. 신은 자신의 아들인 예수를 희생 제물로 삼아 인류를 죄로부터 구원했다는 것.

---

48. 프로이트, 「모세와 유일신교」, 366쪽. 불어판을 보고 번역을 다듬었다.
49. 같은 글, 368쪽. 불어판을 보고 번역을 다듬었다.

먼저 2)에 대해서 생각해보자.

에른스트 블로흐에 따르면, 바울 신학의 배후에 깔린 동기는 예수의 처참하고 초라한 죽음이 갖는 의미를 역전시키는 것이다. 제자들의 태도와 행동에서도 잘 나타나듯, 예수의 급작스런 죽음은 그에 대한 기대를 좌절시키고, 그의 위상을 추락시키는 것이었다. 바울이 목표한 것은 그런 패배를 승리로, 저주를 구원으로, 약점을 강점으로 역전시키는 것이었다는 것이다. 그래서 바울에겐 예수의 죽음에 대한 고유한 신학이 필요했다는 것이다.

블로흐에 따르면, 바울이 처한 상황은 "예수는 십자가에 못 박히는 최후를 맞았지만 그래도 메시아이다"라는 주장이 통용되던 상황이다. 그런 주장의 빈약함은 말할 것도 없다. "십자가에서 죽었다"는 앞의 사실이 "메시아이다"라는 뒤의 주장을 지지해주기는커녕, 오히려 약화시키기 때문이다. 이런 주장에 대한 반론은 당연하다. "십자가에서 죽었는데, 어떻게 메시아냐"라는 게 그 반론일 수밖에 없으므로 말이다.

하지만 바울은 오히려 그런 주장을 한 걸음 더 멀리 밀고나가 상황을 역전시키려 한다. 바울이 내세우는 새로운 주장은 이것이다. "예수는 무엇보다도 십자가에서 비참하게 최후를 마쳤기 때문에 메시아다." 즉 "십자가에서 죽었지만 그래도"라는 변명조의 소극적 주장을 "십자가에서 죽었기 때문에야말로"라는 공세적 주장으로 전환시켰다는 것이다.[50]

그렇다면 "십자가에서 죽었기 때문에 구세주"일 수 있는 이유는 무엇일까? 바로 그 이유를 제시한 것이 바울 신학의 고유성이다. 그 이유는 물론 "인류의 죄를 대신해서 스스로를 희생"했다는 것이다.

이 주장은 사람들을 만족시키면서, 종교로 이끈다. 왜냐하면 예수는 a) 사람들을 위해 희생한 것이면서, b) 신을 위해 순교를 한 것이기 때문이다.

---

50. 에른스트 블로흐, 『저항과 반역의 기독교』, 열린책들, 2009, 311쪽. 이 책의 원래 제목은 『기독교에서의 무신론』이다.

즉 사람들은 예수가 자신을 위해 희생한 것에 만족하고, 그처럼 자신들을 만족시킨 예수가 순교한 그 신을 따른다는 것이다.

이 주장은 또한 a) 사람들의 죄책감을 호출하면서 b) 그들의 공격성도 만족시킨다. 즉 "예수가 죄지은 나를 위해 희생"했다는 사실은 죄책감을 해소시킬 수도 있지만, 다른 한편으론 강화시키는 것이다. '마땅히' 내가 죽은 게 아니라 '미안하게도' 그가 희생했기 때문이다. 그럼에도 예수가 처형되었다는 사실은 사람들의 공격성을 해소시킬 수 있다. 내가 죄에서 벗어나기 위해, 나처럼 죄를 진 다른 사람을 공격해야 하는데, 예수가 그처럼 공격당했기 때문이다.

어쨌거나 바울은 '희생'의 테마를 통해 예수를 신성화한다. 사람들은 자신을 위해 희생하는 존재를 사랑하기 때문이다. 나를 위해 희생해주었다는 사실이 사랑의 이유가 된다는 것이다. 자아는 언제나 거래를 한다. 자아가 사람들과 맺는 관계에는 언제나 거래의 동기가 숨겨져 있다. 그리고 그 거래의 목표는 종종 상대의 희생이다. 상대를 희생시켜 이득을 얻겠다는 것이다.

바울은 바로 그러한 자아의 논리를 투사해서 예수를 신성화한다. 즉 바울 신학의 동기가 예수의 죽음을 역전시키는 것이었다면, 바울 신학의 방법은 언제나 다른 사람의 희생을 욕망하는 자아의 논리를 예수를 대상으로 투사한 것이다.

앞서 보았듯, 불어에서 신성함은 희생과 긴밀히 연관된다. '희생시키다'가 '신성하게 하다'와 겹쳐지기 때문이다. 희생제의에서 희생 제물은 나를 대신해서 죽는 존재다. 이것이 희생 제물의 신성함의 첫째 이유다. 또 죽어서 영적 존재가 된 희생 제물의 복수를 피하려는 것이 희생 제물을 신성화하는 두 번째 이유다. 바울은 이 가운데 첫 번째 이유를 통해 예수를 신성화한다.

물론 예수가 인류를 위해 희생했다는 것만으로는 예수를 충분하게 신성화할 수 없다. 그래서 신이 자신의 '유일한 아들'인 예수를 희생 제물로 바쳤다는 신학이 필요해진다. 이제 3)에 대해 생각해보자.

신이 예수를 희생 제물로 삼아 인류를 구원했다는 3)의 설정은 바울 신학이 중동의 희생제의의 전통으로부터 자유롭지 못했음을 말해준다. 일반적으로 희생 제물로 삼는다는 것은 자신을 대신해서 죽인다는 것이다. 그렇다면 신이 자신을 대신해서 예수를 죽였다는 것인데, 그런 설정이 어떻게 가능할까? 아마도 그것은 익숙하게 주어져 있는 '전통'의 맥락 속에서만 가능한 상상적 해석일 것이다.

어쨌거나 융은 이렇게 말한다. "최고의 선(善)이 인간 제물을 통해서 그것도 다름 아닌 자기 자신의 아들의 살해를 통해서 은혜를 베푸는 행위를 할 수 있다는 것은 예측 못한 충격이다."[51] 최고의 선이란 물론 신이다. 물론 융이 말하려고 하는 것은 아들을 죽여서 은혜를 베푸는 존재는 최고의 선일 수 없다는 것, 다시 말해 신일 수 없다는 것이다. 융은 다시 덧붙인다. "사랑과 최고의 선에 대한 수다가 거짓말임을 입증해 보이는 눈부신 빛을 보지 못한다면, 사람들은 이미 눈이 멀어 있음에 틀림없다"라고.[52]

자, 신이 자신의 아들을 제물로 내주었다는 설정은 자아의 논리를 투사해서만 가능한 것이다. 자신의 목적을 위해 다른 사람들을 희생시키는 자아의 논리가 그것이다.

하지만 신이 진정으로 신이라면 인류의 죄를 마음대로 용서할 수 없다는 게 가능할까? 바울의 신학에 따르면, 신은 스스로 아들을 바쳐 속죄 제의를 벌여야만 한다. 그렇다면 아들을 누구에게 제물로 바친다는 것일까? 보다 상급의 신에게? 그렇다면 그 신은 아마도 하급의 신일 것이다. 더욱이 그 신은 아들을 죽인다는 점에서 악마적 신이 아닐까?

결국 바울의 신은 희생제의에 종속된 신이다. 그렇다면 그 신은 인간과

---

51. C. G. 융, 「욥에의 응답」, 『인간의 상과 신의 상』, 솔, 2008, 391쪽.
52. 같은 글, 391~392쪽.

별반 다를 것도 없다. 그 이유는 간단하다. 자아의 논리를 투사해서, 신을 설정했기 때문이다.

하지만 바울은 그처럼 아들을 희생시켰다는 점에서 자신의 신을 신성화한다. 우리를 위해 독생기를 희생시켰으니, 우리의 신일 자격이 있다는 것이다. 즉 독생자를 희생시킬 정도로 우리를 사랑하니, 우리의 신이라는 것이다. 이는 우리를 위해 고난 받았으니 우리의 구세주일 자격이 있다고 예수를 신성화하는 것과 마찬가지의 것이다. 결국 바울이 행하는 신성화의 사슬은 다음과 같다.

a) 우리를 위해 희생했다는 이유로 예수를 신성화한다.
b) 아들을 희생시켰다는 이유로 자신의 신을 신성화한다.
c) 신이 희생시킨 아들이라는 이유로 예수를 다시 신성화한다.

이 세 가지 신성화가 모두 자아의 논리에 입각한 것임은 물론이다. 이제 앞의 1)에 대해 생각해보자. 1)이 말하는 것은 어떤 예외도 없이 모든 인간이 죄를 지었다는 것이다. 아마도 그 이유는 인간으로 존재하고 있다는 사실 자체일 것이다. 인간으로 태어났다는 것 자체가 죄를 지었음 또는 죄를 지을 수밖에 없음을 뜻한다는 것이다.

에른스트 블로흐는 이 원죄론에 반대한다. 즉 바울이 아들을 희생시킨 '아버지 신'을 보호하려고 "오로지 인간들이 저지른 죄를 부각했다"는 것이다. 또 그래서 "도덕적으로 죄를 지은 자들이 실제로 죄를 범한 자들과 동일하게 취급"되게 되었다고 한다.[53] "도덕적으로 죄를 지었다"는 것은 다만 마음속으로 죄를 지었다는 뜻일까?

나는 블로흐의 이런 반대를 받아들이지 않는다. 나 자신의 자아의 잔혹

---

53. 에른스트 블로흐, 앞의 책, 312쪽.

함과 치졸함을 뼈저리게 느끼기 때문이다. 나는 종종 내 자아의 잔혹한 폭력성에 소스라쳐 놀란다. 또 내가 일상적으로 하는 말들이 언제나 사람들에게 상처를 주는 것임에 절망한다. 자아를 갖고 있다는 사실 자체가 우리가 '죄'지을 수밖에 없는 존재임을 입증하는 게 아닐까? 그래서 우리는 세계에 유배 와있는 게 아닐까?

자아의 악은 확실하다. 게다가 내가 앞선 연구인 『영혼의 슬픔』에서 강조했듯 자아가 선(善)이라고 내세우는 것이야말로 원천적인 악이다. 하지만 여기서 던져야 할 질문은 다음과 같은 것이다. 자아의 '악'은 과연 '죄'일까?

제1장에서 살펴본 유배 이론들은 우리가 우리의 잘못으로 인해 이곳에 유배 와있다고 한다. 하지만 그 이론들이 우리의 잘못을 반드시 '죄'로 간주하는 건 아니다. 붓다는 죄를 말하기보단 '무명(無明)'을 말한다. 십자가의 요한도 감각·욕망·지성·기억·의지를 문제 삼을 뿐, '죄'를 부각시키진 않는다. 또 내 기억이 정확하다고 자신할 순 없지만, 아빌라의 데레사도 우리의 '죄'보다는 자아와 욕망을 강조했던 듯 여겨진다.

악, 무명, 욕망보다 '죄'를 말하는 것은 어떤 의도가 있어서가 아닐까? 자아의 신에게 사람들을 종속시켜 종교적 권력을 만들어내려는 의도 말이다. 죄를 지었으니, 그 죄를 지우려면, 우리 종교를 믿어야 한다는 심리적 강제를 부과함으로써 말이다.

붓다는 '무명'을 말하지만 동시에 내면의 불성(佛性)을 말한다. 십자가의 요한과 아빌라의 데레사도 '내면의 신'을 강조한다. 그렇다면 우리는 자아의 악에도 불구하고, 완전히 죄로 가득 찬 존재라기보다는, 내면으로의 여행을 힘겹게나마 떠날 수 있는 존재가 아닐까?

『기적수업』에선 유배의 이유로 '죄'가 아니라 '죄책감'을 든다. 제1장에서 보았듯, 신과의 분리를 떠올렸다는 이유만으로 죄책감을 느껴, 스스로를 유배시켰다는 것이다. 유배의 원인이 다만 죄책감이라는 것은 한편으

론 우리를 안도하게 한다. 그 죄책감을 못 견뎌서 스스로를 유배시킬 정도
라면 구원의 여지가 충분히 남아있는 것이 아닐까?

『기적수업』은 그런 자기유배가 실제론 환상적 과정일 뿐임을 명확하게
말한다. 즉 우리가 죄책감으로 인해 신을 이탈했지만, 그 이탈은 상상적인
것일 뿐, 비(非)실재라는 것이다. 그 이유는 이렇다. 즉 오직 신(= 영적 실
재)만이 실재라는 것. 다시 말해, 신 바깥의 모든 것은 비실재라는 것.

그렇다면 자아가 이 세계에서 행하는 모든 악들도 환상일 수밖에 없다.
『기적수업』에 따르면, 이 환상적 세계의 수준에서 악들은 죄책감의 투사
를 뒤잇는 공격에 따른 것이다. 하지만 『기적수업』은 그 악들이 이 세계의
수준에서도 '죄'가 아니라 '실수'일 뿐이라고 한다. 죄가 용서될 수 없는
것이라면, 실수는 완전히 지워질 수 있는 것이다. 그렇다면 그것들은 왜 실
수일까?

환상의 역사로서 세계의 역사는 자아의 속성이 완전히 펼쳐진 후 끝나
는 과정이다. 이 과정은 다음 두 관점에서 바라볼 수 있다.

a) 물질세계의 관점에서 보면, 그 과정은 일종의 자연사적 과정으로서
   자연필연성에 의해 특징지어진다.
b) 하지만 마음의 관점에서 보면, 그 과정은 마음이 자아의 유혹에 빠져
   드는 과정이다.

자아의 입장에서 자연필연성은 빠져나올 수 없는 절대적 구속이다. 따
라서 자연필연성에 따른 악은 '자연'일 뿐, 죄가 아니다. 그렇다면 그것이
왜 '실수'일까? 그 이유는 자아와 영성 사이의 갈림길에서 마음이 자아를
선택했기 때문이다.

그 선택은 자아의 논리에 따른 자연필연성에 따른 것이기 때문에 어쩔
수 없어 보인다. 하지만 마음은 자아의 유혹을 물리치고 영성에 따른 결정

을 선택할 수도 있다. 그 선택을 하지 못한 것이 바로 실수라는 것이다. 칸트가 『실천이성비판』에서 도둑질한 사람의 사례를 들면서, 자연법칙(= 자연필연성)에 따라서는 어쩔 수 없었지만, 도덕법칙(= 영성의 법칙)에 따르지 않은 것은 잘못이라고 했듯이 말이다.[54]

자, 어쨌거나 바울은 자신의 길을 간다. 그는 자신의 신학의 또 하나의 핵심 텍스트인 「필립비(빌립보)인들에게 보낸 편지」 2장 6~11절에서 이렇게 말한다.

"그리스도 예수는 하느님과 본질이 같은 분이셨지만 굳이 하느님과 동등한 존재가 되려 하지 않으시고 오히려 당신의 것을 다 내어놓고 종의 신분을 취하셔서 우리와 똑같은 인간이 되셨습니다. 이렇게 인간의 모습으로 나타나 당신 자신을 낮추셔서 죽기까지, 아니, 십자가에 달려서 죽기까지 순종하셨습니다. 그러므로 하느님께서도 그분을 높이 올리시고 모든 이름 위에 뛰어난 이름을 주셨습니다. 그래서 하늘과 땅 위와 땅 아래 있는 모든 것이 예수의 이름을 받들어 무릎을 꿇고 모두가 입을 모아 예수 그리스도가 주님이시라 찬미하며 하느님 아버지를 찬양하게 되었습니다."

이 텍스트의 앞부분은 예수의 전적인 순종을 말한다. 이 앞부분이 드러내주는 건 바울의 욕망이다. 자신이 만들려는 종교적 권력에 사람들이 생명을 바쳐 헌신하길 바라는 욕망이 그것이다. 바울은 예수를 그 종교의 첫 번째 순교자로 삼는다. 그러고선 사람들에게 예수의 뒤를 따르라고 요구한다. 생명을 바칠 정도로 완전히 종속하라는 것이다. 사람들이 그런 요구를 받아들일 수 있는 것은 아마도 원천적인 죄책감 때문이 아닐까?

"그러므로 하느님이 그분을 높이 올려 뛰어난 이름을 주었다"는 것은

---

54. 임마누엘 칸트, 『실천이성비판』, 아카넷, 2002, 210쪽(V95) 이하.

순교의 대가로 높은 지위가 주어졌다는 것이다. 이런 설정은 자아의 논리를 완전히 반영한다. 앞서 보았듯, 자아의 모든 행위는 대가를 바라는 거래 행위이기 때문이다.

"하늘과 땅의 모든 것이 무릎을 꿇고 주님이라 찬미"했다는 것은 복수의 판타즘의 절정을 이룬다. 여태껏 자신을 모멸했던 모든 사람들이 잘못을 뉘우치고 자신을 떠받드는 것이야말로, 누구나 자신을 돌아보면 알 수 있듯이, 자아가 꿈꾸는 가장 전형적인 판타즘이다.

그렇다면 이 텍스트의 핵심적 내용은 다음과 같은 것일 수밖에 없다. 즉 복수의 판타즘을 실현하려면 순교를 각오한 절대적 헌신을 하라는 것. 바울이 그처럼 말하는 이유는 종교적 권력에의 종속을 강제하기 위해서다. 여기서 다음 두 가지를 명백히 해두자.[55]

1) 진정한 신(= 영적 실재)은 우리에게 순교를 요구하지 않는다는 것.
2) 진정한 신은 자아를 갖고 있지 않기 때문에, "무릎을 꿇고 찬미"하는 행위 같은 것을 원하지 않는다는 것.

어쨌거나 이 텍스트의 모든 내용은 자아의 논리를 고스란히 반영하는 것들이다. 그래서 예수와 신은 성스러움을 상실하고 신성해진다. 초월적 권력으로 우리를 지배해서 두려움을 일으키는 그런 신성함 말이다.[56]

---

55. 이 두 가지는 모두 『기적수업』에서 제시된 생각들이다.
56. 바울의 텍스트들에 대한 보다 세밀하고 풍부한 해석을 위해서는 문동환, 『예수냐 바울이냐』(삼인, 2015)를 참조하기 바란다.

성스러움의 장소

레스코프는 『광대 팜팔론』에서 삼십 년간 금욕적 고행을 한 예르미의 신성함을 비천한 광대 팜팔론의 성스러움과 대비시킨다. 이 소설의 끝부분에서 예르미는 자신의 잘못을 지울 수 있게 도와준 팜팔론에게 어떻게 그럴 수 있었느냐고 묻는다. 팜팔론의 대답은 이렇다. "나도 그걸 내가 어떻게 했는지는 잘 모르겠습니다. 난 그저 어려움에 빠져 있는 당신을 보고, 내가 할 수 있는 대로 당신을 도우려 했을 뿐이랍니다. 지상에 있을 때 난 언제나 그렇게 행동했지요."[57]

팜팔론의 이런 대답은 다음의 사실을 암시한다. 성스러움은 어떤 높고 고귀한 것이기보단 그저 당연한 것일 뿐이라는 사실.

『레 미제라블』에서 빅또르 위고는 장 발장에게 은식기는 물론 은촛대마저 선물한 비엥브뉘 주교의 선함을 거의 백 쪽에 가깝게 묘사한 뒤, 이렇게 말한다. 그는 그저 "평범한 인간일 뿐이었다"고.[58] 결국 탁월함 또는 비범함처럼 눈에 띄는 것은 세계의 질서에서만 가치 있는 게 아닐까? 반면 성스러움은 자아의 눈에는 들어오지 않는 평범한 어떤 것일 수밖에 없지 않을까?

물론 레스코프나 위고가 말하려 했던 "성스러움의 당연함 또는 평범함"은 신성함의 억지스러움 또는 거창함에 대비된 것이다. 그래서 이런 대비의 맥락을 떠난다면, 성스러움의 '당연함 또는 평범함'과는 별도로 "성스러움의 놀라움" 또한 존재할 수 있다. 이때 '놀라움'은 자아의 관점에선 불가능해 보이는 것들을 성스런 존재들이 자연스럽게 행한다는 사실에서 비롯되는 것이다.

57. 니콜라이 레스코프, 『광대 팜팔론』, 소담출판사, 2013, 137쪽.
58. 빅또르 위고, 『레 미제라블』, 펭귄클래식코리아, 2013, 1권 99쪽.

예컨대 내가 성스럽게 여기는 간디나 마더 데레사는 나 같은 사람으로선 도저히 범접할 수 없는 일들을 행한다. 솔직히 나로선 그들의 발바닥만큼도 될 수 없다는 심정이다. 물론 그들의 고결함 또는 비범함은 세계의 가치질서에서 높은 위치를 차지하는 그런 것들이 아니다. 그들은 화장실을 누구보다 앞서 몸소 청소했고, 가장 초라한 옷들을 입었고, 소유물이 거의 없는 사람들이었다.

더욱이 간디나 마더 데레사는 사람들의 격정을 부추기는 어떤 거창한 이념을 내세우지도 않았다. 물론 사람들은 간디의 비폭력을 거창한 이념으로 간주할 수도 있겠다. 하지만 나는 간디의 비폭력이 거창한 이념보다는 오히려 '태도'에 가깝지 않았을까 하는 생각을 한다. 이념과 태도의 차이에 대해 조금 뒤에 알아볼 것이듯, 간디의 비폭력이 다른 사람들의 삶에 외적으로 개입하는 것이 아니라, 이 세계를 마주하는 내면의 자연스런 자세라면 말이다.

결국 내가 말하려는 것은 어떤 특정한 관점이다. 특정한 관점에서 보면, 성스러움의 '놀라움'에는 신성함의 '화려한 비범함'에 비해 '평범하고 당연한' 측면이 있다는 것이다. 즉 자아의 인위적 노력이 제거되었을 때 등장하는 일종의 '자연스러움'이 있다는 것이다.

물론 그런 관점은 이해하기 힘든 것일 수 있다. 자아의 관점에선, 왼쪽 뺨을 맞았을 때 오른쪽 뺨마저 내미는 것은 있을 수 없고, 오히려 상대의 뺨을 맞받아치는 게 당연하기 때문이다. 하지만 그것이 당연한 것은 이 세계가 자아의 세계일 뿐이기 때문이 아닐까?

내가 말하려는 것은, 우리가 자아의 관점을 제거하고 영성의 관점을 따를 때 진정으로 "평범하고 당연하고 자연스러워질" 수 있다는 것이다. 마음속 깊은 곳에서 누구나 다 공유하고 있는 자연스런 흐름을 따른다는 점에서.

예컨대 바울의 신학이나 주희의 성리학 또는 맑스의 계급투쟁이론에 비해, 간디의 비폭력이나 마더 데레사의 헌신은 당연하고 평범한 것이 아닐까? 이 후자의 것들은 누구에게도 폭력을 행사하지 않고, 내면의 사랑만을 따른다는 점에서 말이다. 내가 말하려는 것은 너무 무리한 것일까?

예수의 예를 들어보자. 나는 성경에 등장하는 예수의 발언 가운데 성스러운 것과 신성한 것을 구분한다. 그리고 그 신성한 것들은 나중에 왜곡되고 덧붙여진 것들이라고 생각한다.[59] 이를테면 "다른 사람을 판단하지 마세요. 그러면 당신들도 판단 받습니다"(마태복음 7장 1절)나 "당신들 가운데 누구든 죄없는 사람이 먼저 저 여성을 돌로 치십시오"(요한복음 8장 7절) 같은 말들은 성스럽다. 반면, "내가 세상에 평화를 주러 온 줄로 생각하지 마라. 평화가 아니라 칼을 주러 왔다"(마태복음 10장 34절) 같은 말이나 "사람의 아들이 영광을 떨치며 모든 천사들을 거느리고 와서 영광스러운 왕좌에 앉는다"(마태복음 25장 31~34절) 같은 말은 신성하다. 이런 말들 가운데 오직 성스러운 말들만이 '평범하고 당연하고 자연스러운' 게 아닐까?

내가 이처럼 말하는 것은 다음과 같은 맥락에 따른 것이다. 즉 자아가 신으로부터 분리되기 전에는 오직 성스러움만이 존재했다는 것. 원래는 오직 성스러움만이 존재했기 때문에, 원래부터 존재하던 것인 성스러움은 '평범하고 당연하고 자연스럽다'는 것이다.

물론 신에게서 이탈해서 '—의 여행'을 하는 자아에게 그 자연스러움은 다른 세계에 속하는 것이므로 '놀라운' 것일 수밖에 없다. 하지만 우리 내면의 한 구석에 자리 잡은 영성은 성스러움의 그런 자연스러움을 알아차린다. 어쩌면 우리는 그 자연스러움을 마주해서 기쁨의 눈물을 와락 터뜨리는 게 아닐까?

『종교적 경험의 다양성』에서 윌리엄 제임스는 그런 눈물이 "완강한 내적 댐을 부수고, 갖가지 과거의 죄악들과 도덕적 침체를 배출하며, 이제는

---

59. 개리 레너드, 『우주가 사라지다』(2010), 『그대는 불멸의 존재다』(2011), 『사랑은 아무도 잊지 않았으니』(2014)를 참조할 것. 세 권 모두 정신세계사에서 나왔다.

우리를 깨끗이 하여 부드러운 감정을 갖게 하고, 훨씬 더 숭고한 안내를 받도록 하는 것"이라고 한다.[60] 결국 그런 눈물은 우리를 부자연스런 상태에서 좀 더 자연스런 상태로 데려다 주는 게 아닐까? 언젠가는 성스러움에 이를 수 있도록 말이다.

자, 내가 성스러움의 자연스러움을 말한 것은 바로 이런 맥락에서다. 성스러움은 원래 우리의 자연스런 상태였다는 것. 하지만 우리는 성스러움의 그런 사연스러움으로부터 이탈한다. 점점 더 세계 속으로 빠져드는 '—의 여행'을 거치면서 말이다. 앞으로의 논의의 전제를 이룰 이 내용을 다음처럼 정리해두자.

1) 자아에 의해 오염되어 세계에 빠져들기 이전에, 우리의 원래 상태는 성스러움의 상태다.
2) 자아가 '—의 여행'을 통해 세계에 빠져들수록, 우리는 자신의 성스러움을 망각한다.

물론 여기서 다음 것을 유의해야 한다. 즉 '우리의 원래상태'는 자아와 완전히 무관하다는 것. 다시 말해, 우리가 자아의 심층으로 파고들더라도 결코 성스러움을 만날 수 없다는 것이다. 우리는 자아와 완전히 단절함으로써만 성스러움을 되찾을 수 있다.

우리 내면의 성스러움, 다시 말해, 자아의 지배로 인해 내면의 한 귀퉁이로 밀려난 영성의 성스러움은, 내가 앞선 연구인 『영혼의 슬픔』에서 '영혼의 상식'이라고 불렀던 것에 입각한다. 그 가운데 핵심 명제는 다음 두 가지다.

---

60. 윌리엄 제임스, 앞의 책, 345쪽.

1) 신은 완전하다.
2) 완전한 신이 창조한 모든 영성(= 영혼)은 완전한 신과 똑같이 완전하
   다.

이런 완전성을 성스러움이라 해보자. 그렇다면 성스러움의 장소가 어딘
지는 확실하다. 그 장소들은, 이 장의 앞부분에서도 이미 암시되었듯이, 다
음과 같다.

1) 첫 번째 장소 ─ 영적 실재(= 신)
2) 두 번째 장소 ─ 영적 실재의 일부로서 우리 내면의 영성

그리고 우리는 흔히 2) 두 번째 장소의 성스러움이 겉으로 드러날 때, 그
것을 성스럽다고 일컫는다. 자아의 모든 기쁨들이 실제로는 잔인한 기쁨
들임을 떠올린다면, 성스러움의 그러한 드러남만이 우리의 진정한 기쁨을
이루는 게 아닐까?

많은 사람들이 우리 내면에 위치한 영성의 성스러움을 알고 있었고 또
그것을 말해 왔다. 다만 유의할 것은 이것이다. 즉 대부분의 사람들은 그
런 말들을 읽거나 듣고선, 영성의 성스러움을 자아의 성스러움으로 착각
했다는 것이다. 하지만 그 말들이 우리에게 전달하려는 것은 오히려 자아
를 완전히 버리라는 것이다.

왕양명은 "사욕(私慾)이 가리지 않으면 마음이 곧 하늘의 법칙(天理)"이
라고 한다.[61] 주자학자들도 겉으론 똑같은 얘기를 한다. 하지만 주자학자
들에게 '사욕'은 단지 표면적인 욕망일 뿐이어서, '사욕을 제거한 마음'은
자아의 심층─자아의 선(善)을 내세우는─을 뜻할 뿐이다. 반면 왕양명에

---

61. 왕양명, 『전습록』, 명문당, 2005, 43~45쪽.

게서 "하늘의 법칙을 지닌 마음"은 자아를 완전히 제거한 '양지(良知),' 즉 영적인 앎인 것이다.

시몬 베유는 "신 자체인 사랑은 모든 인간의 밑바탕에 거주"한다고 한다.[62] 모든 인간의 밑바탕에 영성의 성스러움이 있다는 것이다. 에른스트 블로흐는 "오직 우리들 자신에게서만 이 절대적인 빛이 여전히 빛난다"고 하는데,[63] 그가 시몬 베유와 똑같은 것을 말하고 있음은 물론이다.

또 젊은 루카치는 "선(善)은 신적인 것입니다. [⋯] 선이 우리 속에서 현현(顯現)한다면, [⋯] 신이 우리 속에서 깨어난 것이고요"라고 한다.[64] 이때 루카치가 말하려는 것은 이렇다. 만일 진정한 선이 우리 내부에서 드러날 수 있다면, 그것은 영성의 성스러움을 표현하는 것일 수밖에 없다는 것.

에머슨은 "사람 안의 영혼은 [⋯] 어떤 능력이 아니라 빛이다. [⋯] 우리는 아무것도 아닌 것(nothing)이다. 다만 빛이 전부다"라고 말한다.[65] "우리는 아무것도 아니"라는 것은 우리의 자아가 그렇다는 것이다. "빛이 전부"라는 것은 우리 자신이 자아가 아니라 빛, 즉 영성이라는 것이다.

가브리엘 마르셀은 "'어렴풋이 본 것'의 '아득함'은 마치 다른 곳처럼 체험되지 않는다[⋯]. 이와는 반대로 '아주 가까운' 것으로 나타"난다고 한다.[66] 우리가 어렴풋이 본 성스러운 어떤 것은 실제로는 우리 내면에 존재한다는 것이다.

결국 이들 모두가 말하려는 것은 우리 내면의 성스러움, 즉 내면에 존재하는 영성의 성스러움이다. 그것이 바로 성스러움의 두 번째 장소다. 다시

62. Simone Weil, "Lettre à Joë Bousquet(조에 부스께에게 보낸 편지)," *Pensées sans ordre concernant l'amour de Dieu*, 40쪽.

63. Ernst Bloch, *L'esprit de l'utopie*(유토피아의 정신), Gallimard, 1977, 298쪽.

64. 게오르크 루카치, 「마음의 가난에 관하여」, 『소설의 이론』, 문예출판사, 2007, 201쪽.

65. R. W. Emerson, "The Over-soul(큰 영혼)," *Self-reliance, The Over-soul, and other essays*, 57쪽. 한글판으로는, 랠프 왈도 에머슨, 「대령」, 『자연』, 문학과지성사, 2002, 138~139쪽.

66. 가브리엘 마르셀, 『존재의 신비 I: 성찰과 신비』, 누멘, 2010년, 216쪽.

말해, 『기적수업』에서 말하는 "당신 안에 이 세계 전체가 잊힌 장소, […] 시간이 떠난 장소, […] 그토록 고요한 휴식의 장소"가 성스러움이 존재하는 두 번째 장소라는 것이다.[67]

하지만 문제가 있다. 즉 우리 내면에 있는 이 성스러움의 장소가 우리 자신에게 감춰져 있다는 것이다. 라깡이 『세미나』 1집의 끝부분에서 제시한 한 도식에서처럼,[68] 자아가 그 장소를 수천 겹의 양파 껍질처럼 둘러싸고 있기 때문이다.

그러므로 자아의 양파 껍질들을 하나하나씩 완전히 벗겨내지 않는 한, 내면의 성스러움의 장소는 우리에게 드러나지 않는다. 더욱이 자아의 그 양파 껍질들 하나하나가 다른 사람들을 판단하고 공격하기 위한 기준들 (= 올바름들)의 성격을 갖는 한에서, 우리는 자신의 자아와 전적으로 대조되는 성스러움이 우리 내면에 있음을 짐작조차 할 수 없다.

세계에서 빠져나오기 — 대립의 부재로

자, 우리가 성스러움을 되찾는 길은 자아의 수천의 껍질들을 하나하나 씩 벗겨내는 길밖에 없다. 하지만 그것이 어떻게 가능할까? 스스로 자아를 받아들여 그 지배를 받는 우리가 어떻게 자아로부터 벗어날 수 있을까?

우리 자신은, 자아의 지배를 통해, 자아와 일체화되어 있다. 그래서 우리는 자아를 버리는 것을 자신을 버리는 것과 똑같이 여긴다. 즉, 우리는 거리를 두고서 자아를 객관적으로 위치 짓지도 못하고, 자아가 실제로 어떤 것인지도 모른다. 그러니 우리가 자아로부터 '직접적으로' 빠져나온다는

---

67. *A Course in Miracles*, 「텍스트」 614쪽(29장 5절-1).
68. J. Lacan, *Le séminaire*, I, Seuil, 1975, 312쪽.

것은 불가능에 가깝다.

그렇다면 보다 유효한 방법은 '다른 것'의 매개를 거치는 방법일 것이다. 이때 내가 염두에 두는 '다른 것'은 곧 세계다. 즉 우리는 '자아의 거울'인 세계를 빠져나옴으로써 동시에 자아로부터 빠져나올 수 있다. '자아의 거울'인 세계는 자아와 '다른 것'인 것 같지만, 실질적으론 같은 것이다. 자아는 자신의 모습 그대로 세계를 만들어내기 때문이다. 자아가 우리 자신과 일체화되어 있는 것이라면, 세계는 우리의 바깥에 존재하는, 객체화된 자아이다.

우린 앞에서 '자아 = 세계'라는 등식을 보았다. 이 등식을 속성의 동일성이라는 관점에서 보면 이렇다. 즉 자아의 모든 속성들이 세계를 이루고 있고, 그래서 세계의 속성들은 모두 자아의 속성들이라는 것. 이를테면 세계의 속성들인 폭력, 전쟁, 지배, 착취는 실제론 모두 자아의 속성들일 뿐이라는 것이다.

우리는 당연하게도 세계가 먼저 존재했고, 그 세계 속에 우리가 던져졌다고 생각한다. 그래서 자아를 세계 속에 있는 세계의 요소처럼 여긴다. 하지만 『기적수업』에서 제시된 것처럼, 자아는 오히려 세계에 앞서 있는 것일 수 있다.

즉 원천적 자아가 세계를 만들어내고, 그 세계 속에서 자신의 속성을 완전히 전개시킨 뒤, 세계가 소멸한다는 것이다. 우리는 이 과정을 '세계 과정'이라고 부를 수 있다. 그렇다면 '자아 = 세계' 등식이 뜻하는 것은 다음과 같은 것일 수밖에 없다. 즉 자아가 도출시킨 세계는 자아의 속성을 고스란히 지닐 수밖에 없다는 것.

자, 세계 과정이란 원천적 자아가 수많은 육체적 상황 속으로 분열되어 자신의 속성들을 완전히 전개한 뒤 소멸되는 과정이다. 이 과정을 한 시점에서의 상태, 즉 공시적(共時的) 과정과 시간의 전체 흐름 속의 과정, 즉 통시적(通時的) 과정으로 구분하면 다음과 같다.

a) 공시적 과정 — 하나의 단일한 자아가 수많은 자아들로 분열되어 상이한 육체적 상황들에서 서로 상이한 속성들을 드러내는 과정. 이 과정 속에서 상이한 자아들은 다른 육체적 상황 속에 위치한 똑같은 자아들일 뿐이다.
b) 통시적 과정 — 분열된 어떤 자아가 수많은 육체적 상황들을 시간의 흐름 속에서 골고루 경험한 뒤, 세계의 소멸에 이르는 과정.

결국 이 세계 과정 속에서 '다른 사람'이란 엄밀한 의미에서 존재하지 않는다. 동일한 자아가 여럿으로 나뉘어 상이한 상황들을 경험할 뿐이기 때문이다. 즉 모든 사람은 영성(= 영혼)에서뿐만 아니라 자아에서도 동일한 존재라는 것이다.

자, '자아 = 세계'이므로, '자아에서 빠져나오기 = 세계에서 빠져나오기'다. 이제 내면의 성스러움을 회복하는 방법으로 세계에서 빠져나오기를 생각해보자. 실마리는 판단과 대립의 문제다.

제3장에서도 살펴보았지만, 판단은 우리를 세계에 빠져들게 하는 핵심적 고리 가운데 하나다. 그러므로 우리가 판단을 멈추면 세계에서 빠져나와 성스러움을 회복할 수 있을 것이다. 판단의 부재는 성스러움의 한 징후다.

판단의 핵심은 악에 대한 판단이다. 우리의 관심을 악에 대한 판단으로 좁혀보자. 악을 판단한다는 것은 우리가 악을 판별하는 기준을 가지고 있음을 함축한다. 우리는 어디서 그런 기준들을 습득한 걸까? 물론 삶을 통해서다. 우리는 삶을 통해서 그런 기준들을 배우고 또 적용함으로써 세계에 개입하고 빠져든다.

이처럼 판단의 기준들을 배우고 적용해서 세계에 빠져드는 것은 성스러움을 상실하는 과정이다. 판단하는 우리 자신과 판단 받는 다른 사람들 사이에 차이가 생기기 때문이다. 이 차이는 나의 올바름과 다른 사람들의 올바르지 못함의 차이다. 이런 차별성이 우리에게서 성스러움을 앗아간다.

우리는 판단의 기준들을 습득함으로써 올바름을 소유한 사람이 된다. 그리고 자신의 올바름에 대한 믿음에 근거해 판단 능력을 행사한다. 하지만 이 올바름은 어떻게 우리에게만 주어지는 것일까? 우리는 어떻게 그들과는 달리 그들을 판단할 수 있는 '올바른' 사람일 수 있을까? 우리는 어떻게 모든 자아의 동일성을 뛰어넘어, 남들을 판단하는 '심판관의 올바름'을 지닐 수 있을까?

그 대답은 우리가 판단의 기준들을 나와 남들 사이에서 상이하게 적용한다는 데 있다. 나는 판단의 기준들을 나 자신에게 적용할 때, 나의 올바름을 간직할 수 있는 특별하고도 예외적인 방식으로 적용한다. 이런 자기중심적 예외성으로 인해 다음의 등식이 성립한다.

$$올바름 = 성스러움의 상실$$

판단의 기준들이 나에게 적용되는 특별한 방식이 '억압'이라면, 다른 사람들에게 적용되는 일반적 방식은 '공격'이다. 다음 도식에서처럼 말이다.

자신의 악 ←———— 억압 ———— 기준 ———— 공격 ————→ 다른 사람의 악

첫째로, 나는 판단의 기준들에 따라 악으로 판별된 것들이 나에게서 드러나면, 그것들을 억압한다. 이 억압은 무엇을 뜻할까? 그것은 나에게 그악들이 있음을 부인하고 감춘다는 것이다.

이 억압의 과정은 나 자신을 '신성화'하는 과정이다. 나의 실재를 있는 그대로 받아들이지 않고, 나 자신을 '우상'으로 만드는 것이기 때문이다. 『기적수업』에서 다음처럼 말하듯이 말이다. "우상들은 비밀 속에서 삽니

다. 햇빛을 증오하면서. 몸의 어둠 속에서 행복해 하면서. 우상들은 자신의 비밀들을 그들 자신과 함께 몸의 그 어둠 속에 감추고 간직합니다. 우상들은 관계를 맺지 않습니다. 그곳에선 다른 그 누구도 환영하지 않기 때문입니다."[69] 이처럼 나는 나의 악들을 비밀로 여겨 감추면서 스스로를 우상으로 만든다. 앞서 보았듯, 나는 나 자신의 첫 번째 우상인 것이다.

둘째로, 나는 똑같은 기준에 따라 판별된 악들이 다른 사람들에게서 드러나면 그것들을 공격한다. 하지만 그 악들은 나 자신의 악들과 똑같은 악들이다. 즉 나는 똑같은 악이 나에게서 드러나면 무의식 속으로 억압하고, 다른 사람들에게서 드러나면 공격한다.

물론 다른 사람들에게서 드러난 악들은, 겉보기엔, 나 자신의 악들과는 전혀 달라 보인다. 내가 나의 악들을 나 자신에게마저 숨기고 있기 때문이다. 그래서 나는 다른 사람의 악들을 나의 악들과 전혀 무관한 것으로 여긴다. 그나마 최선의 경우엔, 그 악들이 그들이 처한 '구조적' 상황으로 인해 어쩔 수 없었던 것이라고 '이해'할 뿐이다.

그렇지만 다른 사람의 악들은 나 자신의 악들과 완전히 똑같은 것이다. 자아의 동일성 때문이다. 하지만 다음처럼 다른 방식으로 이해할 수도 있다. 즉 그 악들은 '내가 본 악들'이기 때문이라는 것. 다시 말해, 내가 나 자신의 마음의 짜임새를 통해 그 악들을 보았다는 것이다. 이 말은 다시 다음의 것을 뜻한다. 내가 내 무의식 속의 악들을 '렌즈'로 삼아, 그들의 악들을 판별한다는 것.

그러니 내가 다른 사람들에게서 본 악들은 그들의 악이 아니라 나 자신의 악이다. 내 마음속에서 범주화되어 있던 악들이 투사된 것이기 때문이다. 다른 사람의 행동은 단지 내 마음의 투사를 위한 재료를 제공했을 뿐이다.

---

69. *A Course in Miracles*, 「텍스트」 436쪽(20장 6절-3).

다른 사람이 처해왔던 상황들의 섬세한 차이들이 쌓여서 만들어낸 행동의 섬세한 결들은 나의 눈을 빠져나간다. 또 보다 원천적으로 말하자면, 나의 판단 기준이 없었다면, 그 행동들은 악일 이유마저도 없는 것이다. 결국 나는 내가 보려고 하는 것만을 본다. 이 말은, 내가 내 마음속에 이미 범주화되어 있는 것만을 본다는 뜻이다.

『기적수업』에 따르면, 이런 투사는 죄책감에 따른 것이다. 나의 악들로 인해 내가 징벌을 받을까 봐 다른 사람들에게 그 악들을 전가한다는 것이다.

생각을 해보자. 내가 다른 사람들에게서 '악'이라 할 만한 것들을 발견할 경우, 그것들을 나 자신과 별로 상관없는 것들로 여기고, 그저 "개별적 필연성에 따른 것이군" 하고 넘겨볼 수도 있지 않을까? 내가 그 '악'들에 그처럼 흥분하고 분노하는 이유는 무엇일까? 우리가 잘 깨닫지 못하는 가장 중요한 이유는, 그 악들이 바로 나 자신의 악들이고, 그래서 그것들을 나 자신에게서 부인하고 싶어서라는 것이다. 즉 흥분과 분노를 통해, 나 자신의 결백을 주장하려 한다는 것이다.

판단의 이런 이중성은 다른 사람들과의 '대립'으로 이어진다. 악을 판별했으니, 이제 그 악과 대립해야 한다는 것이다. 그런 대립과 투쟁을 통해서만 세계를 악으로부터 해방시켜서, 우리가 구원받을 수 있다는 것이다.

하지만 그것은 『기적수업』에서 말하는 "자아의 구원계획"일 뿐이다.[70] 즉 세계의 악과 대립해서 그 악을 제거하고서 구원을 받는다는 것이 그것이다. 하지만 문제는 다음과 같다. 우리가 '자아의 구원계획'에 따라 대립하고 투쟁하는 세계의 악은 바로 우리 자신의 악이라는 것.

그래서 세계의 악은 그런 대립에 의해 사라지지 않는다. 우리가 세계의 악과 대립하면서도 자신의 악을 실천하고, 세계와 대립하지 않을 때도 자

---

70. *A Course in Miracles*, 「워크북」 121~126쪽(71~72과).

신의 악을 실천하기 때문이다. 즉 세계의 악은, 우리가 아무리 그것을 감추고 싶어 해도, 고스란히 우리 내면에 남아있기 때문이다. 우리는 그 악을 올바름의 이름으로, 즉 선(善)의 이름으로 부단히 실천하고, 그래서 세계는 언제나 악으로 가득 찬다.

***

그래서 나는 이념보다 태도를 선택한다. 신성함이 종종 '이념'의 형태를 취한다면, 성스러움의 징후들은 무엇보다 태도의 형태로 드러나지 않을까?

이념을 '이데아'의 곧이곧대로의 의미가 아니라, 현실에 대한 부정성(否定性)으로서 실현되어야 할 것의 구상을 담은 관념적 체계라 해보자. 그런 이념은 있는 것의 이유들을 충분히 존중하지 않고, 또 자신이 그것을 실현할 수 있는 내적 조건을 가졌는지를 성찰하지 않는다. 그렇다면 이념은 자아가 자연필연적인 '악'과 대립하는 신성함을 만들어나가는 관념적 도구일 뿐이다. 이념이 자기 바깥에서 악을 보고 그 악을 설명하며 결국엔 제거하려는 구상으로 이루어진 관념적 허구의 체계라면 말이다. 그렇다면 이념이란 다른 사람들의 삶을 자기 마음대로 변화시키겠다는 폭력의 체계가 아닐까?

하지만 우리 눈앞에 놓여 있는 것은 오직 다른 사람의 삶뿐이다. 그렇다면 우리가 할 일은 우리 눈앞에 놓인 '모든 것'인 다른 사람의 삶을 듣고 존중하고 사랑하는 게 아닐까? 이념을 내세워 그것을 유린하고 또 그런 유린을 정당화하기보다는 말이다.

태도는 우리 눈앞에 놓인 '모든 것'인 다른 사람의 삶을 마주하는 방식이다. 성스러움의 징후들은 오직 태도로서만 우리에게 드러난다. 그래서 그것들은 이념처럼 거창하지 않고, 오직 '평범하고 당연하고 자연스러울'

뿐이다.

성스러움의 징후들로서 그런 태도들에 이름을 붙여본다면, 앞서 이미 암시했듯이, 다음과 같은 것들이 아닐까?

1) 인격적 평등주의
2) 완전한 듣기와 말하기로서 완전한 민주주의

아마도 이 두 가지 태도는 이 세계의 현실로부터 귀납될 수 있는 게 아닐지도 모른다. 그 태도들은 영성으로부터 도출되는 듯이 보이기 때문이다. 즉 인격적 평등주의는 서로가 완전히 동등하고 동일한 영성임을 받아들임으로써만 가능하고, 완전한 민주주의의 토대로서 진정한 소통은 오로지 영혼의 교감을 통해서만 가능하다는 것이다.

다시 다음의 두 가지 사태를 숙고해보자.

1) 우리가 우리 '내면'의 악을 대립하는 세계에서 본다는 것.
2) 우리가 그들과 똑같은 개인사(史)적 상황에 실제로 처하면 그들과 똑같은 악을 행한다는 것.

이 가운데 2)는 단지 가능성이 아니라 자연필연성이다. 우리가 2)의 이 자연필연성을 벗어날 수 있는 유일한 방법은 자아가 아닌 영성의 결정을 따르는 것이다.

나는 내가 잘하고 있다고 생각할 때, 항상 잘못한다. 그 이유는 내가 잘한다는 것은 언제나 "나의 기준에 따라 잘하는 것"이기 때문이다. 나의 기준에 따라 잘한다는 건 어떤 것일까? 그것은 언제나 나를 억압하고 다른 사람들을 공격한다는 것이다. 그러므로 앞에서 보았듯 '나의 올바름 = 나의 불행'이다.

그래서 이미 말한 다음의 귀결이 생겨난다. 즉 세계의 악과의 대립을 통해서, 나의 내면의 악이 세계에 새롭게 실현될 뿐이라는 것. 내가 나의 올바름, 즉 선(善)을 통해 나의 악을 실천할 뿐이기 때문이다. 결국 내가 대립하는 '세계의 악들'도 나의 '또 다른 나'들이 그들의 올바름을 통해 악을 실천한 것일 뿐이고, 나도 그들(= 또 다른 나들)과 똑같은 방식으로 악을 실천한다는 것이다.

그러므로 유일한 길은 나의 내면의 악을 소멸시키는 길이다. 이 길은 '자아 = 세계'로부터 빠져나오는 길이다. 자아 자체가 곧 나의 악이기 때문이다.

성스러움의 길은 신성함과 성스러움의 구별에 입각한다. 신성함으로 위장한 자아의 악들에 말려들지 않는 길이 성스러움의 길이기 때문이다. 그래서 신성함과 성스러움을 구별 지음으로써만, 혁명과 해방이 진정으로 가능해진다. 그 둘을 구별 짓지 못하면, 신성함의 반복만이 있을 뿐이기 때문이다. 신성함은 그 자체로서 반(反)혁명을 이루는 것이다. 그러므로 신성함의 반복이란 반혁명의 반복이다.

사람들은 세계의 악과 대립하지 않는 것을 세계에 대한 무관심으로 여긴다. 아마도 많은 경우 그럴 것이다. 하지만 그렇지 않은 경우들도 있다. 두 가지 다른 경우를 제시해 보자.

1) 세계의 악과 대립하는 방법이 똑같이 악한 방법이어서 찬성하지 않는 경우
2) 세계 속의 모든 방법이 사랑을 결여하고 있어서, 세계에서 빠져나오는 경우

이 가운데 1)은 어쩌면 2)를 위한 다리를 놓아줄 수 있을 것이다. 하지만 1)은 여전히 세계에서 악을 본다. 반면, 2)는 감히 성스러움의 길이라고 칭

할 수 있지 않을까? 사랑으로 인해 세계의 '악'과 대립하지 않는 길이 그 길이라면 말이다. 그렇다면 성스러움의 길은 세계의 악을 악이 아니라 오히려 보편적인 자연필연성으로 보는 길이다. 그 길은 세계에서 빠져나옴으로써만 가능해진다. 다음의 도식에서 보듯이.

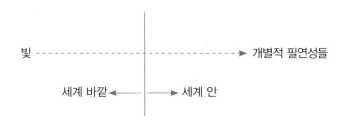

이 도식을 설명하자면 이렇다. 즉 세계에서 빠져나온 빛이 세계 안에서 개인들이 저지르는 모든 '악'들을 개별적 필연성으로 인해 어쩔 수 없는 것으로 바라본다는 것. 이런 상태는 어떻게 가능해질까? 그것은 세계에서 빠져나오면서 사람들의 몸 너머에 있는 영성, 즉 빛을 볼 수 있기 때문이 아닐까? 즉 우리는 사람들의 빛을 봄으로써 자신의 빛을 확인하고 스스로 빛이 될 수 있는 게 아닐까? 또 그로 인해 사람들의 '악'이 개별적 필연성에 따른 것임을 확인하는 게 아닐까?

결국 세계에서 빠져나와 대립에서 벗어난다는 것은, 또는 마찬가지지만 대립에서 벗어나 세계에서 빠져나온다는 것은 다음 것을 뜻한다.

1) 자아의 신에 몰두해서 세계에 무관심해지는 것도 아니고,
2) 자신의 악을 돌아보지 않고 세계의 악과 대립하는 것도 아닌,
3) 진정한 사랑으로 모두와 연결된다는 것.

자, 우리는 세계에서 빠져나옴으로써 대립을 벗어난다. 또는 그 거꾸로

도 말할 수 있다. 어쨌거나 세계 속에 있다는 것은 대립 속에 있다는 것이다. 그리고 세계에서 완전히 빠져나온다는 것은 그 어떤 것과도 대립하지 않는다는 것이다. 대립의 이러한 부재가 바로 내면의 성스러움을 되찾은 상태다.

물론 세계에서 빠져나온다는 것은 정신적으로 빠져나온다는 것을 뜻한다. 즉 몸은 세계에 있으면서도 세계로부터 완전히 자유로워진다는 것이다. 이는 다음의 것을 함축한다. 즉 물질은 어떤 중요성도 없는, 다만 중립적인 것일 뿐이어서 버릴 만한 가치도 없다는 것. 결국 우리는 세계에서 정신적으로 빠져나옴으로써 대립이 부재하는 성스러움으로 나아간다.

***

대립의 부재는 성스러움의 조건이다. 즉 대립이 있다면 성스러움은 없다는 것이다. 만일 어떤 성스러운 존재가 무엇인가에 대립하는 것처럼 보였다면, 그것은 다음 두 경우 중 하나가 아닐까?

1) 그 존재가 성스러운 존재가 아닌 경우
2) 우리에겐 대립처럼 보였지만 실제론 대립이 아니었던 경우

나는 2)의 경우로 간디의 경우를 막연하게 떠올려본다. 우리의 눈엔 간디가 영국의 식민권력과 첨예하게 대립했던 것처럼 보인다. 하지만 그는 어느 시점부턴 그 누구와도 대립하지 않고 다만 자신의 목표를 평화롭게 이루어갔던 것은 아닐까? 내가 이처럼 추정을 해보는 것은 다음과 같은 이유 때문이다. 즉 만일 누군가가 마음의 완전한 평화 속에 머물고 있다면, 그 누구와도 대립할 수 없다는 것.

자, 대립의 부재가 성스러움의 조건일 수밖에 없는 필연성을 간략하게나

마 생각해보자. 세계 안에서 성스러움이 드러난다는 것은 성스러움이 '현 상'의 형태를 취한다는 것이다. 그런 성스러움의 현상들을 연결시켜 생각 해보면 그 필연성을 드러낼 수 있지 않을까? 내가 이를 위해 떠올려본 성 스러움의 현상들은 다음 다섯 가지다.

1) 올바름의 부재
2) 변화에의 요구의 부재
3) 차별성의 부재
4) 사랑받으려는 욕망의 부재
5) 두려움의 부재

올바름, 변화에의 요구, 차별성, 사랑받으려는 욕망, 두려움은 모두 대립 을 낳는 조건들이다. 하지만 성스러움의 현상들은 모두 그런 조건들의 부 재에 의해 특징지어진다. 그렇다면 대립의 원천적 부재야말로 성스러움의 조건일 수 있지 않을까?

1) 올바름의 부재는 '나의 올바름 = 나의 불행' 등식에 대한 정확한 앎 이 있다면 반드시 가닿을 수밖에 없는 귀결이다. 이때 '올바름'은 진실과 관계하는 것이 아니라, 자아의 폐쇄성, 즉 고립을 표현하는 것이기 때문이 다. 『기적수업』에서 "성스럽지 않는 관계는 관계가 아니라 고립의 상태"라 고 하듯이 말이다.[71]

올바름은 다른 사람의 '틀림'을 전제하고 그 틀림과 자신을 대비시키는 일종의 차이의 범주이자 편집증적 범주다. 그래서 올바름은 대립을 도출 시킨다. 하지만 그런 올바름 또한 '환상적 올바름 = 틀림'일 뿐이다.

즉 올바름은 '틀림들의 환상적 체계' 속에서 하나의 위치일 뿐이다. 이

71. *A Course in Miracles*, 「텍스트」 437~438쪽(20장 6절-3~4).

는 모든 틀림들이 스스로를 올바름으로 제시한다는 점에서 그렇다. 진실은 오직 영적인 앎을 통해 얻어진다. 반면 올바름은, 그것이 틀림들의 환상적 체계에서 어떤 위치를 갖건 간에, 자아의 의견의 연장선상에 있는 것이다.

1) 올바름의 부재는, 앞서 언급한 움베르또 마뚜라나가 암시했듯이,[72] 개별성들에 대한 존중으로 이어지고, 개별성의 존중은 다시 또 하나의 부재로 이어진다. 2) 변화에의 요구의 부재가 그것이다. 즉 더 이상 다른 사람들에게 그들이 변화할 것을 요구하지 않는다는 것이다.

사실상 그런 요구는 우리가 주변의 가장 귀중한 사람들에게 행하는 가장 중요한 요구다. 하지만 그것은 '자아의 구원계획'에 따른 것이다. 문제의 원인이 다른 사람들의 잘못에 있으니 그들이 바뀌어야 세계가 바뀌고 구원받을 수 있다는 '구원계획'이 그것이다.

반면, 1) 올바름의 부재는 그 어디에서도 문제를 보지 않는다. 모든 것이 자연필연성의 개별적 현상들일 뿐이기 때문이다. 개별성에 대한 이런 존중은 변화에의 요구를 소멸시킨다. 다른 사람들에게 그들 자신을 거슬러 이것저것을 행하길 바라는 요구를 말이다.

우리는 2) 변화에의 요구의 부재를 통해 진정으로 마음의 평화에 이른다. 세계를 버리고 자신을 되찾는 마음의 가난의 한 형태로서 말이다. 결국 1) 올바름의 부재와 2) 변화에의 요구의 부재를 통해 대립에의 모든 가능성이 소멸된다.

2) 변화에의 요구의 부재는 다시 3) 차별성의 부재로 이어진다. 개별성의 존중으로서 2) 변화에의 요구의 부재가 놀랍게도, 그러나 또한 자연스럽게도, 우리를 개별성들 너머의 영성으로 데려가기 때문이 아닐까? 또 그처럼 가닿은 모든 영성의 '동등성 = 동일성'에 대한 인식이 차별적인 마음

---

72. 움베르또 마뚜라나, 『있음에서 함으로』, 갈무리, 2006, 65쪽을 참조할 것.

을 실질적으로 소멸시키기 때문이 아닐까?

3) 차별성의 부재는 완전한 받아들임을 전제한다. 누군가를 완전히 받아들인다는 것은 오직 그의 영성에 대한 인식을 통해서만 가능한 것이 아닐까? 결국 3) 차별성의 부재의 상태에서도 대립은 원천적으로 불가능하다.

3) 차별성의 부재는 다시 4) 사랑받으려는 욕망의 부재에 이른다. a) 나를 높이고 자랑하는 것은 사랑받으려는 욕망을 위한 수단이고, b) 나를 다른 사람들에게 부과하려는 것은 이 욕망의 실현을 검증하려는 것이다. 하지만, 다른 사람들이 상이한 상황에 처한 나 자신임을 깨우쳤을 때, 더 이상 그런 욕망은 성립하지 않는다. 그러므로 대립도 또한 불가능하다.

4) 사랑받으려는 욕망의 부재가 5) 두려움의 부재로 이어짐은 확실하다. 욕망이 없다면 방해나 좌절에 대한 두려움도 없기 때문이다. 두려움의 이런 부재가 일종의 자아 팽창에 따른 무사(武士)들의 용맹함과는 정반대의 것임은 물론이다. 무사들의 용맹함은 대립이 그 조건을 이룬다. 반면 5) 두려움의 부재에서는 대립이 원천적으로 불필요하다. 두려움이야말로 대립의 원인이기 때문이다.

자, 지금 살펴본 성스러움의 다섯 현상 모두에서 대립은 원천적으로 제거되어 있다. 즉 성스러움의 현상들은 대립의 불가능성이라는 공통성을 통해 서로 연결되어 있는 것이다. 그런 연결성 속에서 우리가 확인하는 것은 성스러움 속에서 대립의 부재는 필연적이라는 것이다. 그러므로 대립을 내포하는 성스러움은 있을 수 없다.

세계에 속하지 않음 ─ 사랑에 대하여

자, 이 세계를 살고 있는 우리에게 성스러움에 가닿는다는 것은 단순히 어렵다고 말할 수 있는 것 이상의 것이다. 이 세계를 산다는 것은 성스러움에 대한 공격이기 때문이다. 이 세계를 살아감으로써 우리는 내면의 성스러움을 잃어버린다. 우리에게 성스러움은 거의 불가능에 가깝다. 세계의 현실로부터 귀납될 수 있는 게 아니기 때문이다.

사실상 우리는 성스러움을 욕망하지 않는다. 우리의 자아를 '사랑'하고, 또 세계 속의 삶을 '사랑'하기 때문이다. 즉 우리는 자아의 잔혹함과 치졸함을 절실히 깨달아서 자아를 버리기로 확고하게 결심하지 않는 한에서, 또 세계에서의 삶의 비극성을 절실히 깨달아서 이 세계에서 빠져나오기로 확고하게 결심하지 않는 한에서, 성스러움을 욕망할 수 없다.

우리는 오히려 성스러움을 두려워한다. 성스러움은 영적 실재로부터 도출되는 것이기 때문이다. 성스러움은 이 세계의 것이 아니기 때문이다. 더욱이 성스러움은 그 어떤 악도 내포하지 않은 것이다. 이 세계의 것이 아닌 완전하게 순결한 어떤 것이 우리 앞에 드러난다고 해보자. 우리는 오히려 자신의 죄책감으로 인해 비명을 지르며 그로부터 도망치려 하지 않을까?

성스러움의 '불가능성'으로 인해 『레 미제라블』의 비엥브뉘 주교는 다음처럼 말한다.

"성자가 된다는 것은 하나의 예외이다. 그러나 의인이 되는 것은 반드시 지켜야 하는 규율이다. 방황하라, 죄를 지으라, 무너지라, 그러나 의인이 되라. 죄를 최소화하는 것, 그것이 인간의 법률이다. 죄를 전혀 짓지 않는 것, 그것은 천사의 꿈이다. 지상에 있는 모든 것은 죄의 지배하에 놓여있다. 죄라는 것은 일종의 중력이다."[73]

결국 빅또르 위고가 비엥브뉘 주교의 입을 통해 말하려는 것은, 우리는 단지 노력할 수 있을 뿐이라는 것이다. 첫째로, 우리는 중력과도 같은 이

---

[73]. 빅또르 위고, 앞의 책, 1권 30쪽.

세계의 자연필연성에 종속되어 있고, 둘째로, 중력과도 같은 자연필연성에서 빠져나오는 성스러움은 불가능에 가까운 예외성이기 때문이다. 그러니 성스러움은 바라보지도 말고, 그저 최선을 다해 '의인'이 되기 위해 노력하라는 것이다.

반면, 『종교적 경험의 다양성』에서 윌리엄 제임스는 위고와는 다소 상이한 입장을 취한다. 우선 그는 역사적으로 성인이라 칭해졌던 사람들의 한계 또는 문제성을 지적한다. 즉 그는 "우리는 지나침으로 인한 실수가 모든 성인다움의 덕으로 예시된 것을 발견한다. 인간의 기능에서 지나침은 주로 외곬과 균형결핍을 뜻한다"고도 하고,[74] 또 성인들이 "편협한 지적 조망으로 인해 신앙상의 온갖 좋지 못한 극단적 행위들, 광신, 신적 감정에의 몰두, 자학, 점잖은체함, 소심함, 어리석음, 그리고 세상에 대처하지 못하는 병적 무능에 빠져든다"고도 한다.[75]

이처럼 말하면서 그가 염두에 두는 성인들은 대부분 가톨릭의 성인들이다. 그렇다면 그 '성인들'의 대부분은 종교의 제도가 나름의 기준에 따라 지정한 '성인들'일 뿐, 진정으로 성스러움을 체현한 존재들은 아닐 것이다. 즉 그 '성인들'은 대부분 '성스러운' 성인들이라기보단 '신성한' 성인들일 것이다.

윌리엄 제임스의 이런 지적은 참 중요하다. 성스럽지 못한 사람들이 성인으로 칭해지면, 우리는 성스러움이 어떤 것인지를 전혀 알 수 없게 되기 때문이다. 물론 윌리엄 제임스의 판단이 항상 올바를 수는 없다. 예컨대 나는 고행을 일삼던 14세기 독일의 성인 주조(Suso)에 대한 그의 비판은 매우 올바르다고 생각하지만, 아빌라의 데라사에 대한 그의 비판은 부적절하다고 여긴다.[76]

---

74. 윌리엄 제임스, 앞의 책, 423쪽.
75. 같은 책, 452쪽.
76. 같은 책, 390~393쪽, 430~431쪽, 443~444쪽.

어쨌거나 그는 허구적인 '성인다움(Saintliness)'을 이처럼 비판한 다음에 이렇게 말한다. "우리가 일시적으로 뚜렷한 성취를 이루든 그렇지 못하든 간에, 가능하다면 성인이 되어보자. […] 우리들 각자는 가장 잘 어울리는 종교와 성인다움을 스스로 발견해야 한다."[77]

그가 이처럼 말할 수 있었던 것은 허구적인 성인다움에 대한 비판에 입각해서 성스러움에의 길을 나름대로 식별해냈기 때문일 것이다. 하지만 그는 또한 위고가 말한 '의인'으로는 불충분하다고 여겼을 것이다.

그는 『종교적 경험의 다양성』의 앞부분에서 "절대적이고 영원한 행복감은 종교 이외에서는 어디서도 발견할 수 없는 것"이라고 한다.[78] 이때 그가 말하는 '종교'를 제도적 종교로 간주할 필요는 없다. 그가 이 책에서 연구한 것이 주로 "개인적 종교"이기 때문이다.[79] 그렇다면 그가 말하는 "절대적이고 영원한 행복감"은 '홀로 걷는 영적인 길'에서 얻어지는 것으로 여겨도 합당할 것이다. 어쨌거나 이처럼 "절대적이고 영원한 행복감"을 알았던 윌리엄 제임스가 '의인'이 되는 것으로 만족할 수 없었던 것은 당연하지 않을까?

이제 앞서 한 차례 인용했던 마더 데레사의 말을 다시 한 번 인용해보자. 그녀는 이렇게 말한다. "우리는 참으로 성스러워지겠다고 결심해야 합니다. '나는 성자가 될 테야'라는 말은 자기 자신에게서 하느님만 빼고 전부 빼앗아 갈 것이라는 뜻입니다."[80]

결국 빅또르 위고가 말하려는 것과 마더 데레사가 말하려는 것은 일정하게 겹쳐진다. 즉 이 둘은 모두 성스러움의 '어려움'에 대해 말하고 있다. 위고가 말하려는 것이 다음의 1)과 같다면, 마더 데레사가 말하려는 것은

---

77. 같은 책, 459쪽.
78. 같은 책, 108쪽.
79. 같은 책, 87쪽 이하.
80. 맬컴 머거리지, 앞의 책, 92쪽.

다음의 2)와 같다.

1) 이 세계에 속하는 한, 성스러움에 가닿을 수 없다.
2) 이 세계를 완전히 버려야만, 성스러워질 수 있다.

위고는 겸허하게 1)을 택했다. 하지만 윌리엄 제임스는 "그래도 우리는 2)의 길을 택해야 하지 않겠느냐"고 한다. 아마도 그것만이 길임을 느꼈기 때문일 것이다. 반면 마더 데레사는 단호하게 2)의 길을 간다. 즉 '불가능성'의 길을 선택한 것이다. 그것만이 유일한 길임을 확신했기 때문일 것이다.

자, 우리의 눈에 성스러움은 불가능하게 여겨진다. 심지어 위고마저도 그것을 불가능하게 여겼다. 그런 불가능성은 앞서 언급한 두려움과도 연관되지 않을까? 즉 성스러움에 대한 두려움과 성스러움의 '불가능성'은 성스러움의 동일한 한 가지 성격에서 비롯된다는 것이다. 이 세계에 속하지 않는다는 성격이 그것이다. 신성함과 성스러움을 다음처럼 구분해보자.

1) 신성함은 우리 머리로 생각해낼 수 있는 모든 것을 통해 만들어낸 것이다.
2) 성스러움은 우리 머리로는 도저히 그 이유를 생각해낼 수 없는 것이다.

2)의 까닭은 성스러움이 우리가 속해있는 이 세계와는 전혀 다른 세계의 것이기 때문이다. 완전히 불가해한 것, 우리의 추론방식으로는 이유를 짐작조차 할 수 없는 것, 완전히 다른 세계의 것은 우리에게 섬짓한 두려움을 불러일으키지 않을까?

성스러움에 대한 두려움은 세계에 속하지 않는, 완전히 낯선 것에 대한 두려움이다. 성스러움의 '불가능성'은 그토록 낯선 성스러움의 존재 자체가 우리에게 불가능한 존재처럼 받아들여지기 때문이다. 또한 우리가 그 존재를 인정하더라도 성스러움이 불가능하게 여겨지는 것은, 세계를 완전히 빠져나와 세계의 것이 아닌 것 속으로 들어가기의 아득한 어려움 때문이다.

***

그렇다면 사랑은 어떻게 된 걸까? 성스러움이 다른 어떤 것도 아닌 오직 사랑 자체라면, 사랑이 그처럼 두렵고 불가능할 수 있을까? 우리는 종종 사랑에 빠져들고, 더욱이 사랑할 수 있길 열망하고 있지 않은가? 우리는 사랑을 좋아하고 또 더 나아가 사랑을 사랑하지 않을까?

그렇지 않다. 우리가 세계에 속해있는 한에서, 우리는 실제로는 사랑을 두려워한다. 또 우리가 세계에 속해있는 한에서, 우리에게 사랑은 불가능하다. 왜냐하면 이 세계 자체가 사랑에 대립하기 때문이다. 『기적수업』에서 "세계는 사랑이 불가능하다는 믿음"이라고 하듯이 말이다.[81] 이제 『기적수업』을 중심으로 해서 진정한 사랑의 성격을 생각해보자.

우리는 죄책감을 가진 존재다. 그래서 자신의 '죄'라고 여기는 것을 다른 사람들에게 투사해서 공격하고, 또 그러면 그럴수록 죄책감은 더욱 늘어난다. 그런 우리가 어느 날 문득 완전한 죄없음을 드러내는 존재와 마주친다고 해보자. 우리는 그를 만난 기쁨에 넘칠까? 그렇지 않다. 그는 우리와 너무도 다른 존재이기 때문이다. 그런 완전한 이질성은 우리에게 위안보다는 오히려 두려움을 가져다준다. 그래서 『기적수업』에선 이렇게 말한다.

---

81. *A Course in Miracles*, 「텍스트」 144쪽(8장 4절-3).

"자아로 하여금 어디서건 죄없음을 지각하게 해보세요. 자아는 죄없음을 파괴하려 할 것입니다. 죄없음이 두렵기 때문이지요. 자아의 많은 이상한 행위는 유죄 (guilty)에 대한 자아의 정의에서 비롯된 것입니다. 자아에겐 죄없는 사람이야말로 유죄입니다. 공격하지 않는 사람들은 자아의 '적들'입니다."[82]

공격적인 사람은 공격적인 사람에게 끌리고, 비틀린 사람은 비틀린 사람에게 끌린다. 공격적인 사람은 공격적인 신을 믿고, 비틀린 사람은 비틀린 신을 믿는다. 모든 사람은 죄책감으로 인해 공격적이다. 그래서 모든 사람은 완전한 죄없음을 두려워한다.

사랑에 대해서도 마찬가지다. 완전히 순수한 사랑, 즉 '그 어떤 것도 아닌 오직 사랑 자체'를 떠올려보자. 그런 사랑은 우리가 일상적으로 '사랑'이라고 칭하는 것과 너무도 이질적이어서, 오히려 우리를 뒷걸음치게 한다. 그래서 『기적수업』에선 이렇게 말한다. "공격받는 것에 대한 당신의 두려움은 사랑에 대한 당신의 두려움에 비해선 아무것도 아닙니다"라고.[83]

자, 사랑에 대한 두려움은, 첫째로는, 사랑의 완전한 이질성 때문이다. 예컨대 『기적수업』에선 다음처럼 말한다. "당신은 사랑을 두려워하기로 선택했습니다. 사랑은 그 어떤 것도 다치게 하지 않기 때문입니다"라고.[84] 즉 완전한 비공격성이야말로 공격적인 존재들에게 두렵기 짝이 없는 이질성이라는 것이다. 사랑에 대한 이런 두려움은 성스러움에 대한 두려움이다. 성스러움이야말로 완전히 순수한 사랑의 존재이기 때문이다.

그렇다면, 사랑에 대한 두려움은, 둘째로는, 자아의 해체 위험 때문이다. 자아란 어떤 것일까? 놀랍게도 자아는 사랑을 하지 않겠다는 결단이다. 사랑을 하면 손해를 본다는 알아차림이다. 『기적수업』에서 "자아는 사랑

82. 같은 책, 「텍스트」240쪽(13장 2절-3~4).
83. 같은 책, 「텍스트」242쪽(13장 3절-2).
84. 같은 책, 「텍스트」186쪽(10장 3절-10).

이 위험하다는 것을 확신합니다. 이는 언제나 자아의 핵심적 가르침입니다"라고 하듯이 말이다. 하지만 그 '위험'은 별것 아닌 이해관계에만 관련된 것이 아니라, 최종적으로는 자아의 자기 해체의 위험이다. 사랑과 자아는 완전히 대립하는 존재방식을 갖기 때문이다.

사랑에 대한 이런 두려움은 믿기 힘든 것일 수도 있다. 하지만 그것을 확인하려면, 스스로에게 물어보면 된다. 나는 내가 사랑하는 그의 입장에 설수 있을까? 나는 진정으로 그를 이해하고 받아들일 수 있을까? 나는 그에게 나의 모든 걸 드러낼 수 있을까? 나는 그에게 더 이상 성적 욕망을 갖지 않을 때도 모든 걸 주는 사랑을 할 수 있을까? 나는 그에게 완전한 자유를 줄 수 있을까?

물론 자아는 사랑을 욕망한다. 그래서 '자아의 방식대로의 사랑'이 성립한다. 하지만 이 '사랑'은 실제로는 '사랑에 대립하는 사랑'이다. 그 '사랑'은 사랑받기를 원하는 욕망일 뿐이기 때문이다. 이것이 세계에서 '사랑'이라 칭해지는 것이다. 앞에서 우상에 대해 말하면서 짧게 인용했던 『기적수업』의 한 대목을 전후 맥락을 알 수 있게 앞부분을 덧붙여 인용해보자.

"사랑은 알려지길 원하고 완전히 이해받고 공유되길 원합니다. 사랑은 비밀이 없습니다. 즉 어떤 것도 숨기거나 가리려 하지 않습니다. 사랑은 햇빛 속을 걷습니다. [⋯] 하지만 우상들은 공유하지 않습니다. 받긴 하지만 돌려주려 하지 않습니다. 우상들은 사랑을 받을 수는 있지만 사랑하진 못합니다. [⋯] 우상들은 비밀속에서 삽니다. 햇빛을 증오하면서. 몸의 어둠 속에서 행복해 하면서. 우상들은 자신의 비밀들을 그들 자신과 함께 몸의 그 어둠 속에 감추고 간직합니다. 우상들은 관계를 맺지 않습니다."[85]

---

85. 같은 책, 「텍스트」 436쪽(20장 6절-2~3).

여기서 사랑은 우상과 대립하는 것으로 제시된다. 우상은 바로 나 자신이다. 나 자신이 나의 첫 번째 우상이듯이. 즉 내가 우상시하는 나 자신, 그래서 내가 보호하고 경영하는 나 자신이 여기서 말하는 우상이다.

사랑과 우상은 비밀을 두고서 대립한다. 사랑은 그 어떤 비밀두 없고, 그래서 "햇빛 속을 걷는다." 사랑은 자신의 모든 걸 온전히 드러낸다. 반면 우상은 비밀로 가득 차 있다. 사랑을 받기 위해서다. 즉 우상은 자신의 사랑받을 수 없는 속성들을 모조리 숨긴다. 하지만 그처럼 자신을 숨기면서 맺는 모든 관계는 상대를 어떤 목적에 따라 이용하는 도구적 관계일 뿐, 상대 그 자신과의 관계가 아니다.

결국 우상은 사랑받을 수는 있어도, 사랑을 하지는 못한다. 그 자신이 허구 위에 서있기 때문이다. 그는 그 자신이 아니다. 자신을 이렇게 숨기는 사람은 사랑의 능력을 가질 수 없다. 그러한 숨김 자체가 비(非)사랑이기 때문이다.

그처럼 자신을 숨기는 우상은 누구와도 진정한 관계를 맺지 못한다. 우상은 관계가 아닌 힘을 추구한다. 다른 사람보다 우위에 서서 사랑을 받기 위해서다. 반면 사랑은 힘이 아닌 관계를 추구한다. 누군가를 사랑한다는 것은 그와 진정한 관계를 맺는 것이기 때문이다.[86]

'자아의 방식대로의 사랑,' 즉 세계에서 '사랑'이라고 하는 것은 이런 우상의 사랑이다. 사랑하지는 않고 사랑받기만을 욕망하는 것이 그것이다. 그러니 이 세계에서 "사랑한다"고 말하는 것은 "나는 너의 사랑을 받기를 욕망해. 네가 나를 사랑할 때까지 나는 너를 사랑하는 척할게"라는 뜻이다.

『기적수업』에서는 세계의 그런 '사랑'을 '특별한 사랑'이라고 칭한다. 그것을 알기 쉽게 정리해보면 아래와 같다. '알기 쉬운' 정리가 원래의 내

용을 왜곡시킬 수도 있겠지만 말이다.

1) 특별한 사랑은 "분리 속에 사랑을 가져오려는 시도"다. 그것은 서로를 몸으로 제한시킨다. 그러므로 특별한 사랑은 진정한 "결합이 배제되어 있는 결합"이다. 결국 특별한 사랑은 자아에게만 가치를 갖는 것이다.[87]

2) 특별한 사랑은 보편적인 사랑인 신적 사랑으로부터의 이탈이다. 그것은 "신이 부인한 특별함"을 찾으려는 것이다. 특별한 사랑은 형태들에 대한 사랑으로, "형태를 신의 자리로까지" 높인다.[88]

3) 특별한 사랑은 차이들에 입각한 것이다. 사람들은 자신과 차이 나는 특별한 가치를 가진 듯이 보이는 타인들을 '약탈'한다. 자신을 장식하고 더 나아가 스스로를 '다른 자신'으로 대체하려고 말이다. 특별한 사랑은 상대에게서 더 이상 약탈할 것이 없을 때까지 계속된다.[89]

4) 특별한 사랑은 과거를 변화시키려는 욕망에 입각한다. 즉 가치 있는 상대를 통해 자신을 장식하고 높여서, 상처받은 자존감을 회복하려는 것이다. 특별한 사랑은 과거에 대한 복수의 내용을 갖는다.[90]

5) 특별한 사랑은 상대에게 죄책감을 부과해서 희생을 끌어내려 한다. 특별한 사랑은 "희생과 사랑을 혼동"한다. 즉 상대를 사랑하는 게 아니라 자신을 위한 상대의 희생을 사랑한다는 것이다. 특별한 사랑은 완전한 사랑이 완전한 희생을 요구한다고 믿는다. 결국 특별한 사랑은 상대의 희생을 통해 자신의 가치를 확인하려는 것이다.[91]

---

87. 같은 책, 「텍스트」 338~339쪽(16장 4절-6), 342쪽(16장 5절-6), 345쪽(16장 6절-1과 6절-4).
88. 같은 책, 「텍스트」 341쪽(16장 5절-4)과 343쪽(16장 5절-12).
89. 같은 책, 「서문」 xi쪽, 「텍스트」 342쪽(16장 5절-7)과 467쪽(22장 서문-2).
90. 같은 책, 「텍스트」 347~348쪽(16장 7절-1~5).
91. 같은 책, 「텍스트」 318쪽(15장 7절-6~7)과 325~326쪽(15장 10절-2와 10절-7).

6) 특별한 사랑은 특별한 증오를 보완, 상쇄하려 한다. 즉 증오 관계로
   부터의 피난처를 특별한 사랑에서 얻으려는 것이고, 그래서 증오의
   파괴적 효과를 제한하려 한다. 하지만 특별한 증오가 나의 내면을 투
   사한 환상인 한에서, 그것을 보완하려는 특별한 사랑 또한 특별한 증
   오에 상관적인 환상일 수밖에 없다.[92]

7) 자아는 이 세계에서 특별한 사랑에 가장 큰 가치를 둔다. 자아는 특
   별한 사랑에 완전히 사로잡힌다. 그래서 특별한 사랑은 우리가 세계
   에서 빠져나오는 것을 가로막는 장벽이 된다.[93]

자, 이러한 것이 세계에서 '사랑'이라고 일컬어지는 것이다. 반면, 성스
러움이 구현하는 사랑은 세계 속의 사랑과는 완전히 대조된다. 사랑이 세
계 속에서 그런 방식으로 존재할 수밖에 없다면, 성스러움이 구현하는 사
랑은 세계 바깥의 것일 수밖에 없다.

물론 '세계 바깥'이란 성스러움의 첫 번째 장소인 영적 실재만을 일컫는
게 아니다. 성스러움의 두 번째 장소인 우리의 내면도 또한 '세계 바깥'이
다. 내면의 성스러움은 세계에 빠져든 마음의 바깥에 있기 때문이다.

이 세계에 등장하는 성스러움은 세계 바깥의 사랑이 드러난 것이다. 1)
영적 실재로서의 사랑이 2) 내면의 매개를 거쳐 드러난 것이 그것이다. 하
지만 사랑만이 유일하게 '하나'를 만든다고 할 때, 둘 다 사랑 자체인 영적
실재와 내면의 성스러움이 하나를 이루고 있음은 물론이다.

『기적수업』에선 성스러움이 "세계의 모든 법칙을 뒤집습니다"라고 한
다.[94] 이 말은 성스러움 자체인 세계 바깥의 사랑이 세계의 모든 법칙을 뒤
집음을 뜻한다. 즉 세계의 모든 법칙 바깥에 있는 것이 세계의 모든 법칙

---

92. 같은 책, 「텍스트」 337~338쪽(16장 4절-1~5).
93. 같은 책, 「텍스트」 341쪽(16장 5절-2), 358쪽(17장 4절-3), 377쪽(18장 2절-5).
94. 같은 책, 「워크북」 58쪽(38과-1).

을 뒤집는다는 것이다. 그래서 우리는 그처럼 진정한 사랑을 두려워한다.

결국 『기적수업』에선 신의 사랑만이 사랑이고, "그 밖에 다른 사랑은 없습니다"라고 한다.[95] 우리가 흔히 사랑이라고 칭하는 것은 사랑이 아니라는 것이다.

생각을 해보자. 『기적수업』에 따르면, 사랑은 아무것도 요구하지 않고,[96] 오직 주기만 한다.[97] 사람들은 적어도 이 정도는 이해한다. 많은 사람들이 어머니의 사랑을 예로 들면서 진정한 사랑은 그런 것이라고 말하듯이 말이다.

하지만 사람들이 실천하는 사랑은 그렇지 못하다. 사람들이 행하는 실제의 사랑은 거래이고 이용이며 희생의 부과다. 사랑을 받는 한에서만 사랑을 돌려주는 것, 자신의 사회적, 성적 욕망과 일상적 필요를 위해 상대를 이용하는 것, 사랑받는 느낌을 갖기 위해 상대에게 희생을 요구하는 것 등이 그런 것이다. 물론 성스러움에 근접하는 어머니의 사랑도 있다. 하지만 다음의 것도 사실이다. 많은 경우 사람들은, 라깡이 지적했듯이, 자기 부모들의 실제 모습을 알지 못한다는 것.

그럼에도 사람들은 아무것도 요구하지 않고 주기만 하는 사랑의 이상(理想)을 간직한다. 그런 이상을 자신에겐 적용하지 않고 상대에게만 요구하는 것이 사랑의 명목으로 희생을 부과하는 행위일 것이다. 『기적수업』에 따르면, 우리는 "사랑을 약함과 연결시키고 증오를 강함과 연결시킨다."[98] 어쩌면 사랑을 아무것도 요구하지 않고 주기만 하는 이상적인 것으로 여겨서가 아닐까? 그런 사랑이야말로 공격성을 암암리에 숭상하는 세계에서 가장 약한 것이니 말이다.

95. 같은 책, 「텍스트」 317쪽(15장 7절-1).
96. 같은 책, 「서문」 xi쪽과 「텍스트」 317쪽(15장 7절-1).
97. 같은 책, 「텍스트」 315쪽(15장 6절-5).
98. 같은 책, 「텍스트」 242쪽(13장 3절-3).

세계 바깥의 것인 사랑은 세계의 가치질서를 완전히 벗어난 사랑이다. 이 말은 세계의 위계적 질서에서 가장 밑바닥의 것이 진정한 사랑이라는 뜻이다. 세계 안의 위계적 위치들이 보다 하위의 위치들에 대한 공격성을 내포한다면, 아무런 공격성도 없는 사랑은 가장 밑바닥에 위치할 수밖에 없지 않을까?

자, 성스러움에 가닿는 길은 이 유배지에서 가장 밑바닥의 것인 사랑을 선택하는 길이나. 그 길은 이 유배지의 가치질서를 완전히 빠져나옴으로써만 가능하다.

개별성의 존중이 성스러움으로 가는 다리 역할을 할 수 있는 것은, 가치들의 위계적 질서를 빠져나오는 것이기 때문이다. 즉 개별성을 존중한다는 것은 이 세계에서 아무것도 아닌 자들을 온전히 받아들이겠다는 것이다. 하지만 개별성의 그런 존중이 곧바로 사랑으로 이어질 수 있을까? 그렇다. 개별성의 존중이 다음처럼 영성에 대한 인식에 입각하는 한에서.

자, 세계 바깥의 사랑은 "세계의 모든 법칙을 뒤집는 것"이다. 이것은 다시 다음의 것을 뜻한다. 세계 바깥의 사랑은 1) 세계의 물질성과 2) 세계 속의 영성 가운데 오직 2)만을 본다는 것. 반면 세계의 모든 법칙은 2)를 결코 보지 않는다. 그래서 세계 바깥의 사랑은 세계의 모든 법칙을 뒤집을 수밖에 없다.

세계 바깥의 사랑이 이 세계에서 드러날 수 있는 통로를 다음처럼 제시해보자.

1) 세계에서 빠져나와
2) 자기 자신 속으로 들어가
3) 다른 사람들의 영성을 만난다.

1) 세계에서 빠져나온다는 것은 세계의 위계적 가치질서에서 빠져나온

다는 것이다. 그래서 1)을 통해 우리에게 '마음의 가난'이 주어진다. 이 세계의 것은 어떤 것도 욕망하지 않는 상태가 그것이다. 아마도 우리는 1)의 과정에서 윌리엄 제임스가 말했듯이 "고차적이고 친근한 힘의 현존에 대한 느낌"을 갖게 되지 않을까?[99] 하지만 그 힘은 우리 내면의 성스러움 자체, 또는 그것과 연결된 어떤 것일 것이다.

우리는 앞서 몇 차례 '세계 = 자아'의 등식을 통해 '세계에서 빠져나오기 = 자아에서 빠져나오기'임을 확인했다. 자아에서 빠져나와 자기 자신 속으로 들어간다는 것은 우리의 진정한 자신이 자아에 대립하는 것임을 말해준다. 『기적수업』에선 이렇게 말한다.

> "당신은 믿습니다. 자아가 없으면 모든 것이 혼돈일 것이라고. 하지만 제가 당신에게 보장합니다. 자아가 없다면 모든 것이 사랑일 것이라고 말입니다."[100]

자아는 자신을 둘러싼 모든 것을 자기 뜻대로 통제하려 한다. 그렇지 않으면 전체적인 혼란이 생겨날 것이라고 생각해서다. 하지만 그런 생각 자체가 자아의 재생산을 위해 지어낸 것이다.

자아가 사라지면 우리 자신은 혼돈에 처하기는커녕 오히려 스스로를 사랑으로 드러낸다. 진정한 자신인 영성을 되찾기 때문이고, '영성 = 사랑 자체'이기 때문이다. 물론 이때 영성과 동격인 사랑 자체는 세계 바깥의 사랑이다. 자아의 완전한 소멸과 더불어 우리는 세계에서 빠져나오기 때문이다.

그래서 2)는 자연스럽게 3)으로 이어진다. 플로티누스가 말했듯 모든 영성은 실질적으로 하나이기 때문이다. 그 이유는 '영성 = 세계 바깥의 사랑'이라는 사실에 있다. 즉 완전한 사랑이 완전한 하나를 만들어주기 때문

---

99. 윌리엄 제임스, 앞의 책, 353쪽.
100. *A Course in Miracles*, 「텍스트」 312쪽(15장 5절-1).

에, 세계 바깥의 사랑인 영성이 하나를 이룬다는 것이다. 이는 다음의 것을 함축한다. 즉 우리는 자아를 떠나 영성, 즉 자기 자신에게로 깨어나는 한에서, 다른 사람들의 영성과 완전한 소통을 할 수 있다는 것.

그렇다면 우리는 위의 통로를 다시 다음처럼 제시할 수 있다.

1) 자아를 버려서
2) 사랑 자체가 되고
3) 다른 세계에 속하게 된다.

세계를 버리는 것은 자아를 버리는 것이다. 그 결과 오직 '영성 = 세계 바깥의 사랑'만을 간직하게 된다는 것은 우리를 이미 다른 세계에 속하게 한다. 즉 2)를 통해 3)에 이르렀다는 것이다. 이것은 성스러움의 드러남을 함축한다. 이 세계 속에 있으면서도 3)의 상태에 이르렀다는 것은 세계에 속하지 않으면서도 세계에서 활동함을 뜻하기 때문이다. 결국 세계 속에서 활동하는 비(非)세계적 존재를 통해 이 세계에 성스러움이 드러난다는 것이다.

많은 사람들은 소통을 하면 버림을 받는다는 느낌을 갖는다.[101] 자신의 모든 것을 드러내면 더 이상 우상일 수 없기 때문이다. 오직 비밀들을 가짐으로써만 사랑받는 우상일 수 있기 때문이다. 하지만 우상들은 사랑하지 못한다. 그 존재 자체가 이미 다른 사람들에 대한 기만이기 때문이다.

사랑이 약한 것으로 여겨지는 것은 완전한 소통에 입각하기 때문일 수 있다. 완전한 소통은 이 세계에서 사랑받지 못하는 모든 것, 약한 것으로 여겨지는 모든 것을 드러내는 것이다. 그러니 완전한 소통에 입각한 사랑이 약한 것으로 여겨지는 것은 당연하다.

---

101. 같은 책, 「텍스트」 319쪽(15장 7절-11).

어쩌면 바로 이 사실 때문에 사람들은 사랑을 두려워하는 게 아닐까? 사랑이 모든 것을 완전히 드러내기 때문에 말이다. 하지만 사랑이 모든 걸 드러낸다는 사실은 오히려 사랑의 강함을 말해준다. 모든 것을 두려움 없이 완전히 드러낼 수 있는 것이야말로 진정한 강함의 표현이므로.

자신을 감춰서 사랑받는 우상들만큼 초라한 것은 없지 않을까? 자기 자신이 아닌 것—변별적 위치, 즉 시니피앙—을 통해 불안에 떨면서 사랑받기 때문이다. 물론 그 허구성은 머지않아 드러난다. 그 허구성이 드러나기 전에도 상황은 마찬가지다. 라깡이 헤겔에 맞서서, 그런 변별적 위치의 향유가 실제론 고통만을 가져오는 것임을 지적했듯이 말이다. 오히려 허구성이 드러나면 해방감을 느낄 수 있지 않을까?

『기적수업』에선 "사랑이 모든 것"이라고 한다.[102] 사랑이 아닌 이 유배지의 모든 것은 허구이고 환상이기 때문이다. 『기적수업』에선 또 "사랑은 자유"라고 한다.[103] 유배지의 모든 속성인 자연(= 자연필연성)을 완전히 벗어나기 때문이다. 유배지의 그 '자연'이 실제론 환상일 뿐임은 이미 제1부에서 충분히 말한 것이다.

유일한 사랑인 세계 바깥의 사랑은 이 유배지에 속하지 않는 것이다. 오직 그것만을 선택해야 하지 않을까? 그것만이 우리에게 완전한 기쁨을 줄 수 있다면 말이다. 이 유배지 전체에 맞서 세계 바깥의 사랑을 택하는 것, 그것만이 용기다. 그 밖의 모든 용기들은 실제로는 두려움의 표현에 지나지 않는다.

---

102. 같은 책, 「텍스트」 337쪽(16장 4절-2).
103. 같은 책, 「텍스트」 345쪽(16장 6절-2).

후기

책을 다 써놓고서 생각을 해보니, 저의 능력의 한계를 한참 벗어나는 책을 쓴 듯합니다. 제가 마음속 깊은 곳에서 진정으로 알고 있는 것이 아니라, 다만 머리로만 겨우 이해한 것을 쓴 것 같다는 얘기입니다. 특히 제2부의 내용이 그랬고, 그래서 제3장 같은 경우는 두 번이나 많은 부분을 고쳐 썼습니다. 저는 한꺼번에 토해내듯이 써내려간 글이 좋은 글이라는 개인적 믿음을 가지고 있습니다. 그래서 이처럼 많이 고쳐 쓴 글이 좋은 글일 수 있을까 하는 의문을 지녀봅니다.

제4장에서 다룬 성스러움의 문제를 제가 진정으로 알지 못한다는 것은 확실합니다. 제가 살면서 진정한 기쁨들을 느낀 것은 성스럽게 여겨지는 어떤 것들로부터였던 것 같지만, 막상 저 자신은 성스러움으로부터 무척이나 멀리 떨어져 있음을 뼈저리게 느끼기 때문입니다. 그럼에도 그 문제를 다룬 것은, 이 세계 속의 높은 곳에 위치한 신성함과 분리시켜 성스러움에게 제자리를 찾아주고 싶은 생각 때문이었습니다. 그렇게 하면 성스러움을 좀 더 사람들에게 가까이 데려올 수 있다고 생각했습니다. 물론 신성함과 성스러움을 대조시킨 것은 저 자신의 고유한 생각이 아니라 레비나스의 생각을 뒤쫓은 것입니다.

아직도 이따금씩 아내와 말다툼을 합니다. 그럴 때면 아무 근거도 없는 생각들을 마치 진리인 양 주장하는 저 자신을 발견해서 놀라곤 합니다. 저 스스로를 통제하려고 많은 노력을 했지만, 저의 그런 태도가 이 책에 반영되지 않는다는 것은 불가능할 것입니다.

그럼에도 불구하고 다른 사람들에게 도움이 될 수 있으리란 이유에서 이 책을 출간하려 합니다. 어쩌면 저 스스로를 속이는 것일 수도 있겠습니다. 저 자신을 드러내고픈 욕망이 제 안에서 여전히 들끓기 때문입니다.

김재훈 씨는 찰스 테일러의 『헤겔』을 선물해주었습니다. 조형준 씨는 찰스 테일러의 『자아의 원천들』을 선물해주었습니다. 현주는 위고의 『레 미제라블』을 읽도록 독려해주었습니다. 고마움의 인사를 전합니다. 또 좋은 번역을 읽게 해주신 송의경 선생님과 벌써 20여 년 전에 왕양명의 매력을 말해주었던 조원식 씨에게도 인사를 남깁니다.

저는 이 책에서 불가피하게 바울 신학을 비판했습니다. 하지만 저는 다른 한편으로는, 제가 비판한 내용과는 다른 바울의 해방적 측면들을 세심하게 설명해주셨던 김진호 목사님께 깊이 공감하고 있습니다. 또 바울에 대해 마음에 와 닿는 다른 말씀들을 해주셨던 최대광 목사님께도 인사를 전합니다.

울력 출판사의 강동호 사장님께 고마운 마음과 더불어 우정의 인사를 드립니다.

2016년 2월 2일
홍은동에서
이종영